एक विचार जो बदल दे जिंदगी

अनंत बघेल अद्वितीय

First published in India in 2017 by Invincible Publishers

ISBN: 978-93-86148-79-7

Every effort has been made to avoid errors or omissions in this publication. In spite of this, some errors might have crept in. Any mistake, error or discrepancy noted may be brought to our notice which shall be taken care of in the next edition. It is notified that neither the publisher nor the authors or sellers will be responsible for any damage or loss of action to anyone, of any kind, in any manner, there from.

Contact Author:

w: www.book439.com
e: thebook439@gmail.com
f: www.facebook.com/book439

Invincible Publishers
a: G120 Sushant Lok III Sector 57 Gurgaon-122022
Tel: 91 124 4273677, 91 9599667779
w: www.i-publish.in

विषय – सूची

लेखक की ओर से ....

इस पुस्तक में उन महान रहस्यों का वर्णन किया गया है जिनके द्वारा साधारण जीवन को असाधारण बनाया जा सकता है। इस पुस्तक में संकल्प शक्ति, राजयोग, रैकी, ऊर्जा आदि रहस्यों का वर्णन बहुत ही सरलता से किया गया है। संकल्प शक्ति द्वारा जीवन में कुछ भी प्राप्त किया जा सकता है।

मित्रों का सहयोग

सभी मित्रों का सहयोग के लिए धन्यवाद। उन मित्रों का विशेष धन्यवाद जिन्होंने, समय-समय पर मुझे प्रोत्साहित किया और उचित समय पर अपना महत्त्वपूर्ण योगदान दिया। सभी दोस्तों का संपादन में सहयोग के लिए बहुत-बहुत धन्यवाद।

मेरे पुत्र को समर्पित

यह पुस्तक मेरे पुत्र को समर्पित है। मेरा पुत्र परिवार के साथ जो बातें सांझा करता था, उन्हीं श्रेष्ठ बातों को पुस्तक में स्थान दिया गया है। मुझे पुत्र की महान बातों को संसार के समक्ष लाने का विचार आया। यह विचार आते ही इस पुस्तकी की रचना सम्भव हो पाई। अपने पुत्र की तरफ से सुशांत कुमार व उमेश का कोटि-कोटि धन्यवाद। उमेश कुमार ने इस पुस्तक के नामकरण का सुझाव दिया इसलिए पुनः उनका विशेष धन्यवाद।

पुस्तक का अध्ययन कैसे करें

इस पुस्तक के अध्ययन से पूर्व सर्वप्रथम दृढ़ निश्चय करें कि मुझे स्वयं को परिवर्तित करना है, मझे महान बनना है। पढ़ते समय सोचें कि इस पुस्तक की रचना मेरे लिए ही की गई है। पूरी पुस्तक का अध्ययन एक बार में ही नहीं करें। रोजाना पढ़ने के लिए कुछ समय निकालें। पुस्तक को पढ़ने के पश्चात पढ़ी हुई बातों का मनन-चिंतन करें। मनन-चिंतन द्वारा पढ़ी हुई श्रेष्ठ बातों की जीवन में धारण शीघ्र होती है।

संकल्प रचना कैसे करें

संकल्प का अर्थ है कि किसी एक विचार को अधिक शक्तिशाली बनाना। आप शांति चाहते हैं तो शांति के विचारों को अधिक महत्व दो। अनुभव करो कि ब्रह्मांड़ से शांत तरंगे मुझ तक पहुँच रही हैं। मस्तिष्क से शांति की तरंगे सम्पूर्ण शरीर में फैल रही हैं। शांत लोगों के साथ समय बितायें। बार-बार अनुभव करें कि मैं शांत स्वरूप हूँ। एक विचार को स्वयं में समा लें।

पुनरावृति

पुस्तक में कुछ बातों का कई अध्यायों में दोहराव किया गया है ताकि महत्त्वपूर्ण संदेश पाठकों तक पहुँच सके।

आपका सहयोग

इस पुस्तक के अध्ययन के पश्चात अपना अनुभव जरूर सांझा करें आप हमें ईमेल (thebook439@gmail.com) कर सकते हैं। आपको कौन सा विषय या कहानी अधिक पसंद आई? आप किस तरह की प्रेरक कहानियाँ पसंद करेंगे? अगले संस्करण को बेहतर बनाने के लिए इस पुस्तक में क्या संशोधन की जरूरत है। आप अगली पुस्तक में क्या-क्या चाहते हैं? आप हमें अपनी निजी प्रेरक कहानी, सच्ची प्रेरक घटना व प्रेरक कवितायें भेज सकते हैं। चुनंदा कहानियों व कविताओं को अगले संस्करण में आपके नाम सहित प्रकाशित किया जाएगा। हमें पूर्ण विश्वास ही कि आपके सहयोग से इस पुस्तक का अगला संशोधित संस्करण बेहतर होगा।

मेरा विश्वास

मैं रास्तों में विश्वास नहीं करता।,
मैं जिधर से गुज़रता हूँ,
उधर से ही रास्ता बन जाता है।
इसे मेरा अहम ना समझना,
ये मेरा आत्मविश्वास है।।

मैं गिरता हूँ, मैं फिर उठता हूँ।
मैं फिर गिरता हूँ, मैं फिर उठता हूँ।
मैं हजारों बार गिरने के बाद,
फिर से उठता हूँ।
और हर बार इस विश्वास के साथ उठता हूँ
कि अंतिम विजय मेरी ही होगी।।

अनंत बघेल अद्वितीय

१.

तुम महान हो

(You are Great)

***तुम्हारा जीवन महान कर्तव्यों के लिए हुआ है।
अब अपना जीवन सफल करो।।***

*महानता से बिलकुल ना डरें! कुछ लोग महान पैदा होते हैं।
कुछ महानता हासिल करते हैं और
कुछ लोगों में महानता समाहित होती है।।*

-विलियम शेक्सपीयर

*जिस तरह तुम अपने विचारों में महान रहे हो।
अपने कर्मों में भी महान बनो।।*

-विलियम शेक्सपीयर

सभी महान पुरूषों का कथन है कि तुम शक्तिशाली हो। तुम्हारे अंदर अनन्त शक्तियाँ हैं उन्हें पहचानो। तुम भी महान कार्य कर सकते हो, जो आज तक महान पुरूषों ने किया है। तुम्हारे अंदर अपार संभावनाऐं हैं। तुम महान पुरुषों पर विश्वास करो, तुम स्वयं में श्रेष्ठ हो इसलिए स्वयं पर विश्वास करो। तुम्हें विश्वास करना ही होगा क्योंकि अनन्त शक्तियाँ विश्वास से जुड़ी हैं। जब तक विश्वास नहीं करोगे तब तक अद्भुत कार्य नहीं कर सकते हो। विश्वास करो कि तुम शक्तिशाली हो और तुम शक्तिशाली बन जाओगे। जब तक स्वयं को कमजोर समझते हो तब तक तुम कमजोर हो। जिस क्षण स्वयं को शक्तिशाली समझ लिया, उसी क्षण से दुनिया की नजरों में भी शक्तिशाली बन जाओगे।

शक्ति वहीं टिकती है जहाँ विश्वास होता है।

वेदों में वर्णित है, **"अहम् ब्रह्मास्मि"** अर्थात मैं ही ब्रह्म का अंश हूँ। ब्रह्म शब्द सर्वोच्च शक्ति का प्रतीक है जिसने ब्रह्मांड की रचना की है। ईश्वर के लिए ब्रह्म शब्द का प्रयोग हुआ है।

तुम ईश्वर के अंश हो। ईश्वर का अंश निर्बल कैसे हो सकता है? स्वर्ण से बनी वस्तुऐं भी स्वर्ण ही होती हैं अतः तुम भी महान सर्वशक्तिमान ईश्वर का सर्वशक्तिमान अंश हो।

बुद्ध ने कहा, "**पूर्ण रूप से जाग जाओ**" जिस क्षण तुम पूर्ण रूप से जाग जाओगे उसी क्षण दुनिया तुम्हारे लिए परिवर्तित हो जाएगी। तुम रहस्य को जान जाओगे।

ईशा मसीह ने कहा, "**तुम ईश्वर की संतान हो**" भला, ईश्वर की संतान निर्बल कैसे हो सकती है? शेर की संतान शेर ही होती है उसी प्रकार ईश्वर महान है तो उसकी संतान भी महान होगी।

कुछ लोग कहते हैं कि आपका कथन यथार्थ है, मैं जानता हूँ कि मैं असीम शक्तिशाली हूँ परन्तु विश्वास नहीं होता है अर्थात अन्तर्मन से आवाज नहीं आती है। ऐसा प्रतीत होता है कि मैं तो साधारण हूँ। मेरा जन्म किसी महान उद्देश्य के लिए नहीं हुआ है। आप कितनी भी मुझे राय दो कि मैं शक्तिशाली हूँ परन्तु मैं साधारण हूँ। जिस शक्तिशाली मनुष्य की आप बात कर रहे हो, वह तो सहस्त्रों में कोई विरला होता है।

हाँ! अवश्य, वह सहस्त्रों में नहीं लाखों में कोई विरला होता है परन्तु वह होता है जो पूर्ण विश्वास करता है कि मैं महान हूँ व जिसके अन्तर्मन से गूंज उठती है कि मैं महान हूँ। जिस तरह से वस्त्र का रंग उसका वास्तविक गुण नहीं होता है, रंगीन वस्त्र स्वयं को श्वेत नहीं मानता है क्योंकि वह स्वयं के बाह्य स्वरूप को देखता है, वास्तविक स्वरूप को नहीं। इसी प्रकार आप भी स्वयं की वर्तमान कमजोरी, भय, क्रोध, आलस्य, नफ़रत व अन्य विकारों से उत्पन्न कमजोरियों को देख रहे हो न कि आंतरिक स्वरूप को। आप आंतरिक ज्वालामुखी को नहीं देख पा रहे हो। आप भी महान हो, आप में भी महानता के गुण विद्यमान हैं। ये महान कथन आपको स्वामी विवेकानंद द्वारा रचित कहानी द्वारा अवश्य समझ आयेगा। इस कहानी में तुम स्वयं की झलक दिखोगे।

एक शेरनी बहुत बीमार थी। वह अपने झूंड़ से बिछड़ गई। एक बच्चे को जन्म देने के पश्चात, उसके प्राण निकल गए। निकट में ही भेड़ों का झूंड़ निवास करता था। एक भेड़ ने शेरनी के बच्चे की पालन-पोषण की जिम्मेदारी ले ली। वह बच्चे का पूरा ख्याल रखती थी। उसे, सभी प्यार से बब्बर नाम से पुकारते थे। बब्बर धीरे-धीरे बड़ा होने लगा। बब्बर के सभी मित्र, बब्बर को भेड़ समझते थे। बब्बर भी स्वयं को भेड़ ही समझता था और घास खाता था। बब्बर भेड़ों के बच्चों से अत्यधिक शक्तिशाली था। खेलते वक्त बब्बर किसी को इधर व किसी को उधर, दूर तक फैंक देता था। सभी बच्चे बब्बर से नाराज़ रहते थे। बब्बर का भी उनके साथ मन नहीं लगता था। बब्बर अकेला खोया-खोया सा रहता था।

इसी प्रकार, महान व्यक्ति का भी साधारण लोगों के मध्य, मन नहीं लगता है। वह साधारण मित्रों में खोया-खोया ही रहता है क्योंकि उसके विचार सभी से अलग होते हैं।

बब्बर एकांत में अधिक समय व्यतीत करता था। एक दिन बब्बर ने जंगल के राजा शेर के बारे में सुना कि शेर बहुत शक्तिशाली होता है। सभी जानवर शेर से भयभीत होते हैं। बब्बर ने शेर जैसा बनने का सोच लिया। एक दिन बब्बर भेड़ साथियों के साथ, नदी पर जल पीने के लिए गया। अचानक, सभी वापस भागने लगे और जोर-जोर से चिल्लाने लगे शेर आया, शेर आया, भागो। बब्बर ने सोचा कि आज मैं, शेर से भेंट करके रहूँगा और निवेदन करुंगा कि मुझे शिष्य स्वीकार कर लीजिए क्योंकि मैं भी आप जैसा शक्तिशाली बनना चाहता हूँ। बब्बर शेर से मुलाकात के लिये रुका परन्तु झूंड़ से आवाज आई, भाग बब्बर भाग, शेर तुम्हें खा जाएगा। बब्बर भयभीत हो गया और झुंड़ के साथ वापस भाग गया। उधर जंगल का राजा शेर, बब्बर को देखकर अचंभित था कि यह शेर, भेड़ों के झुंड़ में क्या कर रहा है?

शेर होने के बावजूद बब्बर, शेर बनना चाहता था, वैसे हम सभी महान बनना चाहते हैं परन्तु जब कुछ महान करने का वक्त आता है तो लोगों की डर भरी बातें सुनकर, अपना विचार बदल देते हैं।

बब्बर वापस भाग आया परन्तु वह अत्यंत दुःखी हुआ कि आज जंगल के राजा शेर से मिलने का मौका था, मैं मिल नहीं सका। दूसरे दिन, बब्बर साथियों के साथ नदी पर गया। वहां फिर से शेर आ गया। भेड़ों का झुंड़ वापस भागने लगा। आज बब्बर ने नहीं भागने का निश्चय किया था। तेज आवाज आ रही थी, 'बेवकूफ बब्बर भाग, नहीं तो शेर खा जाएगा।' बब्बर नहीं भागा, फिर आवाज आई, 'नादान बब्बर भाग,' परन्तु बब्बर नहीं भागा। अबकी बार बब्बर की माता ने आवाज लगाई कि पुत्र भाग, नहीं तो ये दिन तुम्हारा अंतिम दिन होगा। बब्बर ने मां पर विश्वास कर लिया और वापस भागने लगा। शेर ने आवाज लगाई, 'बब्बर रुको, मैं तुम्हें खाऊँगा नहीं। तुम भागो मत, तुम डरो मत, मैं तुमसे मिलना चाहता हूँ।' बब्बर रुक गया, वह तो शेर से मिलने के लिए बहुत उत्सुक था। बब्बर जंगल के राजा से मिलकर बहुत प्रसन्न हुआ।

सभी के जीवन में समय आता है जब हमारी मुलाकात किसी महान पुरुष से होती है। हम महानता की राह से गुज़रना भी चाहते हैं परन्तु अपनों द्वारा अवरोध पैदा होते हैं। हम कुछ अद्भुत करना चाहते हैं परन्तु सांसारिक लोग विभिन्न बातों से हमें भयभीत करते हैं। जो व्यक्ति, व्यर्थ बातें सुनकर रुक जाते हैं, उनकी महान यात्रा रुक जाती है। वे आगे नहीं बढ़ पाते हैं। ऐसा समय भी आता है जब किसी महान लक्ष्य के लिए, मात-पिता ही भय के कारण रोकने की कोशिश करते हैं। जो इस परीक्षा में सफल हो जाते हैं, उनके लिए महान मार्ग के द्वार खुल जाते हैं।

शेर – कैसे हो, बब्बर?
बब्बर – ठीक हूँ, जंगल के राजा।
शेर - तुम यहाँ क्या कर रहे हो?
बब्बर - महाराज! मैं तो सब कुछ यहीं करता हूँ।
शेर - मैं पूछ रहा हूँ कि तुम भेड़ों के साथ क्या कर रहे हो?
बब्बर - महाराज, मैं भेड़ हूँ तो भेड़ों के साथ ही रहूँगा।
शेर – (हंसता है) हा-हा-हा।
बब्बर - महाराज, मैं आप जैसा शक्तिशाली व महान बनना चाहता हूँ। महाराज, काश! मैं भी शेर होता।
शेर - तुम मेरे जैसा बनना चाहते हो? अरे मूर्ख! तुम मेरे जैसे ही हो, तुम शेर हो।
बब्बर – अच्छा मजाक कर लेते हो महाराज।
शेर - मैं मजाक नहीं कर रहा हूँ, तुम शेर ही हो।
बब्बर - महाराज! मैं तो भेड़ हूँ।

शेर – तुम शेर हो।
बब्बर – महाराज, मैं बचपन से स्वयं को जानता हूँ, मैं घास खाता हूँ, भेड़ों में ही खेलता हूँ। सभी मित्र मुझे भेड़ नाम से ही बुलाते हैं।
शेर – (चिल्लाकर) तुम शेर हो, तुम शेर हो, तुम शेर हो।
बब्बर - (डरकर) नहीं महाराज यह आपका भ्रम है, मैं भेड़ ही हूँ।
शेर – (नाराज होकर वापस जाने लगता है और बब्बर से कहता है) यदि तुम मुझसे मिलना चाहते हो तो जंगल की गुफ़ा में आ जाना।

प्रत्येक महापुरुषों ने कहा है, तुम महान हो, तुम महान हो, तुम महान हो परन्तु हम कहते हैं, नहीं मैं तो साधारण हूँ, मैं बचपन से स्वयं को जानता हूँ। विश्वास ही नहीं होता है कि मैं भी महान हूँ, हम स्वयं को भेड़ ही समझते रहते हैं।

बब्बर, वापस आ जाता है। सभी आश्चर्य से उसे देखते हैं और पूछते हैं कि तुम सुरक्षित कैसे आ गये? शेर ने तुम्हारा शिकार नहीं किया? बब्बर बोलता है कि उसने मुझे नहीं मारा परन्तु वह मूर्खों की भांति वार्तालाप कर रहा था। सभी मित्र आश्चर्य से पूछते हैं, 'शेर क्या कह रहा था?' 'उसने कहा कि बब्बर तुम शेर हो।' सभी ठहाके लगाके हंसे और कहते हैं, 'हम तुम्हें बचपन से पहचानते हैं, तुम भेड़ हो।' बब्बर कहता है, 'मुझे शेर से मिलने जंगल की गुफ़ा जाना है।' सभी मित्रों ने एक सुर में कहा, 'यह शेर की चाल है। वह तुम्हें अपने जाल में फंसाना चाहता है, तुम वहाँ मत जाना। वह तुम्हें गुफ़ा में ही मार देगा।' परन्तु बब्बर शेर से भेंट करने की ठान लेता है। उसने सभी से कहा, "मैं शेर से मिलने जा रहा हूँ।" सभी ने उसे डराया कि वहाँ मत जा, वहाँ बहुत खतरा है परन्तु बब्बर नहीं माना। निर्णय होता है कि अगर वह वहाँ गया तो कभी झूंड़ में वापस नहीं आएगा। बब्बर एक क्षण के लिए भयभीत हुआ ,लेकिन उसे शेर की भांति बहादुर और शक्तिशाली बनने का जुनून था। उसने शेर से मिलने का निर्णय लिया।

कभी-कभी महान यात्रा में, ऐसा समय भी आता है जब अपनो को त्यागना पड़ता है। जो निर्णय लेने में असमर्थ होते हैं, वहीं रुक जाते हैं और जो उचित निर्णय लेते हैं, वे आगे बढ़ जाते हैं।

बब्बर ने जंगल की गुफ़ा के लिये प्रस्थान किया। बब्बर ने शेर के लिए जंगल की उत्तम घास चुनी। घास को मुंह में दबाकर बब्बर आगे बढ़ता रहा। उसके ह्रदय में भेड़ों की बात गूंज रही थी, कहीं शेर मार तो नहीं देगा? वह डरते-डरते गुफ़ा तक पहुँच गया। शेर दहाड़ा, बब्बर डर गया।

शेर- आ गए तुम।
बब्बर – हाँ महाराज, मैं आ गया और आपके लिए जंगल की उत्तम घास लेकर आया हूँ।
शेर- मूर्ख! मैं घास नहीं खाता हूँ, मैं ताजा मांस खाता हूँ।
बब्बर –महाराज, मैं आप जैसा बहादुर और शक्तिशाली बनने का प्रशिक्षण (Training) लेना चाहता हूँ।
शेर- मैं तुम्हें ट्रेनिंग कराऊंगा लेकिन उससे पूर्व, तुम्हें स्वयं को पहचानना होगा कि तुम शेर हो।
बब्बर – परन्तु महाराज, मैं तो भेड़ हूँ।
शेर- (बब्बर को नदी के समीप ले गया और पूछा) नदी में किसकी परछाई दिखाई दे रही है?
बब्बर – (नदी में देखते हुये) महाराज! यह तो आप हो।
शेर- दूसरा कौन है?
बब्बर – महाराज, यह आपकी तरह दिखाई दे रहा है।
शेर- यह तुम हो।
बब्बर - ओह! महाराज, यह मैं हूँ।
शेर - तू मेरी तरह दिखाई दे रहा है तो तू भी शेर हुआ ना।
बब्बर - महाराज! कह तो आप ठीक रहे हो, परन्तु मैं भेड़ ही हूँ।

शेर ने क्रोधित होकर कहा, जाओ मेरे पास से फिर कभी वापस नहीं आना। शेर चला गया। बब्बर भी बहुत परेशान था। अब वह मार्ग से वापस लौट नहीं सकता था। बब्बर ने खाना-पीना भी बंद कर दिया। एक सप्ताह पश्चात शेर उसके पास आया और बब्बर को ताजा मांस खाने के लिए दिया। बब्बर भूख से व्याकुल था, उसने पहली बार जीवन में मांस खाया। आज बब्बर के शरीर में अलग ही स्फूर्ती थी। बब्बर जीवन में पहली बार दहाड़ा। उसके दहाड़ते ही जंगल में हाहाकार मच गया। पक्षी पेडों से उड़कर चहचहाने लगे। पशु इधर-उधर भागने लगे, मगर वापस पानी में चले गये। स्वयं गजराज (हाथी) ने अपना रास्ता बदल लिया। यह सब देखकर पहली बार बब्बर कहता है, हाँ मैं शेर हूँ, मैं शेर हूँ, मैं शेर हूँ।

आज पृथम बार, बब्बर को शेर होने का अहसास हुआ। आज पहली बार, बब्बर को शक्तिशाली होने का अहसास हुआ। आज जिधर से भी बब्बर गरज़ता हुआ गुज़र रहा था, उधर से सारे जानवर भाग रहे थे। जंगल का राजा शेर, बब्बर से कहता है, 'तुमने स्वयं को पहचान लिया, आज से मैं तुम्हारा महान प्रशिक्षण (Training) आरम्भ करूँगा।' बब्बर ने पूछा, 'गुरुदेव, आप पहले भी तो मेरा प्रशिक्षण आरम्भ कर सकते थे?' शेर ने कहा, 'उस समय तुम्हारी सोच साधारण थी। तुम स्वयं को साधारण समझते थे। यह महान प्रशिक्षण साधारण लोगों के लिए नहीं है। जो स्वयं को पहचान लेते हैं व स्वयं पर विश्वास करते हैं, वो ही इस प्रशिक्षण में सफल हो सकते हैं। बब्बर ने पूछा, 'क्या महान प्रशिक्षण दूसरों को दिया जा सकता है?' जंगल का राजा शेर कहता है, 'जिसने स्वयं को महान नहीं समझा, वह इस प्रशिक्षण को पूरा करना तो दूर, समझ भी नहीं पाएगा।'

स्वयं को जान लिया तो जीवन जान लिया

पहले स्वयं को जानो, आप कौन हो? आपकी शक्तियाँ क्या हैं? आप एक अनन्त शक्ति हैं। आप अपनी शक्तियों को भूल चुके हैं, जिसके कारण स्वयं को कमजोर समझते हो। संसार में कुछ भी असंभव नहीं है, आप जो चाहो, हासिल कर सकते हो। याद करने से सारी शक्तियाँ जागने लगती हैं। संसार में आज तक जो किया गया है, आप जैसे मनुष्यों ने ही किया है। चांद और मंगल पर पहुंचना मनुष्यों ने ही साकार किया है। आप एक ऊर्जा हो, ऊर्जा जिसका कभी अंत नहीं होता है। आपका भी कभी अंत नहीं होता है। आप थे, हैं और हमेशा रहेंगे। सम्पूर्ण ब्रह्मांड ऊर्जा से ही बना है। आप ब्रह्मांड के ही अंश हो। ब्रह्मांड से जुड़ने के लिए स्वयं की पहचान जरूरी है। ब्रह्मांड से संपर्क करना जान गए तो आप एक अनन्त शक्ति में परवर्तित हो जायेंगे। किसी भी कार्य को पूर्ण करने के लिए आपके मस्तिष्क में तुरन्त सभी विचार आयेंगे जो उस कार्य को करने के लिए आवश्यक हैं। विचारों का कभी अंत नहीं होता है। सभी महान पुरूषों के विचार संसार में ऊर्जा के रूप में विद्यमान हैं। आप ब्रह्मांड से जुड़ गये तो आप महान पुरूषों के विचारों से जुड़ जाओगे, जो संसार में अब नहीं हैं। सभी विचार आप तक पहुंचते हैं क्योंकि समान विचार एक-दूसरे को आकर्षित करते हैं, इस कार्य में ब्रह्मांड आपकी सहायता करता है। आप जैसा सोचते हैं, वैसे ही

विचार ब्रह्मांड आप तक भेजेगा। स्वयं को कमजोर सोचोगे तो कमजोर विचार आप तक पहुंचेंगे और महान समझोगे तो महान विचार आप तक पहुंचेंगे। इस बात से फर्क नहीं पड़ता कि लोग आपको कमजोर समझते हैं या आपको महत्त्व नहीं देते हैं। फर्क पड़ता है कि आप अपने बारे में क्या सोचते हो? आप स्वयं को कितना महत्त्व देते हो? जितना स्वयं को महत्त्व दोगे, अनन्त शक्ति (ब्रह्मांड) भी उतना ही महत्त्व देगी। आपको विश्वास करना होगा, आपके और अनन्त शक्तियों के बीच केवल विश्वास की दूरी है। आपको पूर्ण विश्वास करना होगा कि मैं अनन्त शक्तिशाली हूँ। आप स्वयं पर विश्वास करोगे तो ब्रह्मांड भी आप पर विश्वास करेगा और आपको उतनी शक्ति देगा जितना शक्तिशाली आप स्वयं को समझते हो। स्वयं पर विश्वास तब ही कर सकते हो जब आप स्वयं को जान जाओगे।

सर्कस का एक शेर, जिसका नाम बब्बर था, मालिक के हंटर के इशारे पर नाचता था। मालिक के भय से सब कुछ करता था क्योंकि बचपन से ही भय उसके दिमाग में बैठा दिया गया था। सभी उसके खेल को निर्भय देखते थे। बब्बर ने कभी शिकार ही नहीं किया था इसलिए उसे अपनी शक्तियाँ मालूम ही नहीं थी। उसे पता ही नहीं था कि जंगल में मालिक तो क्या, सर्कस को देख रहे तमाम लोग मुझसे भयभीत होकर भाग जायेंगे।

किसी ने बब्बर के कान में कहा कि तुम्हारी जगह सर्कस में नहीं है, तुम्हारा इलाका जंगल है। तुम बहुत शक्तिशाली हो, इसका अनुभव तुम्हें जंगल में पहुँचकर होगा। बब्बर सोचने लगा कि थोड़े काम के बदले यहां मुझे खाना मिलता है। जंगल में खाना कहाँ से आयेगा? इस तरह सोचकर बब्बर ने जंगल जाने का इरादा बदल दिया।

क्या वास्तविक जीवन में भी ऐसा ही नहीं होता है? हम थोड़े लोभ के लिए आगे बढ़ने की योजना रद्द नहीं कर देते हैं? विचार जरूर करना।

बब्बर के किसी शुभचिंतक ने बताया कि बचपन में जिन माता-पिता से वह बिछड़ गया था, वो जंगल में ही मिलेंगे। यह सुनते ही बब्बर ने जंगल में जाने की योजना बना ली और जंगल पहुँच गया। वह भूखा रहने लगा क्योंकि वह शिकार कर ही नहीं पाता था और सर्कस की तरह उसे खाना परोसने वाला कोई नहीं था। वह अन्य पशुओं को शिकार करते हुए भी देखता था परन्तु उसमें खुद शिकार करने की हिम्मत नहीं हुई। उसकी मुलाकात उसके माता-पिता से हुई। उसके माता-पिता उसकी हालत देखकर सबकुछ समझ गए और उसे शिकार करने के लिए प्रोत्साहित किया। शिकार के पीछे भागते हुए वह एक गाँव के निकट पहुँच गया और शिकार को दबोचकर मार दिया। वहाँ आस-पास उसे कुछ मनुष्य दिखाई दिए। बब्बर पहले की भांति थोड़ा भयभीत हुआ, परन्तु शेर को देखकर सभी मनुष्य भयभीत होकर भागने लगे। आज पहली बार शिकार करके और मनुष्यों को भागते देखकर उसे एहसास हुआ कि मैं शक्तिशली शेर हूँ और जंगल ही मेरा वास्तविक स्थान है।

इस कहानी पर जरूर विचार करना क्योंकि इसमें तुमको स्वयं की झलक दिखेगी। बब्बर ने तो स्वयं को जान लिया अब आपकी बारी है।

विश्वास करो कि तुम महान हो - ये शब्द गले से नीचे नहीं उतरते हैं, एक बार यह बात समझ गए तो जीवन बदल जाएगा। यदि जीवन परिवर्तित करने की अभिलाषा है तो विश्वास करना ही होगा। इन शब्दों को सम्पूर्ण रूप से समझने के लिए उपरोक्त कहानियों को पुनः पढ़ो। प्रारम्भ में प्रयास करने से सफलता नहीं मिलती है, तो हार मानने की आवश्यकता नहीं है। आप केवल दृढ़ निश्चय रखो कि मुझे सफल होना ही है।

एक पेज पर लिखो कि **मैं महान हूँ।** इस पेज को शयनकक्ष में रख दो। सवेरे जागने के पश्चात व रात्रि को सोने से पूर्व आप इस पेज को देखो और अहसास करो कि मैं महान हूँ व यह संकल्प करें:-

मैं महान हूँ.... ....21 बार
मैं शक्तिशाली हूँ............21 बार
मैं श्रेष्ठ हूँ ....21 बार

ये संकल्प 21 दिन के लिए दिन में तीन बार दोहराओ। आपको बेहतर परिणाम प्राप्त होंगे। आप चाहो तो आगे भी यह संकल्प जारी रख सकते हैं।

मानना, जानना और पहचानना –तीनों शब्दों में घनिष्ठ संबंध है। मानना, अर्थात आपने मन (Conscious Mind) से मान लिया कि आप महान हो। जानना, अर्थात बुद्धि (Analytical Mind) से जान लिया कि आप महान हो। पहचनना, अर्थात आपने अवचेतन मन (Subconscious Mind) के अनुभव से पहचान लिया कि आप महान हो। जब मन, बुद्धि और अवचेतन मन एक ही धारा में बहने लगते हैं, तो संपर्क ब्रह्मांड से जुड़ जाता है और शक्ति का बहाव शुरू हो जाता है। प्रारम्भ में मन व बुद्धि मानने के लिए तैयार नहीं होते हैं, जिस प्रकार बब्बर स्वीकार नहीं कर पाया कि वह स्वयं ही शेर है क्योंकि बचपन से बब्बर भेड़ों के बीच रहा था इसलिए सर्वप्रथम किसी भी तथ्यात्मक बात को मन से स्वीकार करना अति आवश्यक है तभी आगे बढ़ सकते हैं। ज़ीरो की खोज़ आर्यभट्ट ने की थी। यदि आर्यभट्ट 1 से 9 तक गिनती ही नहीं मानता तो वह ज़ीरो की खोज कभी नहीं कर पाता इसलिए पहले मन से स्वीकारो कि आप महान हैं। अब बुद्धि के विवेक से जानना है व अनुभव से पहचानना है कि आप महान हो। बब्बर प्रथम बार दहाड़ा तो वन के सारे पशु, पक्षियों में भगदड़ मच गई। इस तरह, प्रथम बार बब्बर को अनुभव हुआ कि वह शेर है। मानने व जानने के पश्चात बब्बर की तरह अनुभव करना है कि आप महान हो। हम, अनुभव करने पर मन और बुद्धि किसी भी बात को पूर्ण रूप से स्वीकार कर लेती है।

सिंह गर्ज़ना से जागो – शेर दहाड़ता है तो जानवरों में भगदड़ मच जाती है। पक्षी चहचाहने लगते हैं। मगर वापस पानी में चले जाते हैं, हाथी अपना मार्ग बदल लेता है। इसी तरह से सिंह गर्जना से जागो कि मैं महान हूँ, मैं शक्तिशाली हूँ। आपकी कमजोरी दूर भागने लगेगी, दोष व कमियाँ समाप्त होने लगेंगी। जीवन में सुधार आता जाएगा व स्वयं को अधिक शक्तिशाली महसूस करोगे। धीरे-धीरे आंतरिक कमजोरियां, सर्व दोष, विकार (क्रोध, अहंकार, राग, द्वेष, ईर्ष्या, छल, कपट) दूर हो जाएंगे। और कुछ ही समय में आप शक्तिशाली मनुष्य के रूप में उभरेंगे।

दूरदर्शिता - अपनी सोच का विस्तार करो। आपकी महान कार्य करने की अभिलाषा है तो 21वीं शताब्दी में 22वीं शताब्दी की सोच रखनी होगी। आपको एक ही दिन में हज़ारों दिनों के बराबर कार्य करना होगा। ऐसा बिल्कुल नहीं सोचना कि आप थक जाओगे बल्कि सोचना कि मैं एक दिन में हज़ारों दिन के बराबर कार्य कर सकता हूँ और करूँगा। आप जैसा सोचोगे ब्रह्मांड वैसी ही शक्ति प्रदान करेगा व प्रकृति भी आपका साथ देगी। स्मरण रहे, महान कार्य में

आप अकेले नहीं हैं, अनन्त शक्ति भी आपके साथ है। सर्वोच्च शक्ति, आपकी परममित्र है, बस आप एक बार मित्रता का हाथ तो आगे बढ़ाओ।

आप विश्वास का एक कदम आगे बढ़ाओ, अनन्त शक्ति हज़ार कदम आपकी तरफ बढाएगी।

स्वयं को प्रेरित (Motivate) करें- प्रत्येक मनुष्य को प्रेरणा की आवश्यकता होती है, चाहे वह स्वयं भी, दूसरों को प्रेरित (Motivate) करता हो। प्रेरणा से आंतरिक शक्ति का विस्तार होता है। प्रेरणा द्वारा, प्रत्येक कार्य पूर्ण उत्साह से करते हैं। प्रारम्भ में, अन्यों से प्रेरित हो सकते हैं परन्तु शीघ्र ही स्वयं को प्रेरित करना होगा। स्वयं को प्रेरित करना सीख गये तो विषम परिस्थितियों से भी, स्वयं को सुरक्षित रख सकते हो।

आप ब्रश करते हैं, स्नान करते हैं व साफ़ कपडे धारण करते हैं क्योंकि शरीर की सुरक्षा के लिए आवश्यक है। यदि सप्ताह में कोई एक दिन स्नान करे तो शरीर कैसा हो जायेगा? शरीर का ख्याल आप रोजाना रखते हो, बहुत ही अच्छा है परन्तु क्या शरीर से भी महत्त्वपूर्ण मस्तिष्क का रोजाना ख्याल रखते हो? शायद नहीं। शरीर की तरह, मस्तिष्क का भी ध्यान रखना होगा क्योंकि जितना मस्तिष्क को साफ़, स्वच्छ रखेंगे उतना ही मस्तिष्क अच्छा कार्य करेगा। प्रतिदिन मोटिवेशन द्वारा मस्तिष्क को स्वच्छ व साफ़ रखा जा सकता है।

मनन-चिन्तन – मनन-चिन्तन में अत्यंत शक्ति है। कुछ समय प्रतिदिन मनन-चिन्तन करो अर्थात स्वयं का मंथन करो। यह कला सीख गये तो शीघ्र ही परिवर्तन आएगा। महापुरुषों के बारे में बारीके से अध्ययन किया जाए तो आप पायेंगे कि प्रत्येक महापुरूष मनन-चिन्तन करता था। सोचो, आज हमने क्या किया है? आज जो भूल हुई है, उसे कैसे सुधारा जा सकता है। मुझसे जो गलती आज हुई है, कल नहीं हो। मेरे तनाव का कारण क्या था? कौन सी समस्या रुकावट है? उन गलतियों को नोट करो और उन्हें समाप्त करो। मेरी खुशी का कारण क्या था? कारणों को पहचानो व उनमें इजाफ़ा करो। मैं श्रेष्ठ जीतन कैसे जी सकता हूँ? मौन होकर, अन्तर्मन से सोचते रहो। विचारों का मंथन करो, जिस प्रकार दही का मंथन करने से घी निकलता है, उसी प्रकार विचारों के मंथन से श्रेष्ठ ज्ञान-अमृत का उदय होता है। श्रेष्ठ ज्ञान-अमृत वह है जो आत्म-मंथन से निकलता है। इस अमृत को आपसे कोई नहीं छीन सकता है। इसे आप ही ग्रहण कर सकते हो। जैसे ही आप इस अमृत को धारण करोगे। आपके जीवन में अद्‌भुत परिवर्तन शुरु हो जायेगा। कुछ ही दिनों में आपका जीवन श्रेष्ठ बन जाएगा, जिसकी आपने कल्पना भी नहीं की थी। जो व्यक्ति लोगों में बोलना नहीं जानते थे, इस अमृत को पीकर, भाषण देने लगे। उस की वाणी से अमृत ही

टपकता है क्योंकि उसने अमृतपान किया है। आपकी सारी कमजोरियाँ धीरे-धीरे समाप्त होने लगती हैं।

मनन-चिन्तन के फायदे

एक ही दिन में बिगड़ने वाले दूध में कभी नहीं बिगड़ने वाला घी छिपा है।

आपमें भी एक शक्तिशाली इंसान छिपा है जिसे मनन-चिंतन द्वारा उजागर किया जा सकता है।

(1) मनन चिन्तन द्वारा स्वयं की कमजोरियों को पहचानकर, शीघ्र ही समाप्त किया जा सकता है।
(2) मनन-चिन्तन द्वारा शक्तियों का उचित उपयोग करना सीख जाते हैं।
(3) मनन-चिन्तन द्वारा उचित व अनुचित की पहचान होती है।
(4) मनन-चिन्तन द्वारा विषम परिस्थितियों में भी उचित निर्णय ले सकते हैं।
(5) स्वयं का सबसे अच्छा व भरोसेमंद मित्र मिल जाता है।
(6) विचारों के मंथन से श्रेष्ठ ज्ञान का उदय होता है, जिससे जीवन श्रेष्ठ बनता है।
(7) मनन-चिंतन द्वारा समस्या के उचित समाधान तक पहुँच जाते हैं।

वीर यात्रा

स्मरण रहे तुम्हारा मार्ग अलग है। तुम असाधारण हो, अन्यों से तुलना करके खुद का अपमान नहीं करना। आओ वीर यात्रा प्रारम्भ करते हैं:-

सीधा मार्ग तय करो

स्वामी विवेकानंद के पास एक दुःखी व्यक्ति आया। उसने बताया कि कठिन परिश्रम के बावजूद, सफलता नहीं मिल रही है। मैं जीवन से परेशान हूँ, लड़ाई-झगड़े यही चलता रहता है। स्वामी जी ने उस व्यक्ति को भांप लिया और उसकी समस्या को समझ गये। स्वामी जी ने व्यक्ति से कहा कि आप पहले मेरा कुत्ता घुमा कर लाओ उसके बाद, मैं आपको सही सुझाव दुंगा। वह व्यक्ति स्वामी जी का कुत्ता घुमाने ले गया। कुछ समय पश्चात व्यक्ति, कुत्ते के साथ वापस आ गया। आदमी बहुत फ्रैश था परन्तु कुत्ता हाँफ रहा था और काफी थका हुआ था। स्वामी जी ने पुछा कि आप तो फ्रैश लग रहे हो परन्तु कुत्ता हांफ रहा है और बहुत थका हुआ है, क्या कारण है?

व्यक्ति ने कहा कि स्वामी जी, मैं तो सीधा रास्ता तय कर रहा था परन्तु यह कुत्ता गली के दूसरे कुत्तों से लड़-झगड़ कर वापस मेरे पास आ जाता था।

स्वामी जी ने कहा, यही तुम्हारे प्रश्न का उत्तर है। सफलता की मंजिल आसपास ही है परन्तु आप सीधा मार्ग तय नहीं करते हो।

लोग मार्ग में बाधा उत्पन्न करेंगे। जो बाधा उत्पन्न करें, उन्हें रोकने का भी प्रयास नहीं करना क्योंकि रोकने के प्रयास में अपना कीमती समय नष्ट कर दोगे। स्वयं को सुरक्षित रखते हुए, आगे बढ़ते रहना है। रास्ते में कांटा चुभता है तो काटें को निकालकर आगे बढ़ो। कांटे डालने वाले को मत ढूंढ़ो। पैर से खून बह रहा है तो पट्टी बांधों और आगे बढ़ो। जिसकी वजह से खून बहा, उसके बारे में कुछ भी खराब मत सोचो। यदि खराब सोचोगे तो अपना ही कीमती समय नष्ट करोगे क्योंकि बहुत लोग रास्ते में अड़चन बनेंगे। आप एक-एक दिन उनके लिए बर्बाद करोगे तो पता ही नहीं पड़ेगा कि कब आपका जीवन बीत गया इसलिए आगे बढ़ते रहना है। याद रखना मुसीबतें रास्तो की अड़चन नहीं हैं, ये रास्ते का हिस्सा हैं। मुसीबतें मजबूत बनाती हैं इसलिए मार्ग के कंकड़-पत्थरों से घबराओ नहीं। धीरे-धीरे आप देखोगे कि जो कंकड़-पत्थर पहले चुभते थे, आज नहीं चुभ रहे हैं क्योंकि आपके पैर पहले से मजबूत हो गए हैं। मजबूत पैरों से रास्ता सरलता से तय कर सकते हो इसलिए सभी का धन्यवाद करो, जिनकी वजह से आप मजबूत बने।

जब ओखली में सर दिया तो मूसलों से क्या डर?

वीर यात्रा आरम्भ कर दी तो बाधाओं से किसलिए डरना । रास्ते में कंकड़-पत्थर होते ही हैं। बहुत महान पुरूष इन कंकड़-पत्थरों से गुज़रे हैं, आप कोई अकेले नहीं हैं। हाँ, आप जूते पहन सकते हैं। जूतों से छोटे-मोटे कंकड़-पत्थर आपको नहीं चुभेंगे। कहने का तात्पर्य है कि सोच ऊँची रखो। आपकी कोई बुराई करता है या आपके बारे में गलत बोलता है तो यह कांटा आपके अंदर चुभता है। क्या कोई प्रसिद्ध या महान व्यक्ति कभी साधारण लोगों की बात पर ध्यान देता है? परन्तु आप, प्रत्येक छोटी-छोटी बात पर ध्यान देते हो। यदि आप भी ऊँची सोच रखोगे तो ये कांटे चुभने बंद हो जायेंगे।

वीर वह है जो निश्चय करे कि करना ही है

हार कर जो ना हारे जीत उसी की होती है।
घनघोर अंधेरे में जलती जगमग उसकी ज्योति है।।

अपने बचपन के दिन स्मरण करो। बचपन के दिन स्मरण नहीं हैं तो किसी बच्चे का बचपन देखो। बच्चा दिन में अनेक बार गिरता है, फिर उठता है और इस तरह बार-बार गिरने के बाद खड़ा होना सीख जाता है। कभी सोचा है? ऐसा क्यों होता है? कोई वयस्क दो-चार बार भी गिर गया तो वह पैरों से खड़ा होना बंद कर देता है क्योंकि वह सोचता है कि मैं नहीं कर सकता हूँ और हार मान लेता है।

बच्चे को हार-जीत का ज्ञान नहीं होता है। बच्चे के दिमाग में यह बात ही नहीं आती कि मैं नहीं कर सकता हूँ। बच्चा तो हमेशा प्रयत्न करता रहता है। बच्चे को केवल इतना पता है कि मेरी माँ चल रही है तो मुझे भी मां की तरह चलना ही है। यह बात भी उसके मस्तिष्क में नहीं आती है कि मैं चल सकता हूँ केवल एक बात उसके मस्तिष्क में रहती है कि मुझे चलना ही है। तभी तो बच्चा बार-बार गिरने के बाद उठकर चलने लगता है।

बच्चों की भांति सोचना आरम्भ करो। ये नहीं सोचो कि मैं नहीं कर सकता हूँ या कर सकता हूँ, मुझे करना ही है। नहीं होगा, ये शब्द तो मस्तिष्क में आने ही नहीं दो। सहस्त्रों बार गिरने पर भी हार नहीं मानो, प्रयत्न करते रहो।

मुझे याद है, एक औरत साइकिल चलाना सीख रही थी। सीखने के दौरान वह गिर गई। उसके थोड़ी चोट भी आई। उसने साइकिल सीखना छोड़ दिया क्योंकि उसमें फिर से गिरकर उठने का साहस नहीं था। क्या किसी बच्चे ने गिरने के डर से साइकिल सीखना छोड़ा है? आपने बच्चों को रोजाना साइकिल

से गिरते हुए देखा होगा परन्तु किसी ने भी, ऐसा बच्चा नहीं देखा होगा, जिसने गिरने के भय से साइकिल चलाना छोड़ दिया हो परन्तु संसार ने बहुत वयस्कों को देखा है, जिन्होंने गिरने के भय से साइकिल चलाना छोड़ दिया।

छोटी ठेसों से बचो

मेरे पास एक जोडी जूते थे जिन्हें आज भी मैंने सुरक्षित रखा है। मैं जूतों को पहनकर बाहर निकलता था तो रास्ते के कांटे, कंकड़-पत्थर नहीं चुभते हैं। एक दिन बड़ा कांटा जूते को पार करते हुए पैर में चुभा। थोडा दर्द हुआ, मैंने उस कांटे को निकालकर फैंक दिया परन्तु कांटे का आगे का बहुत छोटा सा नुकीला हिस्सा जूते में ही रह गया, ये हिस्सा नहीं निकला। जब भी मैं इन जूतों को पहनता हूँ तो कंकड़-पत्थर तो नहीं चुभते हैं परन्तु छोटा कांटा चुभता है। जब भी मैं साइकिल चलाता हूँ तो कभी-कभी यह कांटा चुभता है।

बहुत लोग हैं जो विशाल समस्याओं से बच गए परन्तु बातों की छोटी ठेस दिल में बैठ गई। यह ठेस दिल में चुभती रहती है और आगे नहीं बढ़ने देती है। ये ठेस छोटे छिद्र के समान है जो मटका के सारे पानी को टप-टप बूंद के द्वारा बाहर निकाल देता है। इन ठेसों को पहचानों और इनसे बचो तभी आगे बढ़ सकते हो।

नैवर क्विट (Never Quit)

अगर तुम उड़ नहीं सकते हो, तो दौडो।
अगर तुम दौड नहीं सकते हो, तो चलो।।
अगर तुम चल नहीं सकते हो, तो रैंगो।
पर आगे बढ़ते रहो।।

- मार्टिन लूथर

कभी-कभी मंजिल के बहुत करीब पहुंचने पर भी लोग, वापस लौट आते हैं। कितनी भी बड़ी समस्या हो, आपको डगमगाना नहीं है। अपने लक्ष्य के लिए आप उड़ रहे थे परन्तु खराब मौसम की वजह से उड़ नहीं पा रहे हो तो दौडो, चलो और चल भी नहीं सकते हो तो रैंगो परन्तु आगे बढ़ते रहो। बीच रास्ते में कभी क्विट मत करो, मार्ग से वापस मत लौटो, चाहे योजनाऐं आपको बदलनी पडें तो बदलो परन्तु लक्ष्य को क्विट (Quit) मत करो। इतना रास्ता तय हो गया, बस थोडा और बचा है, हार मत मानो। तुम हार गए तो स्वयं को क्या जवाब दोगे? बीच में लक्ष्य छोड़ दिया तो आप स्वयं को कोसते रहोगे। यदि सफलता नहीं मिलती है तो असफलता आपको अधिक दुःखी नहीं करेगी। जो असफल होते हैं वो सफल भी होते है। असफलता+असफलता= सफलता परन्तु जो असफलता से डरता है वह सफल क्या होगा? बीच में ही आपने क्विट (Quit) कर दिया तो आपको चैन नहीं मिलेगा। इस दुःख की पीड़ा आप सहन नहीं कर पाओगे। जीवन में '**थोडा**' वाला फार्मूला सदैव याद रखना। बस थोडा और बचा है, बस थोडा और बचा है मंजिल पास ही है। इस फार्मूला से आप हज़ारों किलोमीटर लंबे रास्ते को भी तय कर सकते हो।
शायद इस कहानी से आपको समझ आ जाए।

एक राजा का दरबार लगा हुआ था। दरबार में एक वैश्या मुज़रा कर रही थी। राजा ने कुछ धन अपने गुरू को दिया, ताकि गुरू प्रसन्न होकर नर्तकी को दान दे सके। सभी को बहुत आनन्द आ रहा था क्योंकि मुज़रा बहुत अच्छा था। रात बीत गई, सुबह होने वाली थी। तबला वाला नींद के कारण पलक झपका रहा था तभी नर्तकी बोलती है :-

***बहु बीति थोड़ी रही, पल-पल गई बिहाई।
एक पलक के कारणें, ना कलंक लग जाई।।***

दोहा सुनते ही गुरू ने सारा धन नर्तकी को दे दिया। तबला बजाने वाले ने अच्छी तरह से तबला बजाना शुरू कर दिया। नर्तकी ने फिर यह दोहा दोहराया। इस बार राजकुमारी ने अपना सोने का हार नर्तकी को दे दिया। नर्तकी ने फिर ये दोहा दोहराया। इस बार राजकुमार ने अपना सोने का मुकुट नर्तकी को दे दिया। नर्तकी ने फिर दोहा दोहराया। अबकी बार राजा क्रोधित हो गया और बोला बस कर वैश्या तुमने एक दोहे से सभी को लूट लिया तभी गुरू की आँखों में पानी आ गया और गुरू कहने लगा कि राजन इसने साधारण दोहा नहीं बोला है। अब यह मेरी गुरू हो गई है। इसने मुझे मेरी गलती का अहसास करा दिया है। मैं जिंदगीभर तपस्या करता रहा और अंत समय मुज़रा देख रहा हूँ। मैं तो चला, तपस्या के लिए। राजकुमारी ने कहा कि पिताजी आप मेरी शादी नहीं कर रहे थे, मैं एक नौकर के साथ भागने वाली थी। अंत समय नर्तकी ने मेरी आँखें खोल दी कि इतना समय बीत गया है, कुछ समय पश्चात शादी हो ही जाएगी। अपने कुल को क्यों कलंकित करती हो। तभी राजा का लड़का बोला, पिताजी आप मेरा राज्याभिषेक नहीं कर रहे थे, मैंने आपकी हत्या की योज़ना बना ली थी परन्तु इस नर्तकी ने मुझे अहसास करा दिया कि कुछ समय बाद राज्य तिलक तो मेरा ही होना है। मैं हत्या करके स्वयं को क्यों कलंकित करूँ? यह सब सुनकर, वैश्या भी कहने लगी कि मेरा दोहा सुनकर सभी बदल गये परन्तु मैं आज तक नहीं बदली। मैं भी आज से अच्छाई का मार्ग अपनाती हूँ।

राजा ने यह सब सुनकर अपने पुत्र का राज्याभिषेक गुरू के सामने ही कर दिया। राजकुमारी के लिए योग्य वर चुनकर, उसकी शादी कर दी। इस तरह इस दोहा ने सभी को परिवर्तित कर दिया, मैं इस दोहा का अर्थ समझाता हूँ।

***बहु बीति थोड़ी रही, पल-पल गई बिहाई।
एक पलक के कारणें, ना कलंक लग जाई।।***

तबले बजाने वाला रात में पलकों को झपकाने लगा तो नर्तकी उसे सतर्क करने के लिये ये दोहा बोलती है कि बहुत समय बीत गया, बस थोडा बाकी है। इस थोडे समय में भी पल-पल बीत रहा है। अंतिम समय सावधान नहीं हुए तो एक पलक लगने से कलंक लग जाएगा।

इस दोहे से कितने परिवर्तित हो गए। कभी आपका भी ऐसा समय आए कि लक्ष्य के मार्ग में कठिनाइयों के कारण आप क्विट (Quit) करना चाह रहे हों तो इस कहानी को पढ़ना और समझना कि इतना मार्ग तय हो गया है शेष रास्ता भी तय हो ही जाएगा।

अब इन तथ्यों पर ध्यान दें:-

लोग जो सुख, खुशी, आनन्द और महानता चाहते हैं	-100%
जो प्रतिदिन एक बार इसके बारे में सोचते हैं	- 50%
जो पहला पग उठाते हैं	- 20%
पूरा रास्ता तय करते हैं	- 5%

अर्थात लगभग 5% लोग ही सुख, खुशी, समृद्धि व महान जीवन का आनन्द ले रहे हैं प्रत्येक मनुष्य के जीवन में परिस्थितियाँ (अच्छी और बुरी) आती हैं। कुछ कठिन परिस्थितियों में डूब जाते हैं और कुछ इन परिस्थितियों से तैरकर बाहर निकल जाते हैं। ये लोग ही सुख, खुशी और आनन्दित जीवन जी रहे हैं।

परिस्थितियाँ ही मनुष्य को मजबूत बनाती हैं।

संसार सागर में सभी की नाव तैर रही है। सागर में विशाल लहरें आती रहती हैं। इन लहरों में 50% लोग तैरना बंद कर देते हैं परन्तु 50% लोगों की नाव लहरों का सामना करने के बाद भी तैरती रहती है फिर कभी बवंड़र आता है और इस बार केवल 20% लोगों की नाँव तैरती रहती है, बाकि सभी अपनी नाव किनारे पर खड़ी कर देते हैं परन्तु कभी-कभी इन लोगों के जीवन में भी तूफ़ान आता है। इस तूफ़ान में केवल 5% लोग ही तैरने का साहस करते हैं।

5% लोगों की नाँव तूफ़ान में डगमगा सकती है, कुछ समय के लिए नियंत्रण खो सकती है परन्तु डूबती नहीं है। दुनिया के ये लोग ही सुखी, खुशी, समृद्ध और आनन्दित रहते हैं।

जो महान तूफ़ानों का सामना करते हैं।
वो महान कहलाते हैं।।

5% लोगों की जीवन रूपी नाँव भी सागर में नीचे गहराई में जाने लगती है, जिसमें 4 % लोग हिम्मत हार जाते हैं अर्थात विषम परिस्थितियों से हार मान लेते हैं और केवल 1% लोग होते हैं जो हार नहीं मानते हैं और उनके समक्ष तूफ़ान को थमना पड़ता है।

ये **1%** लोग होते हैं, दुनिया के महान लीडर।

लीडर और कोई नहीं हमारे बीच ही होते हैं जो,
जीवन की प्रत्येक परिस्थिति में पक्का हो जाते हैं।

दुनिया उनके विचारों पर चलती है,
कभी जिनके विचारों की घोर निन्दा की गई थी।

1% लोगों को भी भयानक और असहनीय तूफ़ान रूपी मुसीबत का सामना करना पड़ता है और सभी की नाँव सागर में डूब जाती है, सागर के तल से टकराती है जिसमें 0.000001% लोगों कि नाँव सागर सतह से टकराकर वापस तेज गति से ऊपर आकर तैरने लगती है।

ये 0.0000001% लोग होते हैं जो सम्पूर्ण दुनिया में बदलाव लाते हैं। जिनके पद चिन्हों का आने वाली पीढ़ी अनुसरण करती है है। इतिहास जिनके बारे में बार-बार वर्णन करता है। ये होते हैं दुनिया के वास्तविक नायक (Real Hero)।

महान विश्वास + महान विचार + महान कर्म = महान लोग

महान विचार व महान कर्म अर्थात संसार के हित के विचार। विचार और भाषण तो बहुतों के महान होते हैं परन्तु उनके कर्म महान नहीं होते हैं तो उनके जीवन में खास प्रगति नहीं होती है।

<u>महान विचार व महान कर्म</u>

1. समाज का हित
2. निर्भय विचार

3. साधारण लोगों की सोच से भिन्न
4. जिन विचारों में समाज को बदलने कि क्षमता है
5. लोगों के दिलों को छूने वाले विचार
6. अपरिवर्तनशील विचार अर्थात हज़ारों वर्ष बाद भी जिनकी महत्त्वता रहे।
7. सार्वभौमिक सत्य
8. निष्काम भाव से किया कार्य

प्रश्न- 1. यह सब वास्तविक जीवन में संभव नहीं है?

उत्तर – मनुष्य जो इरादा कर सकता है, उसे हासिल सकता है। यदि कोई सोचता है कि यह संभव है, वह यथार्थ सोच रहा है। दूसरा व्यक्ति सोचता है कि यह असंभव है तो वह भी सही सोच रहा है। आपको क्या सोचना है, निर्णय स्वयं लें?

प्रश्न: 2. मनन-चिंतन कैसे करना है?

उत्तर: मनन-चिंतन केवल सकारात्मक बातों का ही करना है। बहुतों के साथ अन्याय हुआ था इसलिए वे नकारात्मक मनन-चिंतन करते हैं। ध्यान रहे, मनन-चिंतन से समस्या का समाधान ढूंड़ो न कि समस्या को सोचकर दुःखी रहो। आज दिनभर क्या किया? कुछ गलत हुआ तो उसे कैसे सुधारा जा सकता है? बेहतर जीवन कैसे बनाया जा सकता है? अपने घर को कैसे सुधारा जा सकता है? रिश्तों को मधुर कैसे बनाया जा सकता है? इस तरह, जीवन की उन्नति के लिए मनन-चिंतन करना है। मनन-चिंतन में, प्रत्येक बात की गहराई तक पहुँचना है। जिससे आप पूरी बात को समझकर सटीक हल निकाल सकें।

प्रश्न – 3. कठिन परिस्थितियों में स्वयं को सशक्त कैसे बनाए रखें?

उत्तर – परिस्थितियों का इन्तजार किसलिए करना। स्वयं को पहले से ही सशक्त रखो। आप मजबूत होंगे तो परिस्थिति बहुत छोटी दिखाई देगी। मैं आपको दस परिस्थितियां देता हूँ, ये परिस्थिति आने पर, आप कैसे निपटोगे। यह आपके लिये गृह कार्य है। कोई इन परिस्थितियों से कैसे निपट सकता है, गहराई से विचार करना और यह भी सोचना कि अन्य लोग, इन परिस्थितियों से कैसे निपटे थे।

1. किसी को नौकरी से निकल दिया गया है।
2. सबसे अच्छे मित्र से लड़ाई हो गई है।
3. बिजनेस में घाटा आ गया है।
4. चोरी या दूसरा गलत इल्जाम लगा दिया है।

5. घर का मुख्य सदस्य, जिसकी कमाई पर परिवार निर्भर था, नहीं रहा।
6. किसी के दोनों हाथ- पैर खराब हो गये हैं।
7. बिजनेस पार्टनर ने साथ छोड़ दिया।
8. नौकरी नहीं मिल रही है।
9. बार-बार असफलता मिल रही है।
10. ऑफिस में बॉस का व्यवहार अच्छा नहीं है।

प्रश्न-4. कठिन परिस्थितियों में कुछ सशक्त हो जाते हैं व कुछ हिल जाते हैं- ऐसा क्यों? जीवन के उतार-चढ़ाव को सहज रीति कैसे पार कर सकते हैं?

उत्तर- जिनकी स्वस्थिति, परिस्थितियों से मजबूत होती है, वे लोग खराब व कठिन परिस्थिति में और अधिक मजबूत हो जाते हैं और जिनकी स्वस्थिति, परिस्थितियों से कमजोर होती है वे लोग परिस्थितियाँ आने से हिल जाते हैं, घबरा जाते हैं।

सोचो कि परिस्थितियाँ मुझे आगे बढ़ाने के लिए आई हैं। ये मेरी परीक्षा है जिसमें मुझे हल-चल में नहीं आना है। परिस्थितियों को अपने लिए उपहार(Present) बना देना है। यदि ऐसा सोचेंगे तो परिस्थितियाँ आयेंगी और जायेंगी, बड़े-बड़े तूफ़ान भी तोहफ़े में बदल जायेंगे।

उतार-चढ़ाव को सहज रीति पार करने के लिए यह संकल्प करें:-

आराम से बैठें.... विचारों को चेतनापूर्वक निर्मित करने का प्रयास करें... स्वयं को देखें....... मैं शक्तिशाली हूँ............. मैं सभी विचारों का रचियेता हूँ.......... कैसी भी स्थिति आ जाये....... मैं चुनता हूँ स्थिरता को......जैसे ही मैं स्थिर रहता हूँ परिस्थिति परिवर्तित हो जाती है...... स्वयं को उस व्यक्ति के सामने देखें जो आज तक आपको गुस्सा दिलाता व परेशान करता था.....वह वैसे ही है, वैसे ही व्यवहार कर रहा है..... मैं स्थिर हूँ....उसका व्यवहार मुझपर प्रभाव नहीं डाल रहा है....... अपनी प्रतिक्रिया मैं तय करता हूँ.......... क्योंकि मैं शक्तिशाली हूँ.....................।

महानता के प्रशिक्षण में कुछ विषयों को भी समझना जरूरी है जिनका पूर्ण वर्णन अगले अध्यायों में किया गया है।

1. संकल्प व कल्पना शक्ति
2. सकारात्मक व श्रेष्ठ विचार
3. भारत का प्राचीनतम रहस्य
4. विकारों पर विजय
5. विश्वास व आत्मविश्वास
6. हम स्वयं अपने भाग्य विधाता हैं
7. सम्पन्न जीवन
8. महान लक्ष्य
9. आनन्दित व सफल जीवन
10. महान दिनचर्या

२.

संकल्प शक्ति

(The Power of Thought)

एक विचार की बार-बार तीव्र आवृति (Repetition) संकल्प कहलाता है। जिस प्रकार सागर की छोटी लहरों से ही बड़ी लहरों का निर्माण होता है। बड़ी लहर के साथ छोटी लहर भी मूल्यवान हो जाती है। एक-एक बूंद मिलकर नदि का रूप धारण कर लेती है। उसी प्रकार छोटे विचार मिलकर शक्तिशाली संकल्प बन जाते हैं और हमारे लिये दुर्ग का काम करते हैं। दुर्ग में शत्रु का प्रवेश मुश्किल होता है। जब लक्ष्य के लिये संकल्प करते हैं तो कमजोर विचारों का दुर्ग में प्रवेश मुश्किल हो जाता है।

सागर में उठी लहरें किनारे पर समाप्त हो जाती हैं। मनुष्य के मस्तिष्क में भी विचारों रूपी तरंगे उठती रहती हैं परन्तु अधिकतर तरंगे नष्ट हो जाती हैं। टेलीविजन की तरंगे उपग्रह (Satellite) से परावर्तित होकर वापस ट्रांसमीटर/ऐंटीना तक आती हैं उसके बाद टेलीविजन पर चित्र दिखाई देता है। हमको भी विचारों रूपी तरंगो को नष्ट होने से बचाने के लिए इस तरह संकल्प करना है।

संकल्प करें कि आसमान में सभी इच्छाओं को पूर्ण करने वाला एक चमकता हुआ सितारा है जिसकी प्रकाश किरणें मेरे मस्तिष्क में स्थित चमकते हुए सितारे में समा रही हैं। दोनों सितारे सेटेलाइट व ऐंटीना का कार्य करेंगे और

मन में उठे संकल्प की तरंगें इनसे परावर्तित (Reflect) होकर हमारे पास वापस आयेंगी।

इतिहास साक्षी है कि मनुष्य की संकल्प शक्ति के समक्ष।
देव, दनुज सभी पराजित होते रहे हैं।।
– एमर्सन

आपके संकल्पों में इतनी शक्ति और विश्वास होना चाहिए कि जो संकल्प किया वो पूरा होना ही है।

बगीचे में विभिन्न प्रकार के पेड, पौधे व फूल होते हैं। सभी को सूर्य का प्रकाश समान रूप से मिलता है, माली सभी को खाद व पानी भी समान देता है। मिट्टी भी सभी के लिए वही है फिर भी पेड, पौधे व फूलों में विभिन्नता क्यों है? क्योंकि सभी का बीज अलग है। बीज में ही वृक्ष छिपा होता है। संसार का प्रत्येक मनुष्य अद्वितीय (Unique) है, इसका कारण है बीज क्योंकि बीज भिन्न प्रकार के हैं। ये बीज हैं, मनुष्य के संकल्प।
मनुष्य में असीम छिपी हुई शक्तियां हैं। सभी शक्तियों में **'संकल्प शक्ति'** सर्वश्रेष्ठ है। मनुष्य के दृढ़ संकल्प के समक्ष पहाड़ भी राई बन जाता है और प्रत्येक मुशीबत दृढ़ संकल्प से पराजित हो अपना रास्ता मोड़ लेती है। बीज जब संकल्प करता है तो वह पहाडों के बीच से भी उग जाता है। नदि जब संकल्प कर लेती है तो पहाडों और मैदानों से रास्ता बनाते हुए सागर से जा मिलती है। इसी प्रकार मनुष्य जब संकल्प कर लेता है तो पहाड़ को काटकर भी रास्ता बना देता है।

माउन्टेन मैन दशरथ माँझी

बिहार के दशरथ माँझी के दृढ़ संकल्प के कारण सम्पूर्ण भारतवर्ष में उनका नाम सम्मानपूर्वक लिया जाता है। दृढ़ संकल्प की शक्ति से वे आज संसार के लिए प्रेरक बन गए हैं। लोग उन्हें माउन्टेन मैन के नाम से जानते हैं। उनकी प्रेम कहानी इतिहास में यादगार बन गई है। उन्होंने लगभग 365 फीट लंबे, 30 फीट चौड़े व 27 फीट ऊँचे पहाड़ को केवल एक छैनी और हथोड़े से काटकर रास्ता बना दिया।

दशरथ माँझी का जन्म भारत के बिहार राज्य के गया जिले के एक छोटे से गांव गहलौर में हुआ था। उन्होंने कोयले की खान में काम किया। कुछ समय पश्चात घर आकर फागुनी नामक लडकी से शादी कर ली। जिसे प्यार से

ये फगुनिया बुलाते थे। ये फगुनिया से बइंताह मोहब्बत करते थे। घर में गरीबी थी, फिर भी ये परिवार के साथ बहुत खुश थे। एक दिन अचानक फगुनिया का पैर पहाड़ से फिसल गया और ऊँचाई से गिरने के कारण वह गंभीर रूप से घायल हो गई। समय पर अस्पताल नहीं पहुँचने के कारण कुछ ही घंटों में उसकी मृत्यु हो गई। अस्पताल और गाँव के बीच पहाड़ था। पहाड़ का चारों और का रास्ता लगभग 70 किलोमीटर लंबा था।

फगुनिया की मृत्यु से दशरथ काफी आहत हुए। उन्होंने पहाड़ को काटने का दृढ़ संकल्प किया ताकि किसी और की पहाड़ की वजह से मृत्यु नहीं हो। गाँव के लोगों ने मना किया कि ऐसा नहीं हो सकता है, यह असम्भव है। एक छैनी और हथोड़ा लेकर उन्होंने इस महान कार्य को आरम्भ कर दिया। उन्होंने दृढ़ संकल्प किया कि मैं पहाड़ को काटकर रास्ता बनाकर ही रहूँगा। मजदूरी करने के बाद वे इस महान कार्य में जुट जाते थे। सभी दशरथ का मजाक उडाते थे। परिवार वालों ने भी दशरथ को उसी के हाल पर छोड़ दिया। संघर्ष में व्यक्ति अक्सर अकेला ही होता है। बच्चे दशरथ पर हंसते थे। सभी दशरथ को पागल कहते थे, शायद सही कहते थे क्योंकि पागल ही दुनियां में परिवर्तन लाए हैं। वे निरंतर 22 वर्षों तक कठिन परीश्रम करते रहे और उन्होंने सन् 1982 तक पहाड़ को काटकर रास्ता बना दिया। पहाड़ के कटने के पश्चात गहलौर गाँव और वजीरगंज कस्बे की दूरी 70 किलोमीटर से घटकर लगभग 7 किलोमीटर रह गई। आज और भी बहुत गाँव इस रास्ते का इस्तेमाल करते हैं। सन् 2007 में दशरथ माँझी स्वर्ग सिधार गए।

अपने बुलंद हौंसले पर भरोसा रखो।
भगवान के भरोसे मत बैठो
क्या पता भगवान हमारे भरोसे बैठा हो?

– दशरथ माँझी

सभी के संकल्प भिन्न हैं इसलिए कोई खुशी, कोई दुःखी, कोई अमीर है तो कोई गरीब है। कुछ दुःखी संकल्पों के फलस्वरूप सर्वदा दुःखी रहते हैं। कुछ हमेशा प्रसन्न रहते हैं क्योंकि वे प्रसन्नता के संकल्पों को महत्त्व देते हैं। अमीर इसलिये अमीर हैं क्योंकि उन्होंने अमीरी के संकल्पों को महत्त्व दिया और गरीब इसलिये गरीब है क्योंकि उन्होंने गरीबी के संकल्पों को महत्त्व दिया। संकल्प बीज है, जैसा संकल्प वैसा बीज अर्थात जैसा संकल्प बोयेंगे वैसा

जीवन रूपी फल प्राप्त होगा। संकल्प रुपी बीज को महान बनाना चाहते हो तो महान संकल्प अर्थात महान विचारों को महत्त्व देना होगा। यदि आप दुःख, गरीबी व परेशानी के विचार करते हैं तो आप दुःख, गरीबी व परेशानी से युक्त बीज का निर्माण कर रहे हैं। इस बीज से दुःख व परेशानी के ही वृक्ष उगेंगे और वृक्ष से दुःख, गरीबी व परेशानी के ही फल प्राप्त होंगे। यदि आप नफ़रत के संकल्प करते हैं तो आप नफ़रत से युक्त बीज का निर्माण कर रहे हैं। जिससे नफ़रत का वृक्ष ही पैदा होगा और एक दिन यह नफ़रत आपको नष्ट कर देगी। संसार के बहुत लोग जो दूसरों के प्रति नफ़रत के बीज पालते रहे परन्तु नफ़रत ने उन्हें ही नष्ट कर दिया।

यदि आप सुख, खुशी व अमीरी के संकल्प करेंगे तो आपके संकल्प रूपी बीज से सुख, खुशी व अमीरी का ही वृक्ष पैदा होगा।

हर संकल्प एक बीज है
(Every powerful thought is a seed)

सर्वश्रेष्ठ संकल्प रूपी बीज के निर्माण के लिये, अधोलिखित बातें सहायक सिद्ध होंगी:-

1. **महान लक्ष्य** – जैसा लक्ष्य वैसे लक्षण। जैसा जीवन का लक्ष्य होता है, वैसे ही लक्षण पैदा हो जाते हैं इसलिए महान लक्ष्य बनाओगे तो आपके विचार परिवर्तित होते जायेंगे। विचार परिवर्तित होने से जीवन परिवर्तित हो जायेगा।
2. **संगति** – सकारात्मक व खुश लोगों की संगति में रहना चाहिए। मनुष्य के विचारों और व्यवहार पर संगति का गहरा प्रभाव पडता है। यदि आपकी संगति गंदी है तो आप भी धीरे-धीरे गंदे हो जायेंगे। आपकी संगति अच्छी है तो आप भी धीरे-धीरे अच्छे हो जायेंगे। इसी प्रकार यदि आपकी संगति खुश लोगों के साथ है तो उनके विचारों का प्रभाव आपके जीवन पर पडेगा, आपके विचार भी धीरे-धीरे सुख, खुशी व समृद्धि से युक्त हो जायेंगे।
3. **पुस्तकों का अध्ययन**– जैसा संकल्प रूपी बीज आप तैयार करना चाहते हैं वैसी ही पुस्तकों का अध्ययन करें। पुस्तकों से ज्ञान बढता है और बुद्धि का विकास होता है। पुस्तकें हमारी सबसे अच्छी मित्र भी हैं।
4. **अहसास** – महान संकल्प बीज तैयार करने के लिये जरूरी है कि आप महान अहसास में रहें। महसूस करें की आप सुखी हैं, आपके

पास सुख के सभी साधन हैं उदाहरण के तौर पर आपके पास दो आँखें हैं, अच्छा शरीर है, सुनने के लिए दो कान हैं। महसूस करें कि आप बहुत खुश हैं। आपका परिवार बहुत खुशी है। खुशी के अहसास में रहें। अहसास करें कि आप अमीर हैं, आप जीवन में जितना भी अमीर बनना चाहते हैं, वो सब धन, दौलत व शौहरत आपको मिल गई है। जितना अच्छा अहसास उतना ही संकल्प बीज मजबूत होगा। अच्छे अहसास से अच्छी वॉयब्रेशन्स ब्रह्मांड में पहुंचेगी और उनका प्रत्युत्तर भी अच्छा प्राप्त होगा।

संकल्प करें

शांत बैठ जाइये..... सांसारिक बातों से ध्यान हठाकर, महसूस करें कि ब्रह्मांड से सुख, खुशी व समृद्धि की रंग-बिरंगी किरणें मुझ पर पड रही हैं.......मेरे शरीर के चारों तरफ रंग-बिरंगी ऊर्जा का आवरण बन गया है........... मैं सुख, खुशी व समृद्धि से भरपूर हो रहा हूँ......... ब्रह्मांड की सारी वॉयब्रेशन्स संकल्प बीज (मस्तिष्क में चमकता सितारा) में समा रही हैं ..... जिससे श्रेष्ठ संकल्प बीज तैयार हो रहा है.... संकल्प बीज से सुख, खुशी व समृद्धि की किरणें निकल ब्रह्मांड में चारों तरफ फैल रही हैं........ ये किरणें मेरे लक्ष्य के लिये कार्य कर रही हैं और जो भी मेरे लिए अच्छा रास्ता व तरीका होगा, ये किरणें खोज़ रही हैं.........मेरा संकल्प बीज वृक्ष बन गया है और इस वृक्ष पर सुख, खुशी, आनन्द व अमीरी के फल लगे हुए हैं....... संकल्प बीज बदलने से मेरा पूरा जीवन परिवर्तित हो गया है .... इस जीवन के लिये बहुत, बहुत धन्यवाद ......

श्रेष्ठ संकल्प शक्तिशाली होते हैं। ब्रह्मांड हर संकल्प का जवाब देता है। आप जो भी संकल्प करते हो तो ब्रह्मांड आपका साथ देता है इसलिए आपके विचार श्रेष्ठ व शुद्ध होंगे तो आपका संकल्प भी श्रेष्ठ और शुद्ध होगा। शुद्ध व श्रेष्ठ संकल्प अति शीघ्र कार्य करते हैं।

संकल्प शक्ति द्वारा खेती

एक व्यक्ति ने खेती पर संकल्प शक्ति का प्रयोग किया। बीज को 7 दिन अच्छे व शक्तिशाली संकल्प दिए, जैसे कि यह बीज बहुत अच्छा व शक्तिशाली है। इस बीज की बुआई से फसल अच्छी होगी। ब्रह्मांड से शक्तिशाली किरणें मुझपर पड़ रही है और मेरे मस्तिष्क से शक्तिशाली किरणें इस बीज तक पहुंच रही हैं, जिससे ये बीज बहुत शक्तिशाली बन रहा है और खेत में बुआई कर दी। पक्षी बीजों को चुगने के लिए आते थे परन्तु उन्होंने पक्षियों से संकल्प शक्ति से दोस्ती करके पक्षियों को बताया कि यह यौगिक खेती है जिसे देखकर अन्य किसानों को भी संकल्प शक्ति में विश्वास होगा इसलिए इस खेती के बीज नहीं चुगने हैं, इसका आश्चर्यजनक प्रभाव हुआ। पक्षियों ने उस खेत के बीज नहीं चुगे। पडोसी किसान यह देखकर अचंभित थे कि पक्षी आसपास के खेतों में बीज चुगते थे परन्तु उस व्यक्ति के खेत में पडे बीज नहीं चुगते थे। उस व्यक्ति ने खेतों में कोई रासायनिक खाद नहीं डाला, सिर्फ गाय का गोबर डाला। किसान कहने लगे कि यदि रासायनिक खाद नहीं डालोगे तो अनाज नहीं उगेगा। इस तरह की बातें सुनकर वह व्यक्ति घबरा गया और चिन्तित होने लगा कि फसल अच्छी होगी या नहीं। शीघ्र ही उसके व्यर्थ विचारों का खेत के पौधों पर विपरीत असर पडना शुरू हो गया। पौधे मुरझाने और सूखने लगे। दूसरे भाई ने उसे बताया कि व्यर्थ मत सोचो और संकल्प करो कि सारी खेती के पौधे बहुत अच्छे हो गए हैं। फसल बहुत अच्छी पैदा हुई है। उसके सकारात्मक संकल्पों का प्रभाव खेत पर पड़ने लगा। सभी पौधे फिर से हरे-भरे हो गए और बहुत अच्छी फसल हुई। सभी यह देखकर आश्चर्यचकित थे।

संकल्प शक्ति द्वारा गुरुत्वाकर्षण बल की खोज़ – आइज़क न्यूटन (Isaac Newton) ने एक सेब को पेड से नीचे गिरते हुए देखा तो उसने सोचा कि सेब पेड से नोचे ही क्यों गिरा, यह ऊपर क्यों नहीं गया। बहुत दिनों तक न्यूटन सोचता रहा और संकल्प किया कि वह उत्तर जानकर ही रहेगा। कुछ समय पश्चात न्यूटन इस नतीजे पर पहुँचा कि पृथ्वी के अपनी धुरी पर घूमने के कारण जो बल पैदा होता है वह बल ऊपर से गिरने वाली प्रत्येक वस्तु को पृथ्वी की तरफ खींचता है। इस प्रकार एक विचार की बार-बार आवृति (Repetition) द्वारा न्यूटन ने गुरुत्वाकर्षण बल (Gravitational Force) जाना।

धन के लिए कल्पना

शांत बैठ जाइए... संसार से ध्यान हटाकर, मस्तिष्क पर केन्द्रित करें...... मस्तिष्क में स्थित अति सूक्ष्म बिन्दू (चमकता हुआ सितारा) को शक्ति का स्रोत कहा गया है...... आसमान से सुनहरे रंग का प्रकाश मुझ में समा रहा है........ जिससे मैं स्वयं को शक्तिशाली और शांत महसूस कर रहा हूँ.......... अब महसूस करें कि मस्तिष्क से निकलकर यह चमकता हुआ सितारा आसमान में जा रहा है...... सूर्य, चांद व सितारों को पार करते हुए एक ऐसे स्थान पर पहुँचा है जहाँ इच्छाओं की पूर्ती करने वाली, चमकती हुई प्रकाश स्वरूप शक्ति है........ यहाँ चारों तरफ सुनहरे लाल रंग का प्रकाश है....... यहां बहुत शांति है...... यहां आते ही मैं स्वयं को बहुत शांत महसूस कर रहा हूँ......... यहां बहुत लोग अपनी इच्छाओं की पूर्ती के लिए आए हैं......... यहाँ पर लोग मन व बुद्धि से अति सूक्ष्म चमकते हुए सितारे के रूप में आये हैं............ यह शक्ति सारी इच्छाओं की पूर्ती कर रही है। इस शक्ति की वॉयब्रेशन्स मुझ में समा रही हैं............. मैं शक्तियों से भरपूर हो रहा हूँ। मैं अपनी इच्छा इस शक्ति को बताता हूँ। ओह! सर्व इच्छाओं की पूर्ती करने वाली शक्ति, मेरी इच्छा है, एक शानदार महल बनाने कि जिसका चित्र मैंने अपने मस्तिष्क में बना लिया है............ इस महल में लोगो को श्रेष्ठ जीवन बनाने की शिक्षा दी जाएगी.......... मेरी इस अभिलाषा को पूर्ण करो........ यह शक्ति अजीब सी आवाज में बोलती है, तथास्तो (जैसा आपने सोचा वैसा ही होगा) .... बस अब तुम इसके लिए कार्य करो.................. तुम्हारा प्रत्येक कार्य सफल होगा................ चमकता हुआ अति सूक्ष्म बिंदू नीचे आ रहा है.......... मस्तिष्क में आकर अपने स्थान पर विराजमान हो गया है......... मुझसे कल्पना की वॉयब्रेशन्स ब्रह्मांड में चारों तरफ फैल रही है............ ताकि ब्रह्मांड कल्पना को पूरा करने का कार्य कर सके।

अहसास करो कि जो भी आप चाहते हो, आपको मिल गया है। आपने महल की कल्पना की थी, वो आपको मिल गया है। आप महल में एक राजगद्दी पर बैठे हो। एक सभा भी बैठी हुई है। आप सभी का आदर, सत्कार राजाओं की तरह कर रहे हो। आप सभी को बता रहे हो कि मैंने कल्पना की और ब्रह्मांड ने मेरे लिए महल बना दिया। सभी आप को ध्यान से सुन रहे हैं और कह रहे हैं कि हम भी अपना जीवन कल्पना द्वारा परिवर्तित करेंगे। सभी

आपको बहुत मुबारकबाद दे रहे हैं। आप बहुत खुश हैं और आप पहले से भी बहुत अच्छे इंसान बन गये हैं।

सेहत के लिए कल्पना

प्रत्येक इंसान स्वस्थ व सुंदर दिखना चाहता है। अस्वस्थ व्यक्ति दुःखी व परेशान रहता है और स्वयं को ग्लानि से भरता रहता है कि मैंने समय रहते शरीर की देखभाल नहीं की इसलिए मेरा शरीर बीमारी के कारण कमजोर हो गया है और अब बहुत देर हो गई है।

जब जागे तभी सवेरा-बुद्ध

बीता समय वापस नहीं आ सकता है परन्तु यदि आप, अभी भी जाग गये तो आपका भविष्य परिवर्तित हो सकता है। अभी भी सुनहरा भविष्य आपका इंतजार कर रहा है। बस आपको, सुनहरे भविष्य से मिलने की इच्छा होनी चाहिए। यदि आपने इच्छा जाहिर कर ली है तो संकल्प करें।

शांत बैठ जाइये.... ब्रह्मांड से लाल, हरी, पीले रंग की किरणें मुझपर पड़ रही हैं.... प्रकाश बिंद्रू (अति सूक्ष्म चमकता हुआ प्रकाश बिंद्रू) मस्तिष्क से निकलकर ऊपर आसमान में जा रहा है..... प्रकाश बिंद्रू सूर्य, चांद व सितारों को पार करते हुए ऐसी जगह पहुँचा है जहाँ इच्छाओं की पूर्ती करने वाली, चमकती हुई प्रकाश स्वरूप शक्ति है........ यहाँ चारों तरफ सुनहरे लाल रंग का प्रकाश है....... यहां बहुत शांति है...... यहां आते ही मैं स्वयं को बहुत शांत महसूस कर रहा हूँ......... यहां पर बहुत लोग इच्छाओं की पूर्ती के लिए आए हैं.......... यह शक्ति सारी इच्छाओं की पूर्ती कर रही है। इस शक्ति की वॉयब्रेशन्स मुझ में समा रही हैं............. मैं शक्तियों से भरपूर हो रहा हूँ....... मैं अपनी इच्छा इस शक्ति को बताता हूँ। ओह! सर्व इच्छाओं की पूर्ती करने वाली शक्ति, मेरी इच्छा है, मेरा शरीर पूरी तरह से स्वस्थ हो जाये। मैंने अपने स्वस्थ शरीर का चित्र अपने मस्तिष्क में बना लिया है..... मैं अब शरीर का ख्याल रखूंगा..... आप मुझे शक्ति दो .... यह शक्ति अजीब आवाज में कहती है.....तथास्तो (जो सोचा वही होगा) ....

बस अब तुम स्वस्थ रहने के लिए व्यायाम आरम्भ कर दो व अच्छे मन से दवाइयां ग्रहण करते रहो......... कल्पना करो कि मेरा शरीर पूर्ण रूप से स्वस्थ हो गया है।

कल्पना शक्ति

आज की कल्पना, कल की अनुभूति है।

-स्वामी तुरीयानन्द

मस्तिष्क वास्तविकता और कल्पना में भेद नहीं कर पाता है – हार्वर्ड यूनिवर्सिटी ने दो ग्रुपों पर एक अध्ययन किया। एक ग्रुप को 5 दिन दो घंटे प्यानो बजाने के लिए कहा व दूसरे ग्रुप को कल्पना द्वारा मन में 5 दिन दो घंटे प्यानो बजाने के लिए कहा। 5 दिन तक दोनों ग्रुपों के मस्तिष्क का अध्ययन किया गया तो उन्होंने पाया कि दोनों ग्रुपों का ब्रेन पैटर्न लगभग समान है। उन्होंने इस शोध का एक पंक्ति में सार दिया कि हमारा मस्तिष्क वास्तविकता व कल्पना में अंतर नही कर पाता है इसलिए जो भी कल्पना करोगे दिमाग उसे वास्तविक समझेगा।

कल्पना शक्ति, मानव मस्तिष्क की असाधारण शक्ति है। कल्पना द्वारा उत्तम भविष्य का निर्माण कर सकते हैं। यदि हम दुखद कल्पना करते हैं तो दुखद भविष्य के लिए हम स्वयं जिम्मेदार हैं।

संकल्प शक्ति का दूसरा रूप है, कल्पना शक्ति। मैं हैरान हूँ कि मनुष्य के मस्तिष्क में कल्पना करने की शक्ति है। गरीब, दुःखी, परेशान कोई भी व्यक्ति कल्पना शक्ति द्वारा जीवन परिवर्तित कर सकता है। फिर भी संसार में अत्यधिक जनसंख्या गरीबों की है, संसार में अधिकांश लोग दुःखी व परेशान हैं। मैं विश्वास दिलाता हूँ कि अब से आप अमीरी, खुशी और शहंशाहों वाला जीवन जियेंगे क्योंकि आप यह पुस्तक पढ़ रहे हैं। पुस्तक में वर्णित संकल्पों का प्रतिदिन अभ्यास करें। मनुष्य कल्पना को हकीकत में बदल सकता है। कल्पना शक्ति द्वारा कुछ भी प्राप्त किया जा सकता है। संसार के बहुत लोगों ने इस शक्ति का उपयोग कर जीवन परिवर्तित किया है। कल्पना शक्ति द्वारा मधुर रिश्तों का निर्माण किया जा सकता है, कल्पना शक्ति द्वारा सुखी, खुशी और आनन्दित जीवन जी सकते हैं। कल्पना शक्ति द्वारा एक भिखारी भी अपने लिए महल खडा कर सकता है। कल्पना द्वारा बेहतर स्वास्थ्य बनाया जा सकता है। कल्पना द्वारा केंसर को भी जड़ से समाप्त किया जा सकता है। कल्पना द्वारा गरीब, अमीर बन सकता है, अमीर और अमीर बन सकता है। कल्पना द्वारा आप जो चाहो, बन सकते हो, जो चाहो हासिल कर सकते हो, जो चाहो निर्माण कर सकते हो। आप श्रेष्ठ जीवन का निर्माण कर सकते हो। कल्पना कोई भी कर सकता है। यह संसार का सबसे सरल, सस्ता और सटीक तरीका है।

आरम्भ में कल्पना करके छोटे सपनों को पूरा करें फिर धीरे-धीरे बड़े सपनों को प्राप्त करें।

स्पष्ट चित्र – मन व बुद्धि से कल्पना का स्पष्ट चित्र बनायें। इसमें थोडा समय लग सकता है परन्तु कुछ ही समय में आपके मस्तिष्क में कल्पना का स्पष्ट चित्र बन जाएगा। स्पष्ट चित्र बन गया है तो कल्पना को साकार होने का आधा रास्ता तय हो गया है। अब ब्रह्मांड आपके लिये कार्य करना आरम्भ करेगा। ब्रह्मांड चित्रों रूपी किरणों का प्रत्युत्तर अति शीघ्र देता है।

स्वयं का निर्माण

कल्पना शक्ति द्वारा स्वयं का निर्माण कर सकते हैं। भविष्य में आप कैसी शख्सियत वाला व्यक्ति बनना चाहते हैं। एक मजबूत, संस्कारी, दिव्य गुणों व शक्तियों से भरपूर, स्वस्थ शरीर, दूसरों का सहायक, प्रसिद्ध, सुखी, खुशी, आनन्दित, समाज में अच्छी प्रतिष्ठा वाले व्यक्ति की कल्पना करो। जो भी हम बनना चाहते हैं, उसका मानसिक चित्र जितना स्पष्ट व निश्चित होगा उतना ही शीघ्र हम सफल व्यक्तित्व का निर्माण करने में सफल होंगे।

कल्पना को लिखें

कल्पना को लिखने का अभ्यास डालें। आप जिस तरह का व्यक्ति बनना चाहते हो उन सभी गुणों को लिखो और रोजाना गुणों का मनन-चिन्तन करो। आप जैसा मधुर संबंध चाहते हैं उन गुणों को लिखो और उनका मनन करो। आप कितना धन चाहते हो लिखो और प्रतिदिन उसका मनन करो। लिखने से बेहतर परिणाम प्राप्त होते हैं।

कल्पना पर विश्वास करें

विश्वास करो कि मेरी कल्पना पूरी हो गई है। स्वयं पर और अपनी कल्पना पर अटूट विश्वास करो। अटूट विश्वास कभी नहीं टूटता है।

कल्पना को कार्यरूप दें

स्वयं की शक्ति को पहचानो। प्रत्येक व्यक्ति में छिपी हुई खूबी (Talent) होती है। आप में भी वो खूबी है जो आपकी कल्पना को साकार मूर्त दे सकती है। अपनी खूबी को पहचानो। हो सकता है आपको खूबी को जानने में एक दिन, एक महिना, एक वर्ष या इससे भी अधिक समय लगे परन्तु जिस

दिन आपने स्वयं की सबसे शक्तिशाली खूबी को पहचान लिया, वह दिन आपकी जिंदगी का नया मोड़ होगा। स्वयं की खूबी को पहचान कर इसे कार्यरूप दें। सोचो की इस खूबी को संसार के समक्ष कैसे लाया जा सकता है? इस खूबी के द्वारा कार्य को कैसे शुरू किया जाये? यह खूबी संसार के सभी लोगों के पास कैसे पहुँच सकती है?

अपनी खूबी (Talent) को कैसे पहचानें

अपने अतीत में जाओ और देखो कि कौन सा कार्य करने में मुझे बहुत मजा आता था। कोई दिन-रात ये कार्य करने के लिए कहे तो भी मैं करूंगा। मैं इस कार्य को सबसे श्रेष्ठ तरीके से करता हूँ, ये कार्य ही आपकी खूबी (talent) है।

अभिभावकों से पूछो कि बचपन में मुझमें क्या खूबी थी। ऐसा कौन सा कार्य था जो मैं सबसे बेहतर तरीके से करता था। ऐसी कौन सी बात थी जो मुझे औरों से अलग करती थी।

अपने अध्यापकों से सहायता ले सकते हैं। पूछो कि मुझमें ऐसी क्या खूबी थी जो दूसरे बच्चों में नहीं थी।

याद रखना, दूसरों से केवल सहायता लेनी है परन्तु निर्णय स्वयं लेना है क्योंकि आप स्वयं ही अपनी खूबी को पहचान सकते हो।

३.

सकारात्मक विचार

(Positive thought)

सकारात्मक विचार जीवन को आशावादी बना देते हैं।
सकारात्मक विचार आत्मविश्वास जागृत करते हैं।।

नकारात्मकता से प्रारम्भ किए कार्य से मस्तिष्क शीघ्र थक जाता है जिसके कारण हम सम्पूर्ण शक्ति का उचित प्रयोग नहीं कर पाते हैं और परेशान हो जाते हैं। यदि कोई कार्य कल करना है और हमारी सोच उस कार्य के प्रति नकारात्मक है तो हम अभी से उदास हो जाते हैं।

सकारात्मकता से प्रारम्भ किए हुए कार्य से हम दिमागी तौर पर मजबूत रहते हैं और पूरी शक्ति के साथ कार्य करते हैं जिसके कारण सफलता अवश्य मिलती है। समय भी खुशी से गुज़रता है इसलिए सकारात्मक सोचें। जैसा हम सोचते हैं वैसा हम बनते हैं।

छाता से वर्षा तो नहीं रुक सकती है
परन्तु छाता बारिस में भीगने से बचा सकता है।

इसी प्रकार सकारात्मक विचार समस्याओं से सुरक्षित रखते हैं। सकारात्मक सोच रेनकोट (Raincoat) का कार्य करता

है जो बरसात को तो नहीं रोक सकता है परन्तु वर्षा में आपको पानी से सुरक्षित रखता है। समस्याऐं आती हैं लेकिन सकारात्मक सोच से समस्या को सहज ही पार किया जा सकता है।

दो लोग समान बीमारी से ग्रस्त हैं। नकारात्मक व्यक्ति अधिक परेशान रहता है क्योंकि नकारात्मक सोच उसे हमेशा दुःखी रखती है। सकारात्मक व्यक्ति हर वक्त खुश रहता है और कहता है कि सब कुछ ठीक हो जाएगा। अपने अच्छे व्यवहार और विचारों के कारण वह दुःख में भी खुश रहता है।

***सूर्य का प्रकाश प्रत्येक जगह है।
हम घर की खिडकियाँ बंद करके कहते हैं
कि प्रकाश घर में नहीं पहुँच रहा है
तो अपने भाग्य के विनाशक हम स्वयं हैं।।***

बंद खिडकी नकारात्मकता का प्रतीक है। खुली खिडकी सकारात्मकता का प्रतीक है। खुशियाँ हमारे पास ही हैं, यदि हम खिडकी खुली रखेंगे तो प्रकाश अवश्य पहुँचेगा, इसी प्रका सोच सकारात्मक रखेंगे तो सफलता अवश्य मिलेगी।

सकारात्मकता के अच्छे परिणाम मिलते हैं। कई किसानों ने बीज को सात दिनों तक सकारात्मक शक्ति प्रदान की। फिर बीज को खेत में बोया। परिणामस्वरूप उस खेत में और खेतों से अच्छी फसल हुई। अब बहुत से किसान इस प्रणाली को अपनाकर अच्छी फसल पैदा कर रहे हैं।

सदैव स्मरण रहे कि सकारात्मक विचारों के साथ अच्छा अहसास अति आवश्यक है, तभी जीवन में खुश रह सकते हैं। जैसा अहसास रहता है वैसी ही ऊर्जा मस्तिष्क ब्रह्मांड में छोड़ता है। प्रकृति का नियम है जो दोगे वो मिलेगा। अच्छा दोगे तो अच्छा मिलेगा।

सकारात्मक ऊर्जा का प्रभाव सभी पर पड़ता है

वर्ष 2013, मैं प्रथम बार पतंजलि डॉक्टर के पास गया था। भीड़ बहुत थी कुछ लोग बीच में लग रहे थे जिसके कारण लोग गुस्सा हो रहे थे। वातावरण नकारात्मक हो गया था। जिस तरह से गर्मी, सर्दी का प्रभाव सभी पर पड़ता है उसी प्रकार सकारात्मक व नकारात्मकता का प्रभाव भी सभी पर पड़ता है परन्तु जो व्यक्ति डॉक्टर के पास से आ रहे थे सभी के चेहरों पर मुस्कान थी। मैं परिवार के साथ था। मेरा नम्बर आया, अंदर एक लेडीज डॉक्टर थी। वह बहुत शाँत थी, कमरे में शाँत व सकारात्मक वातावरण था। मैं परिवार के साथ कुर्सी पर बैठा। उनका रवैया बहुत खुशनुमा और सकारात्मक था। उन्होंने बहुत ही अच्छे व्यवहार से बीमारी पूछी। उन्होंने दवाई लिख दीं। मैंने फीस पूछी परन्तु उसने कहा कि हम कोई फीस नहीं लेते हैं।

बिना पैसे लिए कोई अच्छे व्यवहार से मरीज को देखेगा तो 25% बीमारी तो समझो ठीक हो गई। कई दिनों तक वहाँ की सकारात्मक ऊर्जा का प्रभाव मुझ पर रहा था।

सकारात्मक सोच = खुशी जीवन (गलत)
सकारात्म सोच + अच्छा अहसास = खुशी जीवन (सही)

3. **नकारात्मक सोच नहीं होती** – सोच नकारात्मक नहीं होती है। हमने ही मस्तिष्क की सीमाऐं बना रखी हैं। हमने अपने अनुसार अच्छे और खराब की परिभाषा बना रखी है। हम कुछ भी सोच रहे हैं यदि यह हमारी परिभाषा के अनुसार गलत है तो यह सोच नकारात्मक है और यह हमारी परिभाषा के अनुसार सही है तो यह सकारात्मक सोच है।

आप ड्राइव कर रहे हैं तो मस्तिष्क में रोड़ से सम्बंधित विचार ही आएंगे। आपके सामने कभी कोई एक्सीडेंट हुआ था तो हो सकता है आपको याद आए। आप परेशान हो जाते हैं कि नकारात्मक विचार क्यों आ रहे हैं। मेरे मस्तिष्क में तो सकारात्मक विचार आने चाहिए परन्तु यह स्वभाविक है। यदि आप रोड़ पर चलेंगे तो रोड़ से सम्बंधित विचार ही मस्तिष्क में आऐंगे। आप पार्क में बैठे हैं तो पार्क से सम्बंधित विचार ही आऐंगे। आप बच्चों को खेलते हुए देख रहे हैं तो बच्चों से सम्बंधित विचार ही आएंगे इसलिए स्वीकार करना होगा कि यदि हम रोड़

पर हैं तो रोड़ से सम्बंधित विचार ही आएंगे। विचारों को साक्षी होकर देखें। इन्हें नकारात्मकता की परिभाषा नहीं दें। यदि साक्षी होकर प्रत्येक विचार को देखेंगे तो नकारात्मक विचार भी आपके लिए सकारात्मक विचार बन जाएंगे।

प्रश्न – 1. मेरी आयु 7 वर्ष थी तभी मेरे पिताजी गुज़र गए। अब मेरी आयु 25 वर्ष है परन्तु अभी भी मैं बचपन की बात को याद करके बहुत दुःखी होता हूँ और सोचता हूँ कि भगवान ने मेरे साथ ऐसा क्यों किया?

उत्तर – सभी के जीवन में घटनाऐं घटती हैं परन्तु लोग सोचते हैं कि मेरे साथ ही अधिकतर गलत होता है। ये विचार मन से निकाल दो कि आपके साथ ही गलत होता है। दुनियां में बहुत लोग हैं जिनके बचपन में ही माता-पिता दोनों का साया उनके ऊपर से उठ गया। फिर भी वो अच्छा जीवन जी रहे हैं। अक्सर मस्तिष्क इस बात को स्वीकार ही नहीं करता है कि मेरे साथ यह घटना घट चुकी है। हम हमेशा क्यों, कैसे शब्दों का प्रयोग करते रहते हैं फलस्वरूप तनाव में रहते हैं। आप स्वीकार करें कि पिताजी गुजर गए हैं, अब घर की जिम्मेदारी मुझे संभालनी है मुझे परिवार को खुश रखना है। यदि मैं भी दुःखी रहूँगा तो परिवार को कौन सम्भालेगा इसलिए खुश रहकर प्रगति करते रहें।

प्रश्न- 2. सकारात्मक सोच क्यों जरूरी है?

उत्तर- कंटीले वृक्ष के बीज बोयेंगे तो कंटीले वृक्ष ही पैदा होंगे। यदि आम का बीज बोते हैं तो आम ही मिलेंगे। इसी तरह, नकारात्मक सोच के परिणाम भी नकारात्मक मिलेंगे। जिसके कारण जीवन भी कष्टदायी बन जाएगा। सकारात्मक सोच के परिणाम भी सकारात्मक होंगे। सकारात्मक सोच से मस्तिष्क शक्तिशाली बनता है।

प्रश्न-3. अच्छा अहसास क्यों जरूरी है?

उत्तर- अच्छे अहसास में रहना जीवन कला है। जो इस कला में निपुण हो जाता है, उसका जीवन खुशी और आनन्द से भरपूर हो जाता है। अभ्यास द्वारा आप इस कला में निपुण हो सकते हैं। सुबह अहसास करो कि मेरा जीवन बहुत अच्छा है। कुछ खराब भी हो रहा है तो भी अच्छा अहसास करो, धीर-धीरे सब कुछ अच्छा हो जाएगा। अच्छे जीवन के लिए, शुक्रिया। जीवन की ढेर सारी खुशियों के लिए, शुक्रिया। सवेरे प्रतिदिन 15 मिनट जीवन के अच्छे पलों को याद करके अच्छे अहसास में रहें, परिणामस्वरूप, आपका जीवन परिवर्तित होता जाएगा और खुशियों से भर जाएगा।

अच्छे अहसास में वायब्रेशन्स तीव्रता से ब्रह्मांड में पहुँचती हैं। ब्रह्मांड भी इन वायब्रेशन्स का प्रत्युत्तर अति शीघ्र देता है।

शुद्ध व श्रेष्ठ विचार

कुछ भी अच्छा या बुरा नहीं होता।
विचार ही उन्हें अच्छा या बुरा बनाते हैं।।

- विलियम शेक्सपीयर

सुख, खुशी व आनन्दित जीवन के लिए,
विचारों का शुद्ध होना आवश्यक है।

जो हम सोचते हैं, वही बन जाते है। ***- बुद्ध***

ये शब्द महात्मा शाक्यमुनि गौतम बुद्ध ने कहे। सभी ने स्वीकार किया कि जो हम सोचते हैं वही बन जाते हैं इसलिए विचारों के प्रति सचेत रहने की आवश्यकता है।

बचपन में, मैं परिवार के साथ खेतों पर कुआँ की सफाई करने गया। यह कुआँ धान की खेती के बीच था। मैंने पूछा, इस कुआँ का पानी गंदा कैसे हो गया? मेरे भाई ने बताया कि धान के

खेतों में नहर का गंदा पानी खड़ा होने के कारण कुआँ का पानी खराब हो गया है।

हमारे विचार हमारी संगति का परिणाम होते हैं।

हमने कुआँ के सारे पानी को बाल्टी से बाहर निकाल दिया, मैंने पूछा क्या कुएँ की सफाई हो गई है? उन्होंने कहा, अभी इसके स्रोत साफ करने हैं और इसके स्रोतों को खोलना है। एक भाई कुआँ के अंदर गया और फावड़े से स्रोतों को साफ किया।

इसी प्रकार पहले मस्तिष्क के स्रोतों को खोलना होगा अर्थात अपने पुराने विश्वासों को हावी नहीं होने देना है क्योंकि पुराने विश्वास हमें नई बात स्वीकार नहीं करने देते हैं। जैसे ही हम पुराने विश्वासों के चश्मों को उतारते हैं तो नए विचारों का प्रवेश आरम्भ हो जाता है।

श्रेष्ठ विचारों को स्थाई रखने के लिए, अच्छी संगति आवश्यक है क्योंकि संगति में रहकर मनुष्य कब बदल जाए, पता भी नहीं पड़ता है। यदि संगति अच्छी है तो पता ही नहीं पड़ेगा कि हम कब अच्छे बन गए अर्थात कब हमारे खराब विचार श्रेष्ठ विचारों में तब्दील हो गए।

सोच अच्छी तो ब्रह्मांड से भी अच्छी ऊर्जा प्राप्त होगी और हमारे साथ सब कुछ अच्छा होना शुरू हो जाएगा।

जो भी होता है अच्छे के लिए होता है

इन शब्दों में बहुत गहराई छिपी हुई है। यदि ये शब्द समझ गए तो जीवन खुशी से परिपूर्ण हो जाएगा क्योंकि इस सत्य को बहुतों ने स्वीकारा है कि जीवन में जो भी होता है अच्छे के लिए ही होता है।

कभी-कभी हम सोचते हैं कि मेरे साथ अच्छा नहीं हुआ परन्तु भविष्य में हमको अहसास होता है कि अच्छा ही हुआ था।

इस बात का मस्तिष्क के साथ गहरा संबंध है। जब हम सोचते हैं कि जो भी होता है अच्छे के लिए होता है और बार-बार ऐंसा सोचते हैं तो हम लगातार इन विचारों की फ्रक्वेंसी ब्रह्मांड में छोड़ते हैं और जैसी फ्रक्वेंसी वैसा प्रत्युत्तर अर्थात जो भी होगा हमारे साथ अच्छा ही होगा।

बचपन में आपने इस कहानी को बहुत बार सुना होगा परन्तु अच्छी तरह से समझा नहीं होगा। अब इस कहानी को पढ़कर, अपने जीवन का हिस्सा बनायें -

जो भी होता है अच्छे के लिए होता है

एक राजा, अपने मंत्री और सिपाहियों के साथ जंगल में शिकार करने के लिए गया। शिकार करने के दौरान राजा कि उंगली कट गई। राजा ने ये बात अपने मंत्री व सिपाहियों को बताई। सभी ने दुःख व्यक्त किया परन्तु मंत्री ने कुछ नहीं कहा और मंत्री चेहरे से भी पहले की भांति खुशी दिखाई दे रहा था। राजा बहुत अभिमानी और प्रत्येक बात को व्यक्तिगत रूप से लेने वाला था। राजा ने मंत्री का चेहरा देखा तो उसे मंत्री के चेहरे पर कोई उदासी नहीं दिखाई दी। राजा ने फिर से मंत्री को बताया कि मंत्री कितने दुःख की बात है कि आज मेरी उंगली कट गई। मंत्री ने जवाब दिया, महाराज सब कुछ अच्छे के लिए होता है। राजा बहुत क्रोधित हुआ और पूछा कि इसमें क्या अच्छा हुआ है? मंत्री कहता है, महाराज मुझे पूर्ण विश्वास है कि जो भी होता है अच्छे के लिए होता है। इस बात का अहसास आपको अभी नहीं भविष्य में होगा। राजा बहुत क्रोधित होता है और अपने सिपाहियों को आदेश देता है कि मंत्री को इतना

पीटो कि यह खुद कहे आज जो भी हुआ खराब हुआ और कल सुबह मंत्री को जंगल में ही फांसी लगा दो। सिपाही मंत्री को पीटना शुरू कर देते हैं।

राजा अकेला शिकार के लिए निकल जाता है। वापस आते वक्त राजा रास्ता भूल जाता है और अंधेरे में भटक जाता है। राजा को कुछ आदिवासी पकड़ लेते हैं। राजा पहले तो अकड़ दिखाता है और कहता है कि मैं इस राज्य का राजा हूँ परन्तु आदिवासी राजा को नहीं छोड़ते हैं। राजा आदिवासियों से छूटने के लिए दया की भीख मांगता है कि मुझे छोड़ दो, मुझपर दया करो मैं तुम्हें बहुत धन दे सकता हूँ परन्तु आदिवासी कहते हैं कि आज हमें देवी के लिए भेंट चढ़ानी है और हमको केवल तुम ही मिले हो इसलिए हम तुम्हें नहीं छोड़ सकते। राजा को बलि के लिए तैयार किया गया। राजा की बलि देने से पहले राजा के सभी अंगों की जांच की गई। आदिवासियों ने देखा कि राजा की उंगली कटी है जिसके कारण राजा की बलि नहीं दी जा सकती है इसलिए आदिवासी राजा को छोड़ देते हैं।

राजा जैसे ही यह बात सुनता है तो उसे मंत्री की बात याद आ जाती है कि जो भी होता है अच्छे के लिए होता है। राजा को बहुत पछतावा होता है। राजा शीघ्र अपने सैनिकों के पास पहुँचना चाहता है क्योंकि सुबह मंत्री को फाँसी होनी थी। मंत्री को फाँसी पर चढ़ा दिया गया। तभी राजा वहाँ पहुँच जाता है और मंत्री के पैरों को पकड़ लेता है। राजा मंत्री को उतारने का आदेश देता है। राजा मंत्री से माफी मांगता और अपनी आप बीति सुनाता है। राजा मंत्री से कहता है कि मैंने आपके साथ बहुत खराब व्यवहार किया, अपने सिपाहियों द्वारा आपको पिटवाया परन्तु मंत्री हंसके कहता है कि महाराज कोई बात नहीं, जो भी होता है अच्छे के लिए होता है। राजा कहता है, मैंने तुम्हे पिटवाया इसमें तुम्हारा क्या अच्छा हुआ? मंत्री कहता है कि यदि आप ऐंसा नहीं करते तो मैं आपके साथ शिकार पर जाता और वो आदिवासी मेरी बलि चढ़ा देते। राजा कहता है कि आज मुझे सम्पूर्ण विश्वास हो गया कि जो भी होता है अच्छे के लिए होता है।

एकाग्रता

एकाग्रता का अर्थ है कि मन व बुद्धि एक ही दिशा में कार्य कर रहे हैं। मन व बुद्धि में टकराव नहीं है। मन अच्छा सोच रहा है तो बुद्धि भी वही निर्णय ले रही है। विचारों का जीवन में बहुत महत्त्व है। जैसे विचार वैसे हम इसलिए विचारों पर घोड़े की तरह लगाम लगाना अति आवश्यक है। विचार मन में पैदा होते हैं परन्तु उन विचारों पर कार्य करना है या नहीं यह निर्णय बुद्धि लेती है।

जो एकाग्र है वह वयक्ति साधारण से असाधारण हो जाता है। यदि तुम एकाग्र हो गए तो जीवन में अद्भुत कार्य कर सकते हो इसलिए एकाग्र बनो।

विशाल सोच

जीवन में जीतता वही है,
जो सोच में जीत हासिल कर लेता है।

दो बरगद के पौधे लगाए गए। एक गमले में व दूसरा जमीन पर लगाया गया। दोनों को समय पर पानी व खाद दिया गया व समान रूप से ध्यान रखा गया। एक वर्ष पश्चात जमीन का पौधा बहुत बड़ा हो गया लेकिन गमले वाला पौधा कुछ महिने बढ़ा उसके बाद बढ़ना बंद हो गया। तीन वर्ष पश्चात जमीन का वृक्ष विशाल हो गया। अब पशु, पक्षी और मनुष्य सभी उसकी छाया का आनन्द लेने लगे परन्तु गमले वाला पौधा ज्यों का त्यों रहा। आश्चर्य पानी, खाद व देखभाल दोनों की समान रूप से की गई थी परन्तु गमले वाला पौधा नहीं बढ़ रहा था। कारण, गमले की छोटी सीमा थी जिसके कारण गमले वाला पौधा बढ़ ही नहीं पाया। धरती की कोई सीमा नहीं है, इसलिए जमीन वाला पौधा बहुत बढ़ गया। जितना भी बरगद बढ़ना चाहता है, बढ़ सकता है। धरती उसे मना नहीं करती कि बस अब बढ़ना बंद कर दे क्योंकि धरती तो विशाल है परन्तु गमला मना कर देता है कि बस मेरी इतनी ही हद है, यहां से आगे नहीं बढ़ना है।

हमको छोटी सोच नहीं रखनी है, न ही सीमित बुद्धि वाले लोगों के साथ रहना है नहीं तो प्रगति गमले वाले पौधे की तरह होगी। विशाल व अच्छी सोच वाले लोगों के साथ रहना चाहिए। बुद्धि की संभावनाओं को जमीन की तरह खुला छोड़ देना चाहिए तभी प्रगति जमीन वाले वृक्ष की भांति होगी।

मस्तिष्क की कोई सीमा नहीं है। आज तक वैज्ञानिक भी पूरी तरह से मस्तिष्क को नहीं जान पाये क्योंकि मनुष्य मस्तिष्क बहुत जटिल है इसकी कोई सीमा नहीं है। आप जितना चाहो

इसकी सीमा बढ़ा सकते हो सम्पूर्ण ब्रह्मांड में इसकी सीमा फैल सकती है। लोग कहते हैं कि मनुष्य किसी भी यंत्र/मशीनरी द्वारा ब्रह्मांड का चक्कर नहीं लगा सकता है। ब्रह्मांड विशाल है तो हमारा मस्तिष्क भी विशाल है। यदि मनुष्य सम्पूर्ण मस्तिष्क का प्रयोग करना सीख गया तो ब्रह्मांड का चक्कर एक मिनट में भी लगा सकता है। ऐसे यंत्र बनाये जा सकते हैं जो मन की गति से दौड सकें। मन अभी यहां है, एक सेकण्ड में चन्द्रमा पर पहुंच गया। दूसरे सेकण्ड में दूसरी आकाशगंगा (Galaxy) में पहुंच गया। हमारा मस्तिष्क जो सोच सकता है, उसे पा सकता है। मन की गति से यान बनाये जा सकते हैं। जिनके द्वारा सम्पूर्ण ब्रह्मांड भी मिनटों में घूमा जा सकता है।

स्वयं से पूछो कि आपने मस्तिष्क की क्या सीमा बना रखी है? यदि मस्तिष्क की सीमित सीमा बना रखी है तो अब सीमा के बंधन तोड़ दो। आप महान बनना चाहते हैं तो बनो, जीवन में सुख, खुशी और आनन्द चाहते हैं तो पाओ, अरबों कमाना चाहते हैं तो कमाओ, कोई भी महान लक्ष्य है तो हासिल करो। चाहो तो साधारण जीवन जीयो, चाहो तो असाधारण।

इसलिए मैं तुमसे कहता हूँ,
मांगो और तुम्हें ये दिया जायेगा।
खोजो और तुम्हें मिलेगा,
खटखटाओ और तुम्हारे लिए द्वार खोल दिए जायेंगे।।

– Jesus Christ

जो मांगोगे वो मिलेगा, जो खोजोगे वो भी मिलेगा। खुशी, समृद्धि कुछ भी चाहोगे मिलेगा। बस सीमा के बंधनों को तोड़ दो। ये सोचना बंद कर दो कि मैं जितना चाहूं, मुझे नहीं मिल सकता है। अपने मस्तिष्क को विशाल बना लो। इस पुस्तक में बताये गए महान रहस्यों को स्वयं में समा लो। ये रहस्य आपके बहुत काम आयेंगे। यदि आपने इस पुस्तक को खरीदने के लिए थोडा धन खर्च किया है तो उस धन का लाखों गुणा पा सकते हो और धन से जो कुछ नहीं खरीदा जा सकता है, वह सब कुछ पाओगे। विश्वास करो, विश्वास कर लिया तो आपका जीवन बदल गया। आप में और आपके महान व श्रेष्ठ जीवन में विश्वास की दूरी है। प्रिय पाठको इस पुस्तक के माध्यम से यह दूरी तय करो।

कुछ 18 घंटे मेहनत करने के बाद भी पेट नहीं भर पाते हैं। कुछ थोडी मेहनत करके अरबों कमा रहे हैं। अरबों कमा रहे हैं क्योंकि उन्होंने अपने मस्तिष्क को सीमाओं के बंधन में नहीं रखा। महान लक्ष्य बनाओ और उसे हासिल करो।

ऊर्जा का सिद्धांत

सुख, खुशी, आनन्द और जीवन की प्रत्येक महानता के लिए, ऊर्जा के सिद्धाँत को समझना बहुत सहायक सिद्ध होगा। जिसने ऊर्जा का सिद्धांत समझ लिया वह प्रत्येक परिस्थिति में खुशी का मार्ग ढूँढ़ सकता है। वह कठिन से कठिन कार्य भी कर सकता है। जिसने भी इस सिद्धांत को समझा उसकी दुनिया बदल गई।

ऊर्जा हर वक्त कार्य करती रहती है। प्रत्येक वस्तु की अपनी ऊर्जा होती है जैसे कि पत्थर। पत्थर स्वयं ऊर्जा का रूप है और इसके चारों तरफ भी ऊर्जा का आवरण होता है। पैन, ये किताब सभी वस्तुओं के चारों तरफ ऊर्जा का एक आवरन होता है। इसी तरह हमारे शरीर के चारों तरफ भी ऊर्जा का आवरन है। जिसे आभामंडल (AURA) कहते हैं। यह आभामंडल शरीर की

रक्षा बाहरी नकारात्मक शक्ति से करता है। किसी पैन से कार्य करने के दौरान, पैन पर हम अपनी ऊर्जा की छाप छोड़ देते हैं। वर्तमान के अत्याधुनिक उपकरणों द्वारा पता लगाया जा सकता है कि इस पैन द्वारा कार्य करने वाला व्यक्ति नकारात्मक स्वभाव का है या सकारात्मक स्वभाव का है। जितना हमारा आभामंडल (AURA) शक्तिशाली होगा उतने ही हम मजबूत होंगे।

ग्रह, उपग्रह, तारे व ब्रह्मांड की प्रत्येक वस्तु से ऊर्जा निकल रही हैं। जिसका प्रभाव ब्रह्मांड की एक वस्तु से दूसरी वस्तु पर पड़ता है। ग्रह, सूर्य, चाँद व तारे सभी की ऊर्जा का मस्तिष्क पर प्रभाव पड़ता है।

जिसने ऊर्जा का रहस्य समझ लिया।
उसने जीवन का रहस्य समझ लिया।।

कुछ योग की क्रियाओं द्वारा, मन को कुछ समय के लिए शांत रखकर, श्रेष्ठ संकल्प और ईश्वर की याद से ऊर्जा का संचार हम स्वयं में अधिक कर सकते हैं। जिससे हमारा जीवन आनन्दित हो सकता है व जीवन में सुख, खुशी और समृद्धि रहती है।

एक बार, दीवाली पर मेरी युगल ने मुझसे कहा कि दीपक की ज्योति को पूरी रात्रि जलाकर रखना है। मैंने कहा, ठीक है। कुछ घंटो बाद दीपक से तेल समाप्त होने ही वाला था, ज्योति बहुत धीमी जल रही थी तभी मैंने दीपक में थोड़ा तेल डाला। तेल डालते ही ज्योत में जान आ गई ज्योति तेज जलने लगी। मैंने और तेल डाला, ज्योति अच्छी तरह से जलने लगी। मैंने दीपक को तेल से पूरा भर दिया। और मैं निश्चिंत हो गया कि अब दीपक कई घंटों तक जलेगा। यदि दीपक को तेल से भरकर रखें तो अच्छी तरह से जलता रहेगा क्योंकि दीपक को ऊर्जा तेल से मिलती है।

दीपक को ऊर्जा तेल से मिलती है। शरीर को ऊर्जा भोजन से प्राप्त होती है तो मस्तिष्क को ऊर्जा कहाँ से मिलती है? हम दो तरह के अहसास में रहते हैं। एक अच्छा अहसास व दूसरा बुरा अहसास। अच्छे अहसास में रहते हैं तो मस्तिष्क ब्रह्मांड की अच्छी ऊर्जा आकर्षित करता है। खराब अहसास में रहते हैं तो मस्तिष्क ब्रह्मांड से खराब ऊर्जा आकर्षित करता है। सकारात्मक ऊर्जा आकर्षित करने के लिए सकारात्मक अहसास में रहना अति आवश्यक है। अच्छा अहसास और खराब अहसास विचारों पर निर्भर करता है। हम अच्छे विचार सोचते हैं तो अच्छे अहसास में रहते हैं। हम परेशान हैं, दुःखी हैं तो अपने मूड को निम्नांकित तरीके से बदल सकते हैं:-

1. शांत होकर पुराने अच्छे पलों को याद करो, आप जब-जब विजयी हुए उन पलों को याद करो। उन पलों में खो जाओ। धीरे-धीरे आपका मूड बदल जाएगा।
2. सोचो, जिस कारण मैं परेशान हूँ क्या इस बात का इतना महत्त्व है? क्या परेशान होने से समस्या का हल हो जाएगा? परेशान होने से किसी भी समस्या का हल नहीं होता है बल्कि समस्या बढ़ती है।
3. खुश करने वाले और स्वयं के मन-पसन्द गाने सुनो या कोई कॉमेडी शो देखो। अपने मन पसन्द गाने, मजा लेते हुए व झूमते हुए सुनो तो आपका अहसास बदल जाएगा। आप शीघ्र अच्छा महसूस करोगे।
4. फुल स्टॉप लगाना सीखो। कुछ भी खराब घटना हुई है तो फुल स्टॉप लगाओ कि अब इस घटना के बारे में कुछ नहीं सोचना है।
5. फोन पर मत्रों से अच्छी-अच्छी बातें करो। इससे आपका ध्यान परिवर्तित हो जाएगा।
6. पार्क में बच्चों के साथ खेलो व उनसे बातें करो। बच्चों से बात करते वक्त हमारा मूड बिल्कुल बदल जाता है।
7. बुजुर्गों से बात करने से मन अच्छा रहता है।

यदि हम स्वयं को अच्छी, सकारात्मक ऊर्जा से परिपूर्ण रखेंगे तो हमारी ज्योति भी अच्छी तरह से जलती रहेगी। एक ज्योत से दूसरी ज्योत और उससे एक और ज्योत जला सकते हैं।

४.

भारतवर्ष का प्राचीनतम रहस्य

(The oldest mystery of India)

सभी के अंतरमन में एक ही प्रश्न बारम्बार उत्पन्न होता है कि जो ज्ञान आप बता रहे हो, हमको मालूम है और विश्वास भी है । जीवन में धारण भी करना चाहते हैं व श्रेष्ठ जीवन का निर्माण करना चाहते हैं परन्तु असमर्थ रहते हैं। आप कोई युक्ति बताओ जिसके माध्यम से महान व श्रेष्ठ बातों को जीवन में धारण किया जा सके।

प्रत्येक पाठक अत्यंत प्रसन्न होगा यदि कोई युक्ति हो जिसके माध्यम से प्रत्येक मनुष्य, महान बातें धारण कर सके। अब विश्व के समक्ष भारतवर्ष का 5 हज़ार वर्ष प्राचीन रहस्य उजागर हो रहा है। इस रहस्य को दुनिया का कोई भी इंसान अपनाए, कामयाबी जरूर मिलेगी। इस रहस्य को गरीब़, अमीर, परेशान, भिख़ारी, दुःखी, सुखी, खुशी व किसी भी धर्म का इंसान अपनाएगा तो उसका साधारण जीवन, श्रेष्ठ जीवन में परिवर्तित हो जाएगा। धन सम्पदा की कमी नहीं रहेगी व सम्बंध मधुर स्थापित हो जायेंगे। इस रहस्य से आपकी सभी मनोकामनाऐं सम्पूर्ण हो जाऐंगी व आप मनपसंद जीवन जीयेंगे। मैं लेखक आपको आश्वासन देता हूँ कि इस रहस्य को अपनाने के पश्चात, प्रत्येक पाठक का साधारण जीवन, महान जीवन अर्थात श्रेष्ठ जीवन में तब्दील हो जाएगा।

मेरा अनेकों से संपर्क हुआ, जिनके मुखमंडल के तेज, मुस्कान व प्रसन्नता को देखने से ही मालूम पड़ता है कि ये लोग श्रेष्ठ व सम्पन्न जीवन जी रहे हैं। इनका जीवन बहुत सुखी, खुशी, प्रसन्न व आनन्दित है। मैंने रहस्य की जाँच आरम्भ कर दी कि कुछ लोग अत्यंत प्रसन्न क्यों हैं।

लोगों ने सम्पन्न जीवन के लिए अनेकों तरकीबें बताई परन्तु मैं अभी भी संतुष्ट नहीं था क्योंकि संसार के बहुत लोग इन तरकीबों को जानते हैं। मुझे सरल, सटीक व सतप्रतिशत प्रभावशाली रहस्य की तलाश थी। संसार के करोडों लोग, शांति की तलाश में हैं। मैं भी अपनी कमियों व विकारों को समाप्त करना चाहता था, मुझे भी श्रेष्ठ और खुशहाल जीवन की तमन्ना थी परन्तु बेहतर परिणाम नहीं मिल रहे थे।

आख़िर भारत के मांउट आबू (राजस्थान) के अरावली पर्वतों पर मैंने रहस्य को जाना। यदि आप भी कभी मांउट आबू (राजस्थान) घूमने जायें तो कुछ चेहरे बहुत खुश, प्रसन्न व आनन्दित दिखाई देंगे। कुछ सफेद फरिश्ते स्वरूप घूमते हुए नज़र आयेंगे। उनसे यह रहस्य पूछ सकते हो। संसार के लाखों लोगों ने इस रहस्य को अपनाकर जीवन परिवर्तित किया है। मैं, संसार के हर मानव को कुछ दिन के लिए माउंट आबू, राजस्थान, भारत देश आने की सलाह देता व आग्रह करता हूँ। यदि आपने घूमने की योजना बनाई है तो कुछ दिन माउंट आबू, राजस्थान, भारत जरूर ठहरें। यहाँ अरावली पर्वत की ब्रह्ममुहर्त की ठंडी पवन आपका मन मोह लेगी। यहाँ का पीस पार्क (Peace Park) आपके दिल में बस जाएगा। यदि आप सुर्योदय से पूर्व उठकर यहां के सेवाधारियों के साथ कुछ समय शांत अवस्था में बैठेंगे तो ये शांति के अनमोल पल आपके मस्तिष्क का अनंत हिस्सा बन जायेंगे। ये शांत पल आपके अंग-अंग में समा जायेंगे। यहां का शांत व आनन्दित वातावरण आपका मन मोह लेगा। यहां के सेवाधारियों की मुस्कान आपके ह्रदय में वेदना उत्पन्न कर देगी कि अनन्त प्रसन्नता इन्हें कहाँ से प्राप्त हुई है। ये पल आपकी जिंदगी के यादगार पल रहेंगे।

जैसे ही मैंने रहस्य को अपनाना आरम्भ किया, मेरा सम्पूर्ण जीवन परिवर्तित होने लगा। अब तक मेरा जीवन नरक समान था क्योंकि इस रहस्य को जानने के पश्चात, मेरा जीवन श्रेष्ठ हो गया है। श्रेष्ठ जीवन के समक्ष अतीत नरक समान दिखाई देता है। मुझे थोड़ा अवशोष भी हुआ कि पहले इस रहस्य को क्यों नहीं जान पाया परन्तु प्रत्येक घटना अपने समय पर ही घटती है। मुझे आश्चर्य हुआ कि भारत में इतना बड़ा रहस्य होने के बावजूद लोग दुःखी क्यों हैं क्योंकि इस रहस्य से भारत के लोग भी वंचित हैं परन्तु अब इस पुस्तक के माध्यम से इस रहस्य को भारत ही नहीं बल्कि संसार के प्रत्येक मानव तक पहुँचाना मेरा लक्ष्य है। मेरा सभी पाठकों से निवेदन है कि इस रहस्य को जानने

के अन्य लोगों को भी बतायें ताकि मैं और आप संसार के अधिकतर मनुष्यों का जीवन परिवर्तित करने में थोड़ा योगदान दे पायें।

ये रहस्य है, ये फॉरमूला

ज्ञान + राजयोग + धारणा= परिणाम (श्रेष्ठतम जीवन)

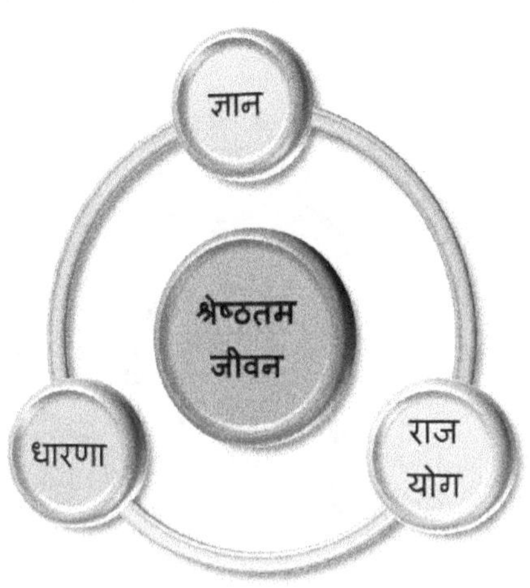

अर्थात ज्ञान, राजयोग व धारणा के मिलन से मनचाहे परिणाम प्राप्त होते हैं।

सुख, खुशी, समृद्धि, आनन्दित व महान जीवन के निर्माण के लिए ज्ञान आवश्यक है व ज्ञान पर सम्पूर्ण विश्वास अनिवार्य है। अनेकों लोग ज्ञान व विश्वास होने के बावजूद खास प्रगति नहीं कर रहे हैं। सभी को ज्ञान है कि शांत रहना चाहिए। शांति से जीवन में खुशहाली आती है व शांत रहना आनन्ददायक है फिर भी कोई शांत नहीं रह पाता है क्योंकि ज्ञान की धारणा नहीं हुई है। कुछ अभ्यास द्वारा थोड़े सफल भी होते हैं परन्तु अधिकतर असफल होते हैं। पूर्ण सफलता का आसान उपाय है, राजयोग। राजयोग का अर्थ है राजा+योग अर्थात राजा बनाने वाला योग। राजयोग का अर्थ है, जुड़ना। राजयोग द्वारा हम स्वयं से,

ब्रह्मांड से व सर्वोच्च शक्ति से ऊर्जा का संपर्क जोड़ सकते हैं। संपर्क द्वारा प्राप्त शक्ति से ज्ञान धारण करना आसान हो जाता है। मन जो सोचता है, बुद्धि उन्ही विचारों को स्वीकार करती है तो ये विचार अवचेतन मन का हिस्सा बन जाते हैं। यदि बुद्धि मन के विचारों को स्वीकार नहीं करती है तो अवचेतन मन भी मन के विचारों को स्वीकार नहीं करता है। जिसके कारण श्रेष्ठ बातें अवचेतन मन का हिस्सा नहीं बन पाती हैं। हमारा अवचेतन मन ही हम हैं। इसलिए अवचेतन मन को जितना सशक्त बनायेंगे उतना ही शक्तिशाली हम स्वयं बनेंगे।

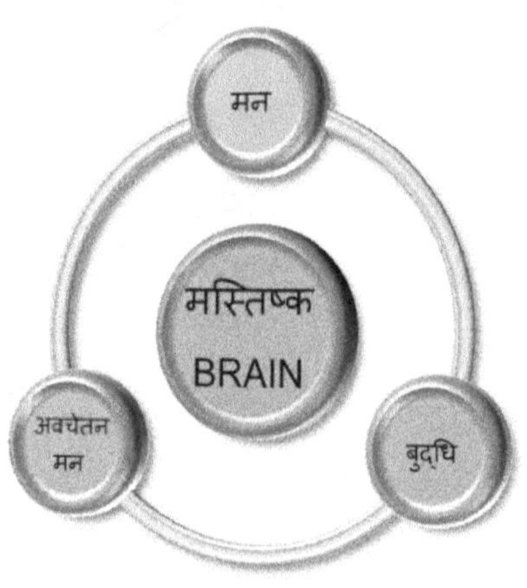

राजयोग द्वारा मन व बुद्धि शांत हो जाते हैं। शांत मन में न्यूनतम विचार उठते हैं जिससे मस्तिष्क को बहुत राहत मिलती है और मस्तिष्क कम विचारों पर आसानी से पूर्ण कार्य कर सकता है। शांत बुद्ध निर्णय लेना बंद कर देती है जिसके कारण मन के विचार बिना रुकावट अवचेतन मन तक पहुँचते हैं व अवचेतन मन पर गहरी छाप छोड़ते हैं और धीरे-धीरे संस्कार बन जाते हैं। जैसे हमारे संस्कार होते हैं वैसे ही हम होते हैं। (अध्याय 7 में विस्तार से वर्णन किया गया है)।

ज्ञान – सम्पन्न जीवन के लिए ज्ञान आवश्यक है। अज्ञानवश अनेकों लोग दुःखी, परेशान, तनावग्रस्त व चिंताग्रस्त हैं।

आश्चर्य संसार में दुःख नहीं है, फिर भी संसार दुःखी है। दुःख मस्तिष्क द्वारा उत्पन्न भ्रम है। मानव अपने ही मस्तिष्क के भ्रम जाल में फंसा हुआ है। दुःख भाव है, जो मस्तिष्क में उत्पन्न होता है।

बचपन में मेरा पैर पूरी तरह से जल गया था। उस समय मेरी आयु चार-पांच वर्ष होगी। पैर में दर्द बहुत था परन्तु जीवन में दुःख नहीं था। दर्द, शरीर के किसी अंग में होता है जैसे कि हड्डी में दर्द, पेट में दर्द, किडनी में दर्द, जलने के कारण पैर में दर्द परन्तु दुःख शरीर के किसी अंग में नहीं होता है। दुःख विचारों में होता है। दुःख भाव है, सोच द्वारा उत्पन्न भाव। बचपन में इतनी समझ ही नहीं थी कि मैं सोचता कि बहुत बुरा हो गया। अब मेरा क्या होगा? ऐसा नहीं होना चाहिए था। मेरा तो जीवन ही बर्बाद हो गया इस प्रकार नहीं सोचने के कारण पैर में दर्द था परन्तु जीवन में दुःख नहीं था। उम्र के साथ बड़े होने पर हम समझदार हो जाते हैं और समझदार होना ही दुःख का कारण है। जो अधिक समझदार होता है वह अधिक दुःखी होता है क्योंकि वह हर बात के लिए, ऐसा नहीं, ऐसा होना चाहिए था। मेरे साथ ये हो ही क्यों गया? उसे अच्छा व्यवहार करना चाहिए था। समझदार क्या, क्यों, कैसे इत्यादि प्रश्न-उत्तरों के उलझन के कारण जीवन में उलझा ही रहता है इसलिए **समझदार नहीं, ज्ञानी बनो**। समझदार सार को विस्तार में बदलता है। ज्ञानी विस्तार को सार बदलता है अर्थात समझदार छोटी बात को बड़ी बनाता है और ज्ञानी बड़ी को छोटा बनाता है। समझदार समझाने की कोशिश नहीं करता है वह अपनी बात को सही सिद्ध करने की कोशिश करता है। वह दिखाता है कि देखो मैं बहुत समझदार हूँ, मुझे बहुत ज्ञान है, मुझसे सीखो। समझदार बहस बहुत करता है परन्तु ज्ञानी समस्या को अतिशीघ्र समाप्त करने की कोशिश करता है।

ड्रामा ज्ञान

ये दुनिया एक रंगमंच है और
सभी स्त्री और पुरूष केवल अदाकार

– विलियम शेक्सपीयर

सृष्टि एक ड्रामा है। सभी अपना किरदार निभा रहे हैं। एक जैसा किरदार, कोई दूसरा नहीं निभा सकता है इसलिए सभी महत्त्वपूर्ण (Important), खास(Special) व न्यारे (Unique) हैं। तुम जैसा, कोई दूसरा नहीं संसार में, ये हमेशा याद रखना। इस ड्रामा की खास़ बात है कि एक्टर व निर्देशक स्वयं आप हैं। अपना किरदार किस तरह से निभाना है, यह आप पर निर्भर है। आप महानता का किरदार निभाना चाहते हैं या दासता का। मुझे आप पर विश्वास है, आपने अभी तक जो किरदार निभाया, वह अतीत हो गया, आगे का किरदार आप महानता और सम्पूर्णता का ही निभाएंगे क्योंकि आप यह महान किताब पढ़ रहे हैं जो दर्शाता है कि आपमें जो महानता समाहित है, उसे आप उजागर करना चाहते हैं।

आप सृष्टि ड्रामा को साक्षी भाव से देखोगे तो स्वयं का किरदार बेहतरीन निभा सकोगे। साक्षी भाव से देखने का अर्थ है कि आप कोई फिल्म देख रहे हैं, आप फिल्म में फेरबदल नहीं कर सकते हैं, जो हो रहा है, बस वही देख रहे हो आप विचलित नहीं होते हैं क्योंकि आपको पता है यह ड्रामा है। इसी प्रकार दुनिया के ड्रामा के नज़ारों को देखकर भी आपको विचलित नहीं होना है। बस साक्षी भाव से देखना है। लोगों से मिलते वक्त स्वयं को साक्षी रख कर अपना किरदार निभाओ, जैसे कि कोई नाटक आपके सामने चल रहा है। उस नाटक में, अपना किरदार अच्छा निभाना है। कोई एक्टर अपनी ही फिल्म साक्षी होकर देखता है परन्तु अब वह इसमें कोई फेरबदल नहीं कर सकता है।

परन्तु रोमांचक बात है कि आपको ड्रामा में आगे का किरदार कैसे निभाना है? आप बदल सकते हैं। आप कोई नाटक देख रहे हैं। कुछ गुंडे-मवाली, भले व्यक्ति के साथ दुर्व्यवहार करते हैं परन्तु भला व्यक्ति फिर भी अच्छा व्यवहार करता है तो आपको भले व्यक्ति का किरदार बहुत पसंद आता है। जैसे यीशु को सूली पर चढ़ा दिया गया था परन्तु फिर भी यीशु ने उन्हें माफ़ किया। आपको भी सभी के साथ अच्छा किरदार निभाना है। यह संभव है जब आप स्वयं का ड्रामा साक्षी होकर देखते हैं।

सृष्टि रूपी ड्रामा में आप दूसरों का किरदार नहीं बदल सकते हैं परन्तु अपना किरदार बदलना आपके हाथ में है। यदि आप ड्रामा समझकर कर्म करेंगे तो आपकी स्थिति उच्च हो जाएगी, समस्याऐं आपको कमजोर लगेंगी। आप जीवन में अद्भुत प्रगति करेंगे। आपका जीवन नई ऊर्जा से भर

जाएगा। यदि आप साक्षी होकर किरदार निभायेंगे तो कुछ गुण स्वतः ही आ जायेंगे। जिनका वर्णन इस प्रकार है:-

1. **अचल/अडोल स्थिति** – विपत्ती में हम घबरा जाते हैं, परेशान हो जाते हैं क्योंकि डर होता है कि आगे क्या होगा? इसलिए हमारी स्थिति डगमगा जाती है। जीवन को ड्रामा समझकर जीयेंगे तो डर समाप्त हो जाएगा क्योंकि आपने दुनिया का कोई भी ड्रामा देखा हो, फिल्म देखी हो, टीवी सीरियल देखा हो, अंत में हीरो की जीत होती है। आप अपने ड्रामा के हीरो हैं। परिस्थितियाँ आयेंगी, आपको पूर्ण विश्वास रखना है कि विजय आपको ही मिलेगी इसलिए ड्रामा समझकर अपना किरदार निभाते चलोगे तो आपकी स्थिति मजबूत, अचल व अडोल हो जाएगी। भयंकर मुसीबत में भी आप भयभीत नहीं होंगे बल्कि सामना करके मुसीबत को हरा देंगे।

2. **उचित निर्णय -** आप फिल्प देख रहे हैं, खराब परिस्थिति में अभिनेता (Actor) अनुचित निर्णय लेता है तो आप सोचते हैं कि इसे ये निर्णय नहीं लेना था। इसे अच्छा कदम उठाना चाहिए था या छोटी सी गलती की इसने, परिवार को बहुत बड़ी सजा दी है क्योंकि आप फिल्म को ड्रामा भाव से देख रहे हैं इसलिए उचित निर्णय ले पा रहे हैं। इसी प्रकार सृष्टि ड्रामा में आपका जो भी पार्ट है उसे साक्षी भाव से देखते रहो कि ड्रामा चल रहा है। आगे मुझे क्या एक्सन लेना है? ड्रामा की भांति जीवन को देखने से उचित निर्णय में आसानी होती है। उचित निर्णय प्रत्येक परिस्थिति में सहायक सिद्ध होता है। जीवन में उचित निर्णय लेना अति आवश्यक है।

3. **क्षमा भाव** – आप प्रत्येक परिस्थिति को साक्षी होकर देखेंगे और ड्रामा समझेंगे तो आपके साथ जितने लोगों ने अन्याय किया है, आप में उन्हें क्षमा करने की शक्ति आ जाएगी। क्षमा करने का गुण साधारण व्यक्ति में नहीं होता है इसलिए कहा गया है कि **क्षमा वीरस्य आभूषणम्** अर्थात क्षमा करना महान लोगों का गुण है। दूसरों को व स्वयं को अपनी गलतियों के लिए क्षमा करना है। क्षमादान से नकारात्मकता से राहत मिलेगी और भविष्य की खराब परिस्थितियां टल जायेंगी।

कोई दुःखी क्यों है इसका ज्ञान होने पर भी जीवन में थोड़ा ही बदलाव आता है। मैंने बहुत ज्ञानी देखे हैं, ज्ञान के बावजूद भी वे दुःखी हैं। उन्हें ज्ञान है परन्तु ज्ञान की धारणा नहीं है।

विश्वास और राजयोग से ज्ञान की धारणा होती है।

राजयोग

सूर्य के तेज ताप से नदी, नालों का गंदा पानी, गड्ढों का रुका पानी व न पीने योग्य सागर का खारा पानी वाष्प बन जाता है और बादल बन जब बरसता है तो सारे पक्षियों व वन्य प्राणियों की प्यास बुझ जाती है। वृक्षों में नई ताजगी आ जाती है। जंगल में नए जीवन का सृजन होता है। मैदान हरी घास से भर जाते हैं जिससे सभी प्राणियों का पेट भरता है। धरती की प्यास बुझ जाती है। किसानों की फसल लहरा उठती है।

इसी प्रकार, आप में कितनी भी कमियाँ हो, चाहे आप सागर की तरह खारे हों या नाले के गंदे पानी की तरह हों लेकिन राजयोग की अग्नि से कडवाहट, मिठास में बदल जाती है। जो सागर की तरह खारे हैं वो गंगा की तरह मीठे हो जाते हैं। योग से विचारों रूपी वाष्प संसार में चारों तरफ फैलते हैं जिससे चारों तरफ का वातावरण में शांती छा जाती है। पानी को अग्नि पर 100% सेल्सियस पर उबाला जाता है तो पानी वाष्प बन उड़ने लगता है। इसी प्रकार योगाग्नि से सारे विकार वाष्प बनकर उड़ जाते हैं और अच्छे गुणों की बारिस होती है, जिससे प्यास बुझती है।

राजयोग दो शब्दों के जोड़ से बना है। राज+योग अर्थात राजा बनाने वाला योग। सम्राट बनाने वाला योग। सम्राट उसे नहीं कहते जिसका लोगों पर अधिकार हो। सम्राट उसे कहते हैं जिसका स्वयं पर अधिकार हो। अपनी कर्मेन्द्रियों पर अधिकार हो। जिसका मन पर अधिकार हो, जिसका बुद्धि पर अधिकार हो, उसे सम्राट कहते हैं इसलिए इस योग को राजयोग कहते हैं। यह आपको सम्राट बना देगा, शक्तिशाली सम्राट।

ध्यान (Meditation) के वक्त, मस्तिष्क किसी विशेष विचार की तरफ केन्द्रित रहता है तो ऊर्जा बिखरती है। यह ऊर्जा मनुष्य को शक्तिशाली बनाती है।

योग के लिये बहुत ही मंद रोशनी वाला यंत्र खरीद लाइए। मोबाइल चार्जर में जलने वाली बत्ती से भी कम रोशनी होनी चाहिए। जिससे आँखों पर जोर नहीं पडे। यदि इसका प्रबंध नहीं होता है तो दीवार पर एक लाल कलर का बिन्दू बना दें।

कमर को सीधा करके शांत बैठ जाइए। मन व बुद्धि को बाहरी संसार से हटा लीजिए। आँखों से लाल बिन्दू पर नज़र बनाए रखें.... मन की आँखों से पैरों की उंगलियों को देखने का आभास करें...पैरों पर कोई निशान है तो उसे देखें...... यह निशान किस वजह से बना ध्यान करो........ अब पैरों को रिलेक्स फील कराओ.... अपने हाथों की अंगुलियों को देखो......... आपकी अंगुली लंबी हैं या बड़ी हैं ध्यान से मन की आँखों से देखो .... नखूनों को देखो। नखूनों के रंग को देखो........ कोई निशान हो या अंगूठी पहनी हुई है।

उसे महसूस करें.... अब हाथों को रिलेक्श छोड़ दें। अपना ध्यान भृकुटि में चमकते सितारे पर लगायें.... थोडी देर शांत बैठे रहें ...... अब सोचें कि ब्रह्मांड से शक्तियों की वॉयब्रेशन्स मुझ पर पड़ रही हैं..... शांति की वॉयब्रेशन्स मेरे अंदर समा रही हैं........ मेरा अंग-अंग शांत हो रहा है........ मुझसे शांति की किरणें चारों तरफ फैल रही हैं........ जिससे आस-पास का वातावरण शांत हो रहा है........ सुख, खुशी, आनन्द की किरणें मुझमें समा रही हैं........... मेरा जीवन सुख, खुशी व आनन्द से भरपूर हो गया है....... सर्वोच्च शक्ति मुझे महानता का वरदान दे रही है..... महानता की किरणें मुझमें समा रही हैं....... मेरा जीवन महान बन गया है....मेरी कमियाँ व विकार योगाग्नि में जलकर भष्म हो रहे हैं.......... स्वयं सर्वोच्च शक्ति मेरे साथ है तो मुझे किस बात का डर है...... मैं जो भी करूँगा शतप्रतिशत सफल होना ही है........ मेरा मस्तिष्क शक्तियों से भर गया है .... मेरा पूरा शरीर शक्तिशाली बन रहा है .... सर्वोच्च शक्ति अपनी पवित्रता की किरणें मुझपर डाल रहा है........ जिससे मेरे सारे रोग समाप्त हो रहे हैं....... मेरा शरीर स्वस्थ हो गया है .... मैं निरोगी हो गया हूँ .... मेरा मन व चित शांत हो गया है .... मेरा महान लक्ष्य पूरा हो रहा है .... अपने महान लक्ष्य को पाकर मैं बहुत खुश हूँ .... शुक्रिया , शुक्रिया परम शक्ति शुक्रिया......... इतनी मेहरबानी के लिए धन्यवाद, धन्यवाद ....।

स्पष्ट चित्र - ध्यान के वक्त मस्तिष्क में अपने लक्ष्य का स्पष्ट चित्र बनायें। यदि आप प्रेरक वक्ता (Motivational Speaker) बनना चाहते हैं तो स्पष्ट चित्र बनायें कि मैं संसार का प्रसिद्ध प्रेरक वक्ता अपना व्याख्यान सहस्त्रों लोगों के समक्ष दे रहा हूँ। अन्तर्मन से पूर्ण विश्वास करो कि मैं प्रेरक वक्ता हूँ। यदि आप उच्च नौकरी जैसे कि IAS बनना चाहते हैं तो मस्तिष्क में स्पष्ट चित्र बनायें कि मैं IAS बन गया हूँ। आरम्भ में स्पष्ट चित्र नहीं बनेगा परन्तु अभ्यास द्वारा शीघ्र ही लक्ष्य का स्पष्ट चित्र बनने लगेगा तो ब्रह्मांड आपके लिए रचना रचेगा। ब्रह्मांड लक्ष्य को प्राप्त कराने में आपका हर सम्भव साथ देगा। आपकी मुलाकातें उचित लोगों से होगी जिनका सम्बंध आपके लक्ष्य से होगा व मार्ग की रुकावटें दूर हो जाऐंगी। आपको लक्ष्य अवश्य हासिल होगा।

गुण व शक्तियां –प्रतिदिन स्वयं से, ब्रह्मांड व सर्वोच्च शक्ति से संपर्क जोड़ते हैं तो हम गुण और शक्तियों से भरपूर हो जाते हैं। कुछ गुण व शक्तियाँ इस प्रकार हैं:-

गुण:-

(i) प्रेम
(ii) क्षमा
(iii) सहनशीलता
(iv) दया
(v) करूणा
(vi) परोपकार
(vii) आत्मविश्वास
(viii) निश्चय
(ix) स्नेह
(x) शांति
(xi) धैर्य
(xii) स्थिरता
(xiii) दृढ़ता
(xiv) साहस
(xv) ईमानदारी
(xvi) मधुरता
(xvii) नम्रता

(xviii) संतुष्टता
(xix) आदर
(xx) सरलता

<u>शक्तियाँ</u> :-

1. निर्णय शक्ति – सभी को जीवन में निर्णय लेना पड़ता है। अधिकतर उचित निर्णय लेने में असक्षम होते हैं। ध्यान से निर्णय शक्ति में इजाफा होता है जिससे हम आसानी से उचित निर्णय ले सकते हैं।

भोला और मैनपाल दो भाई थे। दोनों बहुत अच्छे थे और नौकरी करते थे। दोनों के एक-एक पुत्र था। जिनका नाम रोहित और योगेश था। दोनों पुत्र बहुत आलसी व बहाने बाज थे। युवावस्था में भी दोनों आजीविका (Earning) के लिए नहीं जाते थे। दोनों पिता बन गए परन्तु अभी भी उन्होंने कमाना शुरू नहीं किया। दोनों के परिवार का खर्चा भी, भोला और मैनपाल ही करते थे। भोला और मैनपाल को निर्णय लेना था कि इनको घर से बेदखल कर दिया जाए लेकिन उचित व सशक्त निर्णय लेना मुश्किल था। भोला सोचने लगा यदि मैंने रोहित को घर से बेदख़ल कर दिया तो वह कमाएगा नहीं जिसके कारण उसके परिवार के लिए परेशानी खड़ी हो जाएगी इसलिए भोला ने अपने लड़के रोहित को बेदखल नहीं किया। भोला उसके परिवार का गुज़ारा भी स्वयं करने लगा परन्तु मैनपाल ने अपने लडके योगेश को घर से बेदखल कर दिया। कुछ दिन योगेश ने सोचा कि मैं परीश्रम नहीं करूँगा, कुछ ही दिनों में पिता को मुझपर रहम आ जायेगा। योगेश के घर खाने के लिए कुछ भी नहीं बचा था तभी उसके पिता ने सोचा कि मुझे उसकी सहायता करनी चाहिए परन्तु एक सज्जन ने उन्हें समझाया कि यहीं से उसकी जिंदगी में मोड़ आयेगा। यदि अभी आपने उसकी सहायता की तो वह जिंदगी भर कुछ नहीं कमायेगा। योगेश का इंतजार समाप्त हो गया और उसने कमाना शुरू कर दिया। कुछ ही वर्षों में अपनी काबिलियत से योगेश अमीर बन गया। भोला मोहवश उचित निर्णय नहीं ले पाया। उसका लड़का रोहित आज भी आलसी है, बहाने बाज है। वह आज भी कमाने नहीं जाता है।

इस कहानी से शिक्षा मिलती है कि उचित समय पर भावनाओं से उठकर उचित निर्णय लेने चाहियें। जो निर्णय लेने में असक्षम होता है उसे सम्पूर्ण जिंदगी पछतावा होता है। उसे जीवनभर पछतावा होता है। ध्यान से निर्णय शक्ति में बहुत इजाफ़ा होता है।

2. दृढ़ निश्चय शक्ति – ध्यान से दृढ़ निश्चय शक्ति प्राप्त होती है। बहुत लोग महान सफलतायें प्राप्त करना चाहते हैं परन्तु दृढ़ निश्चय के अभाव से या तो प्रारम्भ ही नहीं करते हैं या थोडी मुश्किलों के कारण ही बीच मार्ग से वापिस लौट आते हैं। जिस व्यक्ति में दृढ़ निश्चय की शक्ति होती है वह महानतम कार्य भी कर सकता है। उसमें प्रत्येक संकट से जूझने की शक्ति होती है। जिसने भी दृढ़ निश्चय किया उसने महान सफलतायें प्राप्त की हैं।

दृढ़ निश्चय का कायम रहना अति आवश्यक है। दृढ़ निश्चय तो बहुत करते हैं कि आज से नशा छोड़ दिया। दो-चार दिन अटल रहते हैं परन्तु बाद में उनकी दृढ़ निश्चय शक्ति कमजोर हो जाती है तो पुनः नशे का सेवन आरम्भ कर देते हैं व दृढ़ निश्चय पर कायम नहीं रह पाते हैं। प्रतिदिन राजयोग के अभ्यास से दृढ़ निश्चय शक्ति में वृद्धि होती रहता है और जो भी दृढ़ निश्चय किया उसमें सफलता मिलती है।

3. एकाग्र शक्ति –राजयोग से एकाग्रता की शक्ति बढ़ती है। एकाग्रता की शक्ति के द्वारा महान से महान लक्ष्य हासिल किया जा सकता है। एकाग्रता का अर्थ है कि अपनी सारी शक्तियों को एक जगह केन्द्रित करके प्रयोग करना। राजयोग से इस शक्ति में बहुत इजाफा होता है।

4. सामना करने की शक्ति – सभी के जीवन में कभी ना कभी विकट परिस्थितियाँ आती हैं जिनका मानव सामना नहीं कर पाता है और हताश व मायूस हो जाता है फलस्वरूप उदासी व निराशा छा जाती है। मनुष्य मन से कमजोर हो जाता है और जीवन मुश्किल बन जाता है। यदि मुसीबतों से सामना करने की शक्ति आ जाये तो मानव मुसीबत को ही समाप्त कर सकता है व उदासी, निराशा और दुःखों से बच जाता है।

योग से सामना करने कि शक्ति बढ़ती है जिसके कारण किसी भी समस्या से मुकाबला आसानी से कर सकते हैं।

5. परख़ शक्ति – जौहरी में हीरे को परख़ने की शक्ति होती है। वह नकली व असली हीरे को पहचान लेता है। यदि जौहरी में हीरे को परख़ने का गुण नहीं है तो उसे कभी ना कभी धोखा हो सकता है। जीवन यात्रा में भी सतर्क रहने की आवश्यकता है। कुछ आपको ठगने की कोशिश कर सकते हैं। हो सकता है कि आप इनको नहीं पहचान पायें

क्योंकि ये बहुत मीठे बोलते हैं व चापलूस भी होते हैं। यदि इनको समय पर नहीं परख़ पाये तो अत्यधिक हानि का सामना करना पड़ सकता है।

राजयोग से मन शांत हो जाता है, शांत मन साफ़ और शांत पानी की तरह होता है। साफ़ व शांत पानी के अंदर प्रत्येक वस्तु स्पष्ट दिखाई देती है व सभी की परछाई भी साफ़ दिखती है। इसी तरह शांत मन में न केवल स्वयं की परछाई दिखती है बल्कि दूसरों के भाव भी नज़र आ जाते हैं। हम दूसरों को आसानी से परख़ सकते हैं।

6. परिवर्तन शक्ति – सभी खुद को परिवर्तित करना चाहता है परन्तु असमर्थ रहते हैं। सभी बेहतर बनना चाहते हैं परन्तु नहीं बन पाते हैं क्योंकि आंतरिक शक्ति कमजोर है। राजयोग द्वारा आंतरिक शक्ति व स्वस्थिति सशक्त बनती है परिणामस्वरूप जीवन परिवर्तित होना आरम्भ हो जाता है। हमारे बदलते ही दूसरों का भी हमारे प्रति नज़रिया बदलने लगता है इसलिए पहले स्वयं को बदलो।

7. अभ्यास शक्ति – राजयोग द्वारा अभ्यास शक्ति प्रबल होती है। अभ्यास द्वारा कठिन कार्यों को सरल बनाया जा सकता है। सभी को इस शक्ति की अति आवश्यकता है क्योंकि जितना अभ्यास करेंगे उतना ही निखरेंगे।

मेरा एक मित्र था, वह अधिकतर पढ़ता ही रहता था। मैंने उसे पूछा, आप इतना समय कैसे पढ़ते हो उसने बताया कि बारम्बार अभ्यास से पढ़ना मेरी आदत बन गई है।

अभ्यास द्वारा असम्भव को भी सम्भव किया जा सकता है। अभ्यास द्वारा मंद बुद्धि विद्यार्थी, तेज बुद्धि विद्यार्थी से बेहतर परिणाम पा सकता है। अभ्यास का जीवन में बहुत महत्त्व है। अभ्यास द्वारा कमजोर ताकतवर से जीत सकता है। अभ्यास द्वारा आत्मशक्ति की वृद्धि होती है। तुलसीदास जी ने कहा है:-

करत-करत अभ्यास के जड़मति होत सुजान।
रसरी आवत जात के, सिल पर परत निशान।।

रस्सी के बार-बार आने-जाने से पत्थर पर निशान पड़ जाता है और रस्सी पत्थर से रास्ता बना लेती है। इसी प्रकार अभ्यास द्वारा मूढ़ बुद्धि व्यक्ति भी बुद्धिमान बन जाता है। अभ्यासी व्यक्ति कठिन परिस्थितियों में भी राह बना लेता है।

अल्बर्ट आइंस्टाइन बहुत मंद बुद्धि वाला बालक था। उन्होंने चार वर्ष की आयु में बोलना सीखा था। नौ वर्ष की आयु तक आइंस्टाइन अच्छे से नहीं बोल पाते थे। एक दिन उन्होंने अध्यापक से पूछा कि मैं अपनी बुद्धि का विकास कैसे कर सकता हूँ। अध्यापक ने कहा कि अभ्यास द्वारा तुम अपने मस्तिष्क का विकास कर सकते हो। आइंस्टाइन ने दृढ़ निश्चय किया कि अब वह अभ्यास द्वारा अपने मस्तिष्क का विकास करके ही रहेगा और बाद में उसने असम्भव को भी संभव कर दिया।

जीवन कलायें:- राजयोग द्वारा जीवन कलाओं का विकास होता है। जिनमें से कुछ इस प्रकार हैं:-

(i) व्यर्थ को समर्थ में परिवर्तित करने की कला
(ii) व्यवहार कला
(iii) निश्चिंत रहने की कला

धारणा:- सभी को ज्ञान व शक्तियों की जानकारी है। मनुष्य इन शक्तियों व जीवन कलाओं को स्वयं में धारण भी करना चाहता है। चाहना होने के बावजूद, पूर्ण रूप से सफल नहीं हो पाता है। मनुष्य सफल होने की बहुत कोशिश करता परन्तु निराशा ही हाथ लगती है। ज्ञान व योग के मिलन से ये सारे गुण, शक्तियां व जीवन कलायें अवचेतन मन का हिस्सा बन जाती हैं व सभी श्रेष्ठ बातें आसानी से धारण हो जाती हैं।

प्रश्न-1. मेरा ध्यान नहीं लगता है, उपाय सुझायें?

उत्तर- प्रारम्भ में ध्यान करना कठिन होता है। कम से कम एक महिने पश्चात ध्यान लगना आरम्भ होता है इसलिये रोजाना 5-10 मिनट ध्यान का अभ्यास करते रहें। ध्यान के लिये सुबह या शाम एक ही स्थान व एक ही समय चुनें।

५.

विकारों पर विजय भय

भय को न मारा जा सकता है, न जीता जा सकता है। केवल समझा जा सकता है और समझ ही रूपांतरण लाती है, अगर तुम भय को जीतने की कोशिश करोगे तो यह दबा रहेगा, तुम्हारे भीतर गहरे में चला जाएगा। उससे कुछ सुलझेगा नहीं, बल्कि चीजें और उलझ जाएेंगी।

- ओशो

किसी बात से नहीं डरो, तुम अद्‌भुद कार्य करोगे।
जिस क्षण तुम डर जाओगे उसी क्षण तुम शक्तिहीन हो जाओगे।।

- स्वामी विवेकानंद

जब भी भय उठता है, सभी भय को दबाने की कोशिश करते हैं। भय दब जाता है परन्तु भय तुम्हारे अन्दर से जाता नहीं है। यह अपना कार्य करता रहता है। जब भी तुम आंतरिक रूप से कमजोर होते हो तो यह विषाणु की तरह धावा बोल देता है और आपको जकड़ लेता है इसलिए भय को जीतने की कोशिश नहीं करो क्योंकि भय को जीता नहीं जा सकता है। यदि कोई सोचता है कि भय को जीता जा सकता है तो यह उसका भ्रम है। भय को केवल समझा जा सकता है, भय को समझने की कोशिश करें।

भय को समझें- भय से भयभीत होंगे तो भय लगेगा। भय को समझो। भय को समझकर ही भयमुक्त हो सकते हैं। भय क्या है? कहाँ से आता है? कैसे उठता है? यह सब समझने की कोशिश करो। यदि तुम समझ जाओगे तो इससे मुक्ति भी मिल जाएगी। इसे नष्ट करने की कोशिश मत करो, यह स्वयं नष्ट हो जाएगा।

एक लड़का रात में खिडकी के हिलने से डरता था। वह पूरी रात कम्बल में सिकुड़कर सोता था। एक दिन पिता ने उसे समझाया कि बेटा डर तुम्हारा भ्रम है। आज खिडकी हिले तो हिम्मत करके देखना कि खिडकी के दूसरी तरफ़ क्या है? उस दिन उसने जानने की कोशिश की, उसने खिडकी को खोला तो वहाँ कुछ नहीं था। अब वह कभी भयभीत नहीं हुआ।

<u>भय क्या है</u>- भय भ्रम है, भय नकारात्मक कल्पना है। हम स्वयं इसे पैदा करते हैं। यह ऐंसा भ्रम है जो पूरी जिंदगी को खोख़ला कर देता है। असफल होने का भय, अपमान का भय, संपत्ति के नाश का भय, लोग क्या कहेंगे? इसका भय। मात-पिता मेरे बारे में क्या सोचेंगे? यहाँ जीवन रूपी भय की बात हो रही है। उस भय की बात नहीं हो रही कि गोलियाँ चल रही हैं वहाँ से तुम निर्भय होकर निकलें। हम बात कर रहे हैं अनजान भय की जो प्रत्येक मनुष्य के जीवन को खोख़ला कर रहा है।

<u>भय कहाँ से आता है</u>- भय आने वाले दुःख की कल्पना मात्र है। यह बाहर से नहीं आता है। हमारा भ्रम ही नकारात्मक कल्पनाओं को जन्म देता है। भय अज्ञान के कारण ह्रदय में पैदा हुआ भविष्य के दुःख की कल्पना है। हमारी तृष्णा भी भय को पैदा करती है। मुझे पदोन्नति मिलेगी या नहीं। मेरा व्यवसाय सफल होगा या नहीं। मुझे इस कार्य में खुशी मिलती है परन्तु मेरे माता-पिता क्या कहेंगे? मेरे मित्र, क्या कहेंगे? तुम महान बनना चाहते हो, इन सभी इच्छाओं से भय पैदा होता है। यदि मैं सफल नहीं हुआ तो मेरा क्या होगा? एक अनजान भय आपको सताता है। यह मेरा परम मित्र है, कहीं मेरी मित्रता नहीं टूट जाए।

<u>भय के प्रभाव</u>- भय से कोई कार्य पूर्णता से नहीं हो पाता है क्योंकि बहुत सारी ऊर्जा भय के प्रभाव से क्षीण हो जाती है। भय के कारण एकाग्रता में कमी आती है। जीवन की खुशी कम होती है।

अनजान भय ने संसार को परेशान किया हुआ है। हम इसको नष्ट करने की कोशिश करते हैं परन्तु यह नष्ट नहीं हो पाता है।

<u>भय से मुक्ति</u>- जैसा कि पहले वर्णन किया गया है, भय भ्रम व तृष्णा से पैदा होता है। यदि स्वयं के भ्रम और तृष्णा को समझने की कोशिश करें तो भय

अपने आप चला जाएगा। यदि तृष्णा मुक्त हो जाऐं तो भय मुक्त भी हो सकते हैं।

एक स्थान पर कौवे आकाश में उड़ रहे थे। भोला बार-बार पत्थरों से कौओं को भगाने की कोशिश कर रहा था। बहुत समय बीत गया परन्तु कौवे नहीं भागे। एक फकीर वहाँ से गुजर रहा था। उसने सारा नज़ारा देखा। फकीर ने नीचे पड़े हुए मांस के टुकडे को हटाया। कौवे वहाँ से अपने आप उड़ गए।

इसी प्रकार हम भय को बार-बार भगाने की कोशिश कर रहे हैं परन्तु कितना समय गुज़र गया, हम सफल नहीं हुए। सफल कैसे हो सकते हैं जब युक्ति ही गलत है क्योंकि भय की वास्तविक जडें भ्रम एवं तृष्णा हैं। यदि हम इनसे मुक्त हो जाऐं तो भय मुक्त भी हो जाऐंगे।

ऐसा नहीं कि आप इच्छाओं का त्याग कर दो। इच्छाऐं तो रखो परन्तु स्वयं पर हावी नहीं होने दो। इच्छाओं के गुलाम नहीं बन जाओ। यदि तुम इच्छाओं के गुलाम बन जाओगे तो भय तुम्हें चारों तरफ से घेर लेगा।

भ्रम- अधिकांश मनुष्य भ्रमग्रस्त हैं। भ्रम कि कहीं मित्रता ना टूट जाए। मेरा व्यवसाय ठप नहीं हो जाए। मेरी औरत पर दूसरा तो नज़र नहीं डाल रहा। मेरी नौकरी छूट गई तो मेरा क्या होगा? भ्रम को त्यागकर आत्मविश्वासी बनो। जो मित्र आज तुम्हारे हैं कल नहीं भी रहे तो भी जीना है। तुम्हें जीना है वो भी पहले से बेहतर इसलिए आत्मविश्वासी बनो। जितने आप अधिक आत्मविश्वासी बनेंगे, भय गायब होता जाएगा।

चन्द्रगुप्त, आचार्य चाणक्य से कहता है कि आचार्य मैं थोडा भयभीत हूँ। आचार्य कहते हैं कि थोडा भय सतर्क रखता है इसलिए थोडे भय से घबराने की आवश्यकता नहीं है। कभी-कभी भय के कारण हम सतर्क हो जाते हैं और आगामी कार्य सावधानी पूर्वक करते हैं। यदि कभी थोडा भय पैदा होता है इसे ताकत बनाऐं न कि कमजोरी। इसे सकारात्मक (Positive) तरीके से सोचें और आगे बढें।

क्रोध और अहंकार

आप अपने क्रोध के कारण दंडित नहीं हुए।
आप अपने क्रोध द्वारा दंडित हुए।

- महात्मा बुद्ध

क्रोध उस अंगारे की तरह है, जिसे हम।
अपनी हथेली पर रख कर दूसरों पर फेंकना चाहते हैं।।

- महात्मा बुद्ध

क्रोध को समझो, सहारा मत दो।
जैसे ही तुम बिना सहारा दिए क्रोध को देखोगे,
तुम पाओगे, यह तो जहर था। यह तो आत्मघात था।
तुम कर क्या रहे थे अभी तक? अपने को मिटाने में लगे थे। तुम
हटने लगोगे दूर और जो ऊर्जा, जो शक्ति
क्रोध में संलग्न होकर व्यर्थ नष्ट होती थी, विध्वंस होती थी,
वही ऊर्जा करूणा बन जाएगी।।

- ओशो

क्रोध, अहंकार से पैदा होता है। क्रोध और अहंकार जीवन को विषैला बना देते हैं। क्रोध मस्तिष्क को कमजोर बनाता है। क्रोध चेहरे की सुन्दरता छीन लेता है। क्रोध अपनों से दूर करता है। क्रोध घृणा का पात्र बनाता है। क्रोध जीवन से सुख-चैन छीन लेता है। क्रोध केवल पछताव देता है।

मैं डॉक्टर के पास गया। उस समय मैं व्यर्थ नकारात्मक सोच रहा था। मैं किसी पर क्रोधित था। नकारात्मकता के कारण क्रोध बढ़ता जा रहा था। वह व्यक्ति मेरे पास नहीं था फिर भी मैं मन ही मन उसको कोस रहा था। उस पर क्रोध कर रहा था। मेरा आंतरिक क्रोध बहुत बढ़ गया था तभी मेरा नम्बर आया। जाँच करने पर मेरा बी/पी (ब्लड प्रेसर) 130/108 था, जो कि 120/80 होना चाहिए था। 80 के स्थान पर 108 का होना मेरे लिए शॉक की बात थी। आज तक मेरा बी/पी सामान्य ही रहता था। क्रोध के कारण प्रथम बार मेरा बी/पी हाई हुआ। डॉक्टर ने मुझे तीन दिन सुबह व शाम बी/पी चैक कराने की

सलाह दी। मैंने उसी शाम बी/पी चैक कराया तो 120/80 सामान्य आया क्योंकि अब मैं शांत था। आगे भी मेरा बी/पी सामान्य रहा।

इस दिन मुझे गहरी सीख मिली कि नकारात्मक सोच या क्रोध से स्वयं का ही नुकसान होता है। क्रोध स्वास्थ्य को धीरे-धीरे नष्ट करता है। क्रोध से सुंदर चेहरा भी कुरूप दिखता है। क्रोध के कारण बहुत सी बीमारियों का उदय होता है इसलिए क्रोध से सावधान रहना अति आवश्यक है।

अपने क्रोध को समझने की कोशिश करो। तुम कब क्रोधित होते हो और क्यों? क्रोध का कारण कोई घटना थी, तुम्हारी आंतरिक कमजोरी या कोई छिपी हुई नफ़रत थी। ये बात तो गलत थी कोई भी इस बात पर क्रोधित हो जाता। इस तरह के सहारे क्रोध को मत दो। क्रोध को सहारा दोगे तो इसकी जडें मजबूत होती जायेंगी। क्रोध को समझने की कोशिश करोगे तो पाओगे कि क्रोध तो जहर है जो धीरे-धीरे जीवन में घुल गया है और हम इसे ताकत समझकर बढ़ावा देते रहे। क्रोध आग का वो अंगारा है जिसे हम अपनी हथेली पर रखकर दूसरों पर फैंकने का इंतजार करते रहते हैं। हम इस अंगारे से जल रहे हैं फिर भी इसे हथियार समझ रहे हैं। हाँ क्रोध हथियार तो है परन्तु ऐंसा हथियार जो पहले खुद को ही जलाता है उसके बाद दुश्मन को। हो सकता है कि दुश्मन बच जाए परन्तु हम नहीं बच पायेंगे।

भोला ने पड़ोसी को परेशान व दुःखी करने के लिए एक युक्ति बनाई। भोला ने अपने घर एक कंटीला वृक्ष बोया। भोला उसे रोज़ाना पानी देता और उसका ख्याल रखता था। भोला सोचता रहता कि जब वृक्ष बड़ा हो जाएगा और कांटों से भर जाएगा तब मैं रोज़ाना कांटे पड़ोसी के घर पर फैंका करूंगा। कांटो की चुभन से पड़ोसी बहुत दुःखी होगा। वृक्ष बड़ा होकर कांटों से भर गया। भोला के आंगन में हर वक्त कांटे रहने लगे। सुबह, दोपहर, शाम व रात को भोला और उसके परिवार के सदस्यों के पैरों में कांटे चुभते थे। कांटे बहुत बड़े थे। कई बार तो भोला का बहुत खून निकला परन्तु भोला अभी भी पड़ोसी को दुःख देने की सोच रहा था। रात में भोला ने बहुत सारे कांटे पड़ोसी के आंगन में फैंक दिए। कांटों को फैंकते वक्त भोला को भी बहुत कांटे चुभे। दर्द से भोला रात में करहा रहा था परन्तु मन ही मन सोच रहा था कि सुबह कांटे जरूर पड़ोसी को चुभेंगे। सुबह हो गई, पड़ोसी बहुत होशियार, चालाक और ज्ञानी था। पड़ोसी ने अपने आंगन में कांटों की टहनियाँ देखी, पड़ोसी ने झाडू से इन्हें इकत्रित किया और ईंधन के लिए उपयोग किया। भोला रोज़ाना पड़ोसी के

घर कांटा डालता रहा परन्तु पड़ोसी रोज़ाना कांटो को एकत्रित कर ईंधन के लिए उपयोग करता रहा।

एक दिन पड़ोसी ने भोला को धन्यवाद कहा कि आपके वृक्ष के कांटों से रोज़ाना मेरे घर के ईंधन का काम चल जाता है, आपका बहुत-बहुत धन्यवाद। पड़ोसी तो चला गया परन्तु भोला सोचता रहा कि जिसे दुःख देने के लिए मैंने ये वृक्ष लगाया था। वह दुःखी तो नहीं हुआ परन्तु इन कांटो को ईंधन के रूप में प्रयोग करता रहा। मुझे और मेरे परिवार के सदस्यों को रोज़ाना ये कांटे चुभते हैं। जिन कांटों को दूसरों को दुःख देने के लिए बोया था उन्होंने मुझे ही दुःख दिया। जिस वृक्ष को मैंने पानी दिया, खाद दिया उस वृक्ष ने मुझे और मेरे परिवार को ही दुःख दिया।भोला समझ गया यदि हम दूसरों के लिए कांटे बोएंगे तो हमें ही चुभेंगे।

क्रोधी व्यक्ति बिजली (Electricity) के तारों की तरह होते हैं। बिजली के दो तार (Wire) पास में आते हैं तो शार्ट-शर्किट होता है। यदि इन तारों से बिजली सुचालक वस्तु भी टकराती है तो भी बिजली का तेज झटका (Current) लगता है।

दो क्रोधी व्यक्ति मिलते हैं तो झगड़ा होना स्वभाविक है। लोगों को डर रहता है कि ये किसी से झगड़ा नहीं कर दें। लोग इनसे दूर रहने की कोशिश करते हैं। इनका परिवार भी सुखी नहीं रहता है क्योंकि ये लोग अक्सर घर में भी क्रोध करते रहते हैं। जिसके कारण पूरे घर में नकारात्मकता (Negativity) का वातावरण रहता है। ऐंसे व्यक्तियों के घर में कभी खुशी नहीं रहती है। बच्चे भी इनसे क्रोध ही सीखते हैं। जब बच्चे बड़े होते हैं तो इनकी तरह क्रोधी बनते हैं। ऐसा परिवार एक साथ नहीं बैठ पाता है, क्योंकि जब भी ये साथ बैठते हैं तो शीघ्र ही झगड़ा शुरू हो जाता है।

अक्सर क्रोधियों के बने कार्य बिगड़ जाते हैं क्योंकि क्रोध के कारण ये काम में कोई ना कोई समस्या पैदा कर देते हैं।

क्रोध आन्तरिक शक्ति को कमजोर करता है। क्रोधी के चारों तरफ नकारात्मक ऊर्जा का प्रभाव रहता है जिससे बहुत नुकसान होता है।

भोला के पिता की कपडों की बहुत अच्छी कंपनी थी। भोला का पिता नेक व शांतप्रिय इंसान था। उनका पूरा परिवार, भोला का पिता, माता, पत्नि, एक लड़का और लड़की शांति और खुशहाली से रह रहे थे। घर पर एक भैंस थी, भैंस खूब दूध देती थी। भोला भैंस की अच्छी सेवा करता था। भोला अच्छा था परन्तु क्रोधी और अहंकारी था। पिता के कारण उसकी एक नहीं चलती थी। पिता की शांति और सहनशीलता के समक्ष, भोला का क्रोध मृत हो जाता था।

एक दिन अचानक पिता स्वर्ग सिधार गए। अब भोला के क्रोध को ठंडा करने वाला घर में कोई नहीं था। भोला का व्यवहार नाम से बिल्कुल विपरीत था। पता नहीं क्या सोचकर पंडित ने भोला का यह नाम रखा? एक दिन सहसा भोला ने सारी मर्यादाऐं ही तोड़ दी। क्रोध में भोला ने अपनी माँ को थप्पड मार दिया। पूरा परिवार सहम गया। अभी क्रोध शांत नहीं हुआ था, उसने बूढ़ी माँ को घर से धक्का मार कर बाहर निकाल दिया और कहा अब इस घर में वापिस आने की जरूरत नहीं है। आज तो सारी मर्यादाऐं ही टूट गई। बाद में भोला को भी पछतावा हुआ परन्तु देर हो चुकी थी। जैसे ही माँ घर से निकाल दी गई भोला के खराब दिन शुरू हो गए। कुछ दिन बाद कंपनी जलकर खाक हो गई। भोला रातों-रात कंगाल हो गया। परिवार का खर्चा मुश्किल से चलता था। दोनों बच्चे भी बड़े हो गए थे। भोला अक्सर पत्नि और बच्चों को थप्पड़ मार देता था। पत्नी तो सहन कर लेती थी परन्तु बच्चे सहन नहीं कर पाए। दोनों बच्चे भी परेशान होकर घर छोड़कर चले गए। अब पत्नि ही सारी पीड़ा को सहन करके मकान में रहती थी। सहनशीलता की भी एक हद होती है, सहनशीलता की भी प्रत्येक व्यक्ति में एक सीमा तक शक्ति होती है। उसकी पत्नि भी घर छोड़कर चली गई। जरूर भोला ने बहुत परेशान किया होगा तभी इतनी अच्छी पत्नि, घर को छोड़कर गई वरना अपने घर को कौन छोड़ना चाहता है। घर छोड़ते वक्त पत्नि के आँखों से आँसू नहीं रुक रहे थे। उसे अपने ससुर के समय के खुशहाल परिवार की याद आ रही थी परन्तु बहुत बड़ी ही विडम्बना रही होगी, जो उसे भी आज बेघर होना पड़ रहा था।

भोला शाम को भैंस का दूध दोहने के लिए गया। आज तो भैंस भी भोला से रूठ गई थी। उसका रूठना स्वभाविक था। आज भैंस ने दूध नहीं दिया। भोला को क्रोध आया और डंडा भैंस के सिर पर मारने लगा। भैंस नीचे गिर गई। भोला को बहुत अवसोस हुआ वह भैंस को पुचकारने लगा परन्तु अब वह सदा के लिए जमीन पर पडी रह गई। आज तो भोला बिल्कुल अकेला हो गया था। भोला की आँखों से आँसू नहीं रुक रहे थे। भोला पूरी रात रोता रहा। अपने परिवार को याद करते-करते ईश्वर से कहने लगा, बहुत खराब हुआ, ऐंसा नहीं होना चाहिए था, बहुत पीड़ा हो रही थी। अब तो भोला की आँखों ने भी उसका साथ देना बंद कर दिया। भोला रो रहा था परन्तु आँसु नहीं आ रहे थे, रोते-रोते सुबह हो गई।

भोला चिल्ला रहा था, रो रहा था। एक सज्जन भोला के पास गया। भोला कहने लगा, अब मैं क्या करूँ? मुझे मेरा परिवार चाहिए। मुझे परिवार की बहुत याद आ रही है। मुझे माँ की बहुत याद आ रही है। मुझे पत्नि और बच्चों की बहुत याद आ रही है। अक्सर जब अपने दूर हो जाते हैं तभी उनकी याद आती है। वरना अपनो को भाव ही नहीं देते हैं। उस सज्जन ने भोला से कहा, गाँव के पास एक फकीर रहता है। फक़ीर के पास जाओ। उसी के पास तुम्हारी समस्या का हल है।

उदास भोला फकीर के पास गया। भोला ने फकीर को समस्या बताई, समस्या का हल पूछा। फकीर बोला तुम अपने शत्रु को साथ क्यों लाए हो? भोला ने पूछा कौन सा शत्रु? फकीर ने कहा, तुम्हारा क्रोध और अहंकार। इसी ने तो तुम्हारा सब कुछ बर्बाद किया है। जाओ अगली बार अपने शत्रु को साथ नहीं लाना। भोला शक्तिशाली था, उसने क्रोध और अहंकार को समझा, समझ रूपांतरण लाई। अब भोला सहनशील बन गया। भोला फिर फकीर के पास गया। भोला के चेहरे पर मुस्कान और खुशी थी। फकीर ने कहा पहले प्रेम करना सीख लो फिर तुम्हें परिवार से मिला दुंगा और तुम्हें सच्चा ज्ञान बताउंगा, भोला चला गया।

भोला ने स्वयं को प्रेम से भरपूर किया और सभी से प्रेम करने लगा। प्रेम विभोर हो कर भोला गाँव-गाँव जाकर नाचता था। आस पास के सभी लोग, भोला के साथ प्रेम से बातें करते थे। प्रेम से खाना खाते और प्रेम में विभोर होकर भोला के साथ नाचते थे। सभी दुःखी और परेशान व्यक्ति भोला के पास आकर प्रेम में खो जाते थे। सभी को भोला के पास आकर खुशी महसूस होती थी। कुछ समय बाद, भोला के परिवार की भी भोला से मुलाकात हो गई। पूरा परिवार साथ था। सभी की आँखों में आँसू थे। ये आँसु दुःख के नहीं, प्रेम और खुशी के आँसु थे। क्रोध और अहंकार ने जिस परिवार को अलग किया था। प्रेम ने उन्हें फिर से मिला दिया। प्रेम ने माँ और पुत्र, पति और पत्नि, बच्चों और पिता को मिला दिया। प्रेम तो मिलाना सिखाता है। फकीर भोला को ढूंढ़ते हुए आया और कहा तुम मेरे पास सच्चे ज्ञान के लिए नहीं आये। भोला ने कहा जिस क्षण प्रेम को पा लया, उसी क्षण सब कुछ पा लिया।

आपको प्रेम करना है या क्रोध।
ये निर्णय स्वयं आपको लेना है।।

<u>क्रोध के कारण</u>:- क्रोध क्यों आता है? लोगों द्वारा बताए गए कारणों का विवरण नीचे दिया जा रहा है:-

- कार्य हमारी इच्छानुसार नहीं हुआ।
- कोई कार्य में अड़चन पैदा कर दे।
- कोई हमारी बुराई करता है।
- यदि बच्चे हमारी बात नहीं मानते हैं।
- सामने वाला गलत बात करता है।
- कोई झूठ बोलता है।

क्रोध करने का अर्थ है कि हमारी आंतरिक शक्ति कमजोर है। फिर भी यदि क्रोध के वक्त ये उपाय करें:-

(1) क्रोध के वक्त ठंडा पानी पीना चाहिए। ठंडा पानी पीने से थोडी शांती मिलती है।
(2) झगड़े के स्थान से दूर चला जाना चाहिए।
(3) अपना मन पसंद टेलीविज़न शो देखना चाहिए।
(4) अपना मन पसंद गाना सुनना चाहिए या गाना चाहिए।
(5) एकांत स्थान पर सैर करनी चाहिए।
(6) किसी खेल में व्यस्त हो जाना चाहिए।
(7) किसी व्यक्ति से बात करनी चाहिए जो किसी की तरफदारी नहीं करता हो।
(8) अच्छे मित्र से बात करनी चाहिए।
(9) स्वयं की गलती को स्वीकार करना चाहिए और दूसरे की गलती है तो माफ़ करना चाहिए।
(10) जिस भी बात पर क्रोधित हुए हैं तो उसे बदलकर दूसरी बात करनी चाहिए ताकि ध्यान दूसरी तरफ जाए।
(11) जो हो गया सो हो गया उसे बदला नहीं जा सकता है, उस बात से सीख लेकर आगे बढ़ो।
(12) गलती होने पर स्वयं को क्षमा करना चाहिए व दूसरों को भी क्षमा कर देना चाहिए।
(13) किसी व्यक्ति की आदतों पर क्रोध आता है तो उससे अकेले में बात करनी चाहिए।
(14) कोई क्रोधित है तो उसके देखा देखी क्रोध नहीं करना चाहिए। क्योंकि जीवन में वही आगे बढ़ता है जो नकारात्मकता को सकारात्मकता में बदलना जानता है।
(15) क्रोध के समय दो, तीन बार गहरी सांस लें व आराम से 9 से 1 तक उलटी गिनती गिनें, इससे थोडी शांति मिलेगी।
(16) ध्यान दें कि आप किसी दूसरे का क्रोध तो नहीं निकाल रहे हैं। इस तरह सोचने से मन शांत हो जाता है।

प्रश्न 1. मेरी लड़की की आयु 8 वर्ष है। वह बहुत क्रोध करती है। मेरी दूसरी लड़की की आयु 7 वर्ष है। दोनों लड़ती-झगड़ती रहती हैं। मैं बड़ी लड़की को समझाता हूँ तो वह और भी गुस्सा हो जाती है। सही सुझाव दें?

उत्तर- अभिभावक बच्चों को समझाते हैं तो बड़े बच्चे को अक्सर डांटते रहते हैं। जिसके कारण बच्चा में नफ़रत पैदा हो जाती है। वह सोचता है कि ये अक्सर मुझे ही डांटते हैं, मेरे साथ भेदभाव करते हैं।

याद रखें बड़ा बच्चा भी बच्चा ही है, उसके साथ भी समान व्यवहार करें। बच्चों को डांटना व पीटना नहीं चाहिए। आप बच्चे को गुस्से से समझाते हैं, तो बच्चे का ध्यान समझाने पर नहीं होता है, बच्चे का ध्यान क्रोध पर होता है। फलस्वरूप बच्चा क्रोध ही सीखता है और बच्चे की हमारे प्रति नकारात्मक भावना बन जाती है। इस प्रकार बच्चा भावनात्मक रूप से हमसे दूर रहने लगता है। जिसके भविष्य में बहुत दुष्परिणाम होते हैं।

बच्चों को सदैव प्रेम से समझाना चाहिए। बच्चों की सोच को बदलने पर अधिक ध्यान देना चाहिए। बच्चों को किसी खराब आदत से अच्छी आदत अपनाने में बहुत समय लग सकता है। जैसे कि एक वर्ष, दो वर्ष एवं पांच वर्ष तक भी। अक्सर अभिभावक तुरन्त परिणाम चाहते हैं। जिसके कारण बच्चों पर आदत सुधारने के लिए दवाब बनाते हैं। जिससे बच्चों में चिड़चिडापन, डिप्रेशन, भय, क्रोध एवं निराशा जैसी बीमारियां पैदा हो जाती हैं।

बच्चों को प्रेम से समझाऐं और परिणाम का इंतजार करें। बच्चों को समझें, उनकी भावनाओं को जानो, उन्हें पहचानो। उसके बाद उनकी आंतरिक शक्ति को जगाऐं। आपके बच्चे सभ्य, समझदार व बुद्धिमान बनेंगे।

प्रश्न 2. शादी से पूर्व मैं और मेरी प्रेमिका बहुत प्रेम से रहते थे व कभी लड़ाई-झगड़ा नहीं हुआ था। अब हम एक दूसरे पर क्रोध करते हैं व मुझे कई बार शक होता है। हम प्रेम से कैसे रह सकते हैं?

उत्तर- शादी से पूर्व लड़का, लड़की प्रेम से रहते हैं क्योकि शादी से पूर्व बिना शर्त प्रेम (Unconditional Love) करते हैं। उस समय कोई शर्त नहीं होती है कि आप इन नियमों का पालन करेंगे तो ही मैं आपसे प्रेम करूँगा, शक भी नहीं करते हैं कि कहीं यह फिसल नहीं जाए। अभी तो आपका प्रेम पहले से ही फिसलकर आपकी बाहों में पड़ा है। अब आपका प्रेम और नहीं फिसल सकता है। शादी से पूर्व आप भयभीत नहीं होते हो कि मेरा प्रेम मुझे छोड़ तो नहीं देगा क्योंकि आप पहले से ही तैयार हो कि इस प्रेम ने छोड़ भी दिया तो मैं दूसरी लड़की से शादी करने के लिए तैयार हूँ। शादी से पूर्व आप एक दूसरे पर दवाब नहीं बनाते हो इसलिए शादी से पूर्व प्रेमी और प्रेमिका बहुत प्रेम व खुशी से रहते हैं।

शादी के पश्चात रिश्ता बदल जाता है। प्रेमी और प्रेमिका के स्थान पर पति और पत्नि बन जाते हैं। दोनों की तरफ से कुछ शर्तें होती हैं। शर्तें टूटी तो प्यार टूटा। आपके बच्चे से यदि बड़ी गलती भी हो जाती है तो आप बहुत गुस्सा होते हैं, बच्चे से बोलना बंद कर देते हैं परन्तु आपका प्यार कभी कम नहीं होता है क्योंकि आप बच्चे से सच्चा प्यार (Unconditional Love) करते हैं परन्तु पति व पत्नि कंडीशनल (शर्तवाला) प्यार करते हैं। यह प्यार नहीं बिजनेस है। बिजनेस वाला प्यार। शर्त टूटी तो प्यार कम हुआ। पति और पत्नि के संबंध में

बड़ी गलती होने पर प्रेम टूट जाता है। जिसके कारण पति और पत्नि के रिश्ते में कड़वाहट पैदा हो जाती है और कड़वाहट वाला रिश्ता आरम्भ हो जाता है।

शादी के पश्चात सभी सोचते हैं कि पत्नि/पति पर मेरा अधिकार है व पत्नि/पति पर प्रत्येक बात के लिए दवाब बनाना शुरू कर देते हैं। पत्नि/पति को मेरे अनुसार ही कार्य करना चाहिए। यदि वह मेरे अनुसार कार्य नहीं करती/करता है तो क्रोध करते हैं। हम प्रकृति का नियम भूल जाते हैं कि संसार में जिसने जन्म लिया है, वह सभी से अलग है। उसके विचार अलग हैं। कभी भी दो व्यक्ति एक जैसे नहीं हो सकते हैं। अक्सर लोग अपने जोडे को अपना जैसा बनाना चाहते हैं। आप प्रकृति का नियम तोड़ना चाहते हैं। नियम टूटने पर सजा तो मिलेगी। आप सोचते हैं कि यह मेरी पत्नि/पति है इस पर मेरी मालकियत है। आपको डर रहता है कि कहीं इस पर दूसरे की मालकियत ना हो जाए। यह डर ही शक पैदा करता है। आपको शरीर से प्यार है इसलिए डर रहता है कि इनका शरीर किसी दूसरे का ना हो जाए और शक पैदा होता है।

यदि आप आत्मा से प्रेम करेंगे तो आपका शरीर पर ध्यान ही नहीं रहेगा इसलिए शक की कोई गुंजाइश ही नहीं रह जाती है। यदि आप आत्मा से प्रेम करेंगे तो आत्मा, आत्मा को आकर्षित करती है। जब आत्मिक प्रेम रहेगा तो आपकी पत्नि/पति की आत्मा दूर रहने पर भी आपके पास रहेगी। जहाँ आत्मा रहती है वहीं शरीर रहता है इसलिए जो आत्मा से प्यार करते हैं, उन्हें कभी शक नहीं होता है। आत्मा से प्यार करोगे तो आपका घर ही प्रेम का मंदिर बन जाएगा। अब आपको कभी, मैं तुमसे प्यार करता हूँ/I Love You कहने की जरूरत नहीं पडेगी क्योंकि आपकी हर बात से प्रेम छलकेगा। हर मुस्कराहट से प्रेम की वर्षा होगी। आपका रिश्ता शहद से भी अधिक मधुर होगा।

तनाव

संसार में अधिकांश मनुष्य तनाव ग्रस्त हैं। तनाव जीवन का हिस्सा बन गया है। बच्चे भी तनाव में रहते हैं। तनाव ने जीवन की सारी खुशियों को छीन लिया है। तनाव की मेडिकल परिभाषा बहुत ही जटिल (Complicated) हो जाएगी। तनाव को समझने के लिए स्वयं का निरीक्षण करना होगा।

तनाव की सरल परिभाषा है कि मस्तिष्क किसी बात को बार-बार सोचता है और उस बात को स्वीकार नहीं करता है। फिर बार-बार सोचता है और उस सोच का विरोध (Oppose) करता है, उस बात को अस्वीकार करता है तो तनाव पैदा होता है। तनाव स्वस्थिति और परिस्थिति (Circumstances) के बीच एक प्रकार का द्वन्द है। जब तक ये

द्वन्द रहता है तब तक तनाव रहता है। द्वन्द समाप्त हो जाता है तो तनाव भी समाप्त हो जाता है।

तनाव ने सम्पूर्ण संसार को जकड़ लिया है। आज के मानव का सम्पूर्ण जीवन तनाव में गुज़र रहा है। बचपन में पढ़ाई का तनाव, युवा अवस्था में रोजगार का तनाव, शादी के पश्चात एक दूसरे पर विचारों को थोपने के कारण तनाव, बच्चों के भविष्य का तनाव। इस तरह मानव का सम्पूर्ण जीवन तनाव में ही गुज़र जाता है।

तनाव मुक्ति के उपाय- रोजमर्रा के कार्यक्रम व विचारों में थोडा परिवर्तन करके तनाव को काफी हद तक कम किया जा सकता है।

तनावमुक्त तभी रह सकते हैं, जब अतीत की यादों और भविष्य की चिन्ताओं से बाहर आ जाऐं।

1. **तनाव के कारणों को पहचानें**- तनाव के कारणों को जानकर एक सूची तैयार करो। कारण पता लगने पर उपाय भी आपको मिल जाएगा।
2. **व्यर्थ नकारात्मक सोच से मुक्ति**- मन व्यर्थ नकारात्मक सोचता रहता है जिसके कारण तनाव पैदा होता है। व्यर्थ विचारों की एक लिस्ट बनाओ तो आप पायेंगे कि 80% बातों का कोई महत्त्व नहीं है। मस्तिष्क व्यर्थ नकारात्मक कहानियाँ बनाता रहता है ये कहानियाँ बहुत तनाव पैदा करती हैं।
3. **भूलने की आदत डालें**- जो घटना घट चुकी है उसे भूल जाओ। आपके साथ जो भी गलत हुआ था उसे भूलने की आदत डालो केवल अच्छे व खुशी के पलों पर ध्यान केन्द्रित करो। यदि भूलने की आदत बना ली तो जीवन में अद्‌भुत चमत्कार होंगे। धारे-धीरे तनाव समाप्त हो जाएगा और आपका जीवन खुशियों से भर जाएगा।

4. **युगल एक-दूसरे के विचारों का सम्मान करें –** शादी के पश्चात विचार नहीं मिलने के कारण पति-पत्नि तनावग्रस्त रहते हैं। एक-दूसरे के विचारों को जबरदस्ती स्वीकार करना पडता है। मस्तिष्क को जब भी कोई बात जबरदस्ती स्वीकार करनी पड़ती है तो तनाव पैदा होता है। दो इंसानों के विचार समान नहीं हो सकते हैं। हम सोचते हैं कि वह मेरे अनुसार कार्य नहीं कर रहा है या उसे इस तरह से रहना चाहिए। वह ऐसा क्यों है? यदि इन विचारों के विपरीत सोचें कि सभी के विचार अलग हैं। हम जैसा रहना चाहते हैं रहें परन्तु दूसरों के विचारों का सम्मान करें और स्वीकार करें। एक-दूसरे के विचारों का सम्मान करने लगते हैं और स्वीकार करने लगते हैं तो एक-दूसरे की बात भी मानने लगते हैं।

5. सुबह के 15 मिनट- सुबह के कुछ मिनट सम्पूर्ण जीवन को बदल सकते हैं। सुबह मस्तिष्क शांत रहता है। ब्रह्मांड से जो शक्ति चाहो पा सकते हैं। सुबह प्रकृति भी शांत रहती है। आस-पास का वातावरण भी शांत रहता है। सुर्योदय से पूर्व उठकर शांत बैठ जाएं। थोडे समय शांत बैठे रहें और शांती महशूस करें, आपका मस्तिष्क शांत हो रहा है।

तनाव के लिए संकल्प

संकल्प करें कि मेरा तनाव समाप्त हो गया है....... मैं पूरी तरह से स्वस्थ हो गया हूँ....... वो सभी कारण जिनसे मुझे तनाव था, सब समाप्त हो गये हैं....... अब केवल वो घटनाएं ही घट रही हैं जिनसे मुझे खुशी मिलती है....... लोगों का नज़रिया मेरे प्रति बदल गया है....... ब्रह्मांड से मुझे शांती, खुशी, सुख व आनन्द की वायब्रेसन्स मिल रही हैं....... मैं पूरी तरह से शांत हो गया हूँ..............ये अभ्यास आप 21 दिन करें। 21 दिनों बाद आप चमत्कार देखेंगे कि आपका तनाव गायब हो गया है।

6. **स्वयं को मजबूत बनाओ**- कोई हमारे साथ गलत व्यवहार करता है या हमारा अहित करना चाहता है तो हम तनावग्रस्त हो जाते हैं कि ऐंसा क्यों हुआ? दूसरा गलत है फिर भी स्वयं ग्लानि महसूस करते हैं। यदि हमारा कोई अहित करना चाह रहा है तो स्वयं को तनावग्रस्त करके उसको बढ़ावा दे रहे हैं। उसे उसके मंसूबे में सफल होने दे रहे हैं। सोचो कि गलत दूसरा है तो मुझे क्यों परेशान होना चाहिए। समस्याऐं जीवन का हिस्सा हैं। समस्याओं का डटकर सामना करना है न कि सोच-सोच कर परेशान रहना है।

7. **क्षमा**- हम लोगों के बारे में नकारात्मक सोचते रहते हैं जिसके कारण तनाव बहुत बढ़ जाता है। हमें क्षमा करना सीखना होगा। क्षमा वीरों का गुण है। साधारण व्यक्ति किसी को क्षमा नहीं कर पाता है। क्षमा करने का अर्थ है कि मन से भी क्षमा कर देना। एक बार क्षमा करने के पश्चात मन में कोई भी गलत भावना नहीं उठनी चाहिए।

इंसान गलतियों का पुतला है। हमसे भी बहुत सी गलतियां हो जाती हैं जिनकी हमने कभी कल्पना भी नहीं की थी। जिसके कारण हम आत्म ग्लानि से भर जाते हैं, स्वयं को कोसते रहते हैं और तनाव ग्रस्त हो जाते हैं। हमें स्वयं को

भी माफ़ करना चाहिए जो हो गया उसे बदला नहीं जा सकता है। गलतियों से शिक्षा लेकर आगे बढ़ना चाहिए।

दो मिनट आँख बन्द करें और शांती से बैठें। महसूस करें कि आपके चारों तरफ शांति ही शांति है..... आनन्द ही आनन्द है........ खुशी ही खुशी है...... जब मस्तिष्क थोडा शांत और आनन्दित हो जाए तो अब उन लोगों को याद करें जिनके साथ आपने गलत किया है.... हमारे कारण जिनको परेशानियाँ हुई हैं.......... उनसे माफी मांगे.. और मन ही मन दोहराऐं कि ये गलतियां मैं पुनः नहीं दोहराऊंगा। अब उन लोगों को याद करें जिन्होंने हमारे साथ बुरा किया है। उन्हें दिल से माफ़ी दें कि मैं आप सभी को माफ़ करता हूँ... अब मुझे आपसे कोई शिकायत नहीं है। स्वयं से जो गलतियां हुई हैं उन गलतियों के लिए स्वयं को माफ़ करें कि मैं खुद को माफ़ करता हूँ.. और आगे ये गलतियाँ नहीं दोहराऊंगा। एक मिनट के लिए शांत बैठे रहें.... आप देखेंगे कि आपका तनाव बहुत कम हो गया है। ऐंसा 21 दिन करें।

8. **व्यायाम करे**- सुर्योदय से पूर्व उठकर सैर करें व थोडा व्यायाम भी करें। इससे तनावमुक्ति में सहायता मिलती है। सुबह का वातावरण शांत होता है जिससे मस्तिष्क भी शांत हो जाता है व शरीर में नई ताजगी भर जाती है।

9. **सब कुछ हमारे अनुसार नहीं होता**- दुनिया में सब कुछ हमारे अनुसार नहीं होता है। बहुत लोग हैं जिनका कुछ बातों से कोई लेना-देना नहीं है फिर भी उनके बारे में सोच-सोच कर परेशान रहते हैं। जैसे कि राजनीति में ऐसे क्यों हो रहा है? इस शहर के लोग खराब क्यों हैं? आज की पीढ़ी हमारे जैसी नहीं है। परिवर्तन दुनिया का नियम है। संसार में क्या हो रहा है या क्या नहीं हो रहा है? ये सब कुछ हम नहीं बदल सकते हैं परन्तु अपना नज़रिया बदल सकते हैं। हमारा नज़रिया बदल जाएगा तो हमारे आस-पास का माहौल अपने आप बदलने लगेगा।

तनाव बहुत सी समस्याओं का प्रवेश द्वार है। तनाव को भविष्य की चिन्ता और भूतकाल के नैराश्य (Frustration) से बढ़ावा मिलता है। तनाव में नींद बहुत कम आती है।

नींद का उपाय- अक्सर तनाव के कारण लोगों को नींद नहीं आती है व उनकी रात्रि काली हो जाती है। तनावग्रस्त व्यक्ति सोना चाहता है परन्तु सो नहीं पाता

है। तनाव के कारण मन और बुद्धि नहीं सोते हैं क्योंकि मन में विचार चलते रहते हैं व बुद्धि उचित निर्णय लेने में सक्षम नहीं होती है जिसके कारण लोगों को नींद नहीं आती है। बहुत लोग औषधिय गोलियों (Medical Tablets) का प्रयोग करते हैं फिर भी उन्हें अच्छे से नींद नहीं आती है व तनाव भी अधिक बढ़ने लगता है और दूसरी मानसिक परेशानियां उत्पन्न हो जाती हैं। नींद पूरी नहीं होने के कारण दिन में अच्छे से कार्य नहीं कर पाते हैं व कभी ताजगी (Fresh) महसूस नहीं करते हैं। ऐसे लोग चिड़चिड़े हो जाते व निराशा घेर लेती है।

सोने से पूर्व सारी चिन्ताओं को एक तरफ रख दें। सवेरे उठने के पश्चात व रात्रि को सोने से पूर्व तक ही अपने स्वपनों के बारे में सोचें। जो भी मेहनत करनी है रात्रि को सोने से पहले कर लें। सोते समय अपने भूतकाल, वर्तमान काल व भविष्यकाल, आपका लक्ष्य, आपकी सफलता, आपका मान, अपमान सब कुछ एक तरफ रखकर सोयें। ऐसा करने से आपको अच्छी निद्रा आएगी। सोने से पहले, जो गलतियां हुई हैं उनसे सबक व सीख लें। प्रण करें की आगे ये गलती नहीं होगी। हमारे साथ किसी ने दुर्व्यवहार किया है तो उसे माफ़ करें। यदि हमने किसी से गलत व्यवहार किया है तो उसके लिए स्वयं को माफ़ करें हो सके तो माफ़ी मांगे और सीख लें की आगे ऐसा नहीं होगा। मैंने आज लक्ष्य को हासिल करने के लिए क्या किया है और आगे क्या करने की आवश्यकता है? इन सभी बातों पर अवश्य विचार करें। 5 मिनट के लिए शाँत बैठ जाइये। ब्रह्मांड को अपना लक्ष्य सौंप दें। अब आप आराम की नींद सो जाए। आपकी निद्रा के समय का कार्य ब्रह्मांड करेगा।

नींद के लिए संकल्प

धीरे-धीरे मन में 9 से 1 तक उल्टी गिनती गिनें 9....8...... 7......6....5...4....3....2.....1...........0........... जैसे-जैसे गिनतियाँ कम होती जा रही हैं आपके विचार भी कम होते जायेंगे........ ज़ीरो बोलने पर आपके विचार बहुत मंदे हो जाऐंगे........ इसी स्थिति में अपने मस्तिष्क को छोड़ दें........ ऐंसा तीन बार प्रयोग करें। आपको बहुत अच्छा परिणाम मिलेगा। आपको शीघ्र ही नींद आ जाएगी।

दूसरा उपाय है कि सोते समय विचारों को उस सुन्दर स्थान पर ले जाओ जहां पर आप घूमना चाहते हैं। आपको शीघ्र ही नींद आ जाएगी।

तीसरा उपाय है कि जब आपको नींद नहीं आ रही है तो कुछ करने की बजाय कुछ भी नहीं करें और नींद नहीं आने का मजा लें।

चौथा उपाय है कि मन-पसन्द पुस्तक पढ़ने की आदत डालें, रात्रि में सोते समय एक अध्याय प्रतिदिन पढ़ें। इसे कार्य समझे कि मुझे एक अध्याय किसी भी शर्त पर पढ़ना ही है। कुछ समय पश्चात आपको पढ़ते समय ही नींद आनी प्रारम्भ हो जाएगी।

प्रश्न-1. तनाव क्यों पैदा होता है और इससे मुक्त होने का उपाय सुझाऐं?

उत्तर - मस्तिष्क किसी बात को बार-बार सोचता है और उसे अस्वीकार करता है तो तनाव पैदा होता है। तनाव घटनाओं के प्रति अपनाए गए नज़रिये पर निर्भर करता है। हम सुबह देर से जागते हैं व ऑफिस के लिए कुछ देरी से निकलते हैं तो रास्ते में परेशान होते हुए जाते हैं व ऑफिस में बॉस सुनाता है। ये सभी छोटी-छोटी बातें तनाव पैदा करती हैं। हम प्रत्येक गलत परिस्थिति के लिए दूसरों को या स्वयं को दोषी मानते हैं। छोटी घटना को सोच-सोच कर बहुत बड़ा बना देते हैं।

जीवन है तो परिस्थितियाँ आयेंगी। उनका सामना करने के लिए तैयार रहना चाहिए। परिस्थितियों को स्वीकार भी करना चाहिए। जैसे कि आप लेट हो गए तो आपको स्वीकार करना चाहिए कि हाँ मैं लेट हो गया हूँ, आगे से सतर्क रहूँगा। बहुत अधिक प्रश्न-उत्तरों में नहीं फंसना चाहिए कि क्यों लेट हो गया? कैसे लेट हो गया? किसकी गलती से लेट हो गया इत्यादि?

गर्मियों में आप बार-बार कहें कि बहुत गर्मी है। गर्मी क्यों है? गर्मी खतम क्यों नहीं हो रही है? क्या ऐसा सोचने से गर्मी समाप्त हो जाएगी? गर्मियों का मौसम है तो गर्मी पड़ेगी। पहले स्वीकार करना होगा कि गर्मी है। फिर गर्मी से बचने के उपाय करने चाहिए। इसी तरह तनाव से संबंधित प्रत्येक परिस्थिति को स्वीकार करने के पश्चात तनाव से बचने के उपाय करने चाहिए।

प्रश्न-2. क्या वर्तमान में तनाव स्वाभाविक है?

उत्तर - 21वीं शताब्दी में लोगों की धारणा बन गई है कि तनाव स्वाभाविक है। इस बात को स्वीकार भी कर लिया है। यदि कोई कहे कि बीमारी तो स्वाभाविक है। हर किसी को कोई ना कोई बीमारी रहती है। इस बात को मानकर हम सुबह की सैर या व्यायाम करना छोड़ दें तो क्या यह उचित है? यदि कोई व्यक्ति व्यायाम करता है तो उसके बीमार होने की संभावना कम हो जाती है। इसी तरह, पहले स्वीकार करना होगा कि हम पूर्णतः तनाव मुक्त हो सकते हैं फिर तनाव मुक्त रहने के लिए उचित उपाय करने चाहिए।

3. क्या बच्चे भी तनाव में रहते हैं?

उत्तर - जितनी चिन्ता आज के समय में बच्चे दिखाते हैं, 1950 में उतनी चिन्ता तो दिमागी मरीज दिखाते थे।

जी हाँ आज के समय में बच्चे भी तनाव में रहते हैं। बच्चों पर अभिभावकों व अध्यापकों द्वारा पढ़ाई का दवाब रहता है। दवाब के कारण बच्चे बहुत तनाव में रहते हैं क्योंकि बच्चे अभिभावकों की उम्मीद पर खरा उतरना चाहते हैं और असफलता का डर हमेशा उन्हें सताता है। यहाँ तक कि जो बच्चे बहुत होशियार होते हैं और 80% से अधिक नम्बर प्राप्त करते हैं। अभिभावक उनपर 90% से अधिक नम्बरों के लिए दवाब बनाते हैं और जो बच्चे 90% से अधिक नम्बर प्राप्त करते हैं, अभिभावक उनपर 100% नम्बर प्राप्त करने करने के लिए दवाब बनाते हैं। परिणामस्वरूप बच्चों को बहुत तनाव से गुज़रना पड़ता है।

आलस्य

जिसने आलस्य जीत लिया।
वह हर जीत हासिल कर सकता है।।

सभी महान पुरषों ने एक ही सुर में कहा है कि प्रगति में सबसे बड़ी बाधा आलस्य ही है। जिसने आलस्य को रास्ते का रोड़ा नहीं बनने दिया तो उसकी जीत निश्चित है।

आलस्य कोई बीमारी नहीं है फिर भी यह बीमारियों से अधिक घातक है। जो आलस्य पर विजय पा लेते हैं उनके लिए किसी भी सफलता को पाना आसान होता है। यदि आप सम्पूर्ण जीवन का मंथन करें तो आप पायेंगे कि आलस्य बार-बार आपके सामने रोड़ा बनकर आया था। आलस्य आएगा क्योंकि यह आपका शत्रु है। शत्रु का काम है कि जब आप कमजोर होते हैं तब शत्रु प्रहार करता है। यदि आप सोचते हैं कि शत्रु प्रहार ही नहीं करे तो हम आसानी से जीत सकते हैं तो यह मूर्खता ही है। युद्ध है तो शत्रु विभिन्न तरीकों से प्रहार करेगा। कभी सामने से, कभी पीछे तो कभी छल से। शत्रु अपनी विजय के लिए कुछ भी करेगा परन्तु आप विजय के लिए क्या कर रहे हैं? क्या आप युद्ध के लिए तैयार हैं? क्या आप प्रत्येक प्रहार का प्रत्युत्तर देने के लिए तैयार हैं? क्या आप भी शत्रु पर आक्रमण करने के लिए तैयार हैं? याद रखना यदि युद्ध में अपने शत्रु आलस्य को विजयी होने दिया तो आप हार गए। शत्रु सफल तो आप असफल और शत्रु असफल हुआ तो आप सफल हुए, आप विजयी हुए। आप विजय चाहते हैं तो शत्रु को हराना ही होगा।

युद्ध बाहरी दुनिया से नहीं है, युद्ध तो आंतरिक दुनिया से है। बाहरी दुनिया से युद्ध में नहीं उलझना है। बाहरी दुनिया से युद्ध में हारने में ही भलाई है। अजीब है ये युद्ध, इस युद्ध में कहीं जीत में हार है तो कहीं हार में जीत है। आप बाहरी दुनिया से युद्ध में उलझे रहे तो आपका जीवन कब गुज़र जाएगा, आपको पता भी नहीं पडेगा इसलिए बाहरी युद्ध में नहीं उलझना है। संसार के महान लोगों की लड़ाई तो स्वयं की कमियों से है। संसार के सफल लोगों की लड़ाई तो अंदर के शत्रुओं से है। तुम आंतरिक लड़ाई जीत गए तो बाहरी संसार की लड़ाई स्वतः ही जीत जाओगे इसलिए आपकी लड़ाई भी अंदर के शत्रुओं से है क्योंकि मुझे आप में भविष्य का महान व सफल व्यक्ति नज़र आ रहा है। बस आपको भी स्वयं में भविष्य का महान व्यक्ति नज़र आए।

भोला बहुत आलसी था। वह गेंहू की खेती करता था। फसल को काटने का उचित समय था। भोला ने खेत को देखा और सोचा कि अभी तो कुछ बाल हरी हैं, दो-तीन दिन बाद फसल को काटेंगे। दो-तीन दिन बाद भोला पुनः खेत पर गया और कहा कि आज आराम करते हैं परसों से कटाई आरम्भ करेंगे। फसल सूखने लगी थी परन्तु भोला का आलस्य नहीं सूख रहा था। भोला चार दिन पश्चात खेत पर पहुँचा। भोला ने देखा कि खेत सूख रहा है। आज भी भोला आलस्य कर गया और काम को कल के लिए टाल दिया परन्तु इतिहास गवाह है कि कल कभी नहीं आया। रात्रि में तेज आँधी और तूफ़ान आया। भोला बहुत चिंतित था कि अब फसल का क्या होगा? भोला सुबह खेत पर पहुँचा तो देखा कि पूरी फसल बर्बाद हो गयी। भोला की सारी मेहनत मिट्टी में मिल गई। भोला सोचने लगा कि यदि मैं आलस्य नहीं करता और समय पर फसल काटता तो इतना नुकसान नहीं होता। भोला को बहुत पछतावा हो रहा था।

आलस्य ने भोला की मेहनत ही नहीं संसार के बहुत इंसानों की मेहनत को मिट्टी में मिला दिया। बहुत लोग गवाह हैं जो कहेंगे कि आलस्य ने हमें बर्बाद कर दिया। हंसी आती है ऐसे लोगों पर क्योंकि आलस्य ने इन्हें बर्बाद नहीं किया, इन्होंने ही स्वयं को आलस्य के द्वारा बर्बाद होने दिगा।

यदि आपको आवश्यक कार्य के लिए सवेरे 4 बजे ट्रेन पकड़नी है तो आप आलस्य किये बिना तुरन्त उठ जाते हो व शीघ्र तैयार हो जाते हो। आप उस समय आलस्य नहीं करते हैं क्योंकि हमारा मस्तिष्क दिनचर्या के हिसाब से सक्रिय (Activate) हो जाता है। आवश्यक कार्य है तो आप उठ जाते हो। यदि आवश्यक कार्य नहीं है तो आप उठने का आलस्य करते रहते हो। इसी प्रकार यदि आपका लक्ष्य के प्रति नज़रिया ढीला-ढाला है तो आप आलस्य में ही रहते

हो इसलिए अपने लक्ष्य के प्रति मजबूत नज़रिया बनाओ कि मुझे लक्ष्य को पाना ही है।

व्यर्थ विचार

घटनाओं के प्रति सभी का नज़रिया अलग होता है। किसी का नज़रिया सकारात्मक होता है तो किसी का नकारात्मक। जिनका नकारात्मक नज़रिया होता है, उनका मस्तिष्क घटनाओं के प्रति व्यर्थ नकारात्मक कहानियां बनाता रहता है। जिससे नकारात्मकता बहुत बढ़ जाती है।

संसार के अधिकांश व्यक्ति व्यर्थ सोचते रहते हैं। जिससे मस्तिष्क की बहुत शक्ति व्यर्थ बर्बाद होती है और कीमती समय भी नष्ट हो जाता है। व्यर्थ सोच बीमारी नहीं है परन्तु बीमारियों के लिए बीज का कार्य करती है। चिंता, भय, डिप्रेशन ये सभी बीमारी व्यर्थ सोच से ही पैदा होती हैं। व्यक्ति नकारात्मक घटना की काल्पनिक कहानी बनाता रहता है और मस्तिष्क सोच-सोचकर घटना को बहुत विकराल रूप दे देता है। जिससे मस्तिष्क नकारात्मक शक्ति से भर जाता है फलस्वरूप सब कुछ गलत ही होता है। बार-बार गलत होने से व्यक्ति परेशान हो जाता है और अपने आस-पास के सभी लोगों के प्रति नकारात्मक नज़रिया अपना लेता है।

खराब घटना के प्रति मन व्यर्थ नकारात्मक सोचता रहता है। मस्तिष्क घटना से संबंधित नकारात्मक काल्पनिक कहानी बनाता रहता है। मन वर्तमान समस्या से, भूतकाल की मिलती-झुलती घटनाओं को जोड़ देता है और काल्पनिक नकारात्मक भविष्य का निर्माण कर देता है। भूतकाल की छोटी-छोटी बातें, वर्तमान की काल्पनिक नकारात्मक कहानी व भविष्य की चिंता मिलकर मस्तिष्क में विकराल समस्या का रूप धारण कर लेती हैं। मन भूत, वर्तमान और भविष्य तीनों की छवि नकारात्मक बना देता है। बुद्धि भी मन के काल्पनिक नकारात्मक विचारों को सही निर्णय दे देती है। फलस्वरूप नकारात्मक विचार, अवचेतन मन को घेर लेते हैं। जिसके कारण हम नकारात्मक ऊर्जा से भर जाते हैं। नकारात्मक ऊर्जा के कारण मस्तिष्क क्षीण होने लगता है। परिणाम स्वरूप चिंता, भय, उदासी, डिप्रेशन और भी अनेकों बीमारियों का जन्म होता है।

प्रगति का रोड़ा-कंकड़

सभी टंकियों में पानी पहुँच रहा था। बस मेरे घर की टंकी में ही पानी नहीं पहुँच रहा था। पूरी टंकी खाली थी। जिसके कारण रसोई, बाथरूम, और दूसरी जगह भी पानी आना बंद हो गया। एक पड़ोसी ने कहा, पाइप को तेज हिलाओ सायद मिट्टी होगी तो निकल जायेगी। मैंने पाइप को तेज हिलाया परन्तु कुछ नहीं हुआ। दूसरे पड़ोसी ने कहा, लोहे के पाइप को हथोड़ा मारो, इससे जरूर मिट्टी निकल जायेगी। मैंने ऐसा ही किया, फिर भी टंकी में पानी नहीं आया। तीसरे पड़ोसी ने कहा कि आपको अच्छे मिश्त्री को बुलाना चाहिये। आखिरकार मुझे मिश्त्री को बुलाना पड़ा। मिश्त्री ने समस्या सुनी और पूरे पाइप को चैक किया। मिश्त्री ने पता लगाया कि कमी कहाँ है। उसने वाटर वाल्व को हटाया, तो बड़ा कंकड़ पाइप के अगले हिस्से पर अटका हुआ था। जिसके कारण पानी रुका था। कंकड़ निकालते ही, टंकी में पानी गिरना शुरू हो गया। पानी का बहाव तेज था, थोडे ही समय में टंकी पानी से भर गयी।

हमारी टंकी भी खाली हो गई है। जिसके कारण सुख, खुशी, प्रेम व आनन्द में कमी आ गई है क्योंकि जिस से मस्तिष्क को शक्ति मिलती थी, वह स्रोत बंद हो गया है। लोग राय भी बता रहे हैं, हम जिंदगी को कभी जोर से हिला रहे हैं तो कभी तेज हथौडा मार रहे हैं परन्तु कोई फायदा नहीं हो रहा है। कारण–बहुत बड़ा कंकड़। मनुष्य की तीव्र प्रगति के लिये बहुत महान विचार हैं, ये विचार आप तक पहुँचना भी चाहते हैं फिर भी मस्तिष्क इन विचारों को स्वीकार नहीं करता है। कारण–बहुत बड़ा कंकड़। इस कंकड़ के कारण टंकी पानी से नहीं भर रही है। यह कंकड़ है, हमारे पुराने विश्वास जो नई बातों को स्वीकार ही नहीं करने देते हैं। यह कंकड़ है, हमारा अहंकार, कि मैं सब कुछ जानता हूँ। यह कंकड़ है जिद्दी सोच कि "**ऐसा नहीं हो सकता है**" या "**मैं नहीं कर सकता हूँ**।"

तीव्र प्रगति, संपन्न व महान जीवन के लिये, जीवन को सुख, खुशी व आनन्द पूर्वक जीने के लिये, कंकड़ को निकालना ही होगा अर्थात पुराने विश्वासों को त्यागना होगा। जिस दिन ये कंकड़ निकाल दिया उसी दिन से जीवन के शुभ दिन आरम्भ हो जायेंगे।

मस्तिष्क को खुला छोड़ दो, सभी विचारों को सुनो, जानो और पहचानो। अच्छे विचारों को मस्तिष्क में रखो और खराब विचारों को बाहर फैंक दो। आप महान प्रगति करेंगे।

प्रश्न 1. व्यर्थ विचारों पर रोक कैसे लगायें?

उत्तर- एक निश्चित लक्ष्य बनायें और सम्पूर्ण ध्यान लक्ष्य पर केन्द्रित करें तो व्यर्थ विचार समाप्त होते जायेंगे।

प्रश्न 2. कुछ लोग सारी जिंदगी दुःखी क्यों रहते हैं?

उत्तर- कुछ लोग हमेशा नकारात्मक सोचते हैं। उनका जीवन में कोई लक्ष्य नहीं होता है। ये लोग हवा के बहाव के साथ बहे चले जाते हैं। ये कभी जीवन को बदलने के लिए ठोस कदम नहीं उठाते हैं। स्वयं कुछ नहीं करके दूसरों के पीछे रहते हैं। ये लोग शीघ्र हार मान लेते हैं और समस्याओं से घबरा जाते हैं। ये लोग समस्याओं का डटकर मुकाबला नहीं करते हैं और दुःख के विचारों को अधिक महत्त्व देते हैं इसलिए कुछ लोग सदैव दुःखी रहते हैं।

६.

विश्वास

(Trust)

जब तक आप स्वयं पर विश्वास नहीं कर सकते हैं,
आप दूसरों पर व दूसरे आप पर विश्वास नहीं कर सकते हैं।।
आप सर्वश्रेष्ठ शक्ति पर भी विश्वास नहीं सकते हो।
और सर्वश्रेष्ठ शक्ति आप पर विश्वास नहीं कर सकती है।।

विश्वास की महत्त्वता का वर्णन कई अध्यायों में किया गया है। विश्वास का संसार में बहुत महत्त्व है। संसार विश्वास पर ही टिका हुआ है। जिस दिन संसार से विश्वास समाप्त हो गया उस दिन संसार से मानवता समाप्त हो जाएगी और संसार में दानवों का वास हो जाएगा। संसार का प्रत्येक महान व्यक्ति विश्वास शब्द का कर्जवान है क्योंकि सभी बेहतर तरीके से जानते हैं कि विश्वास के बदौलत ही मानव असीम ऊंचाई तक पहुँचा है। संसार का कोई भी व्यक्ति विश्वास का कर्ज नहीं चुका सकता है। संसार के सभी धनवान व्यक्ति इकट्ठे हो जाएं तो भी विश्वास का कर्ज नहीं चुकाया जा सकता है। विश्वास ने ही मानव को वायु में उड़ने वाले वायुयान दिए हैं। विश्वास ने ही मानव को संचार क्रान्ति के माध्यम से दूर तक बात करने की शक्ति दी है। विश्वास ने ही मानव को दास प्रथा से मुक्त कराया। विश्वास ने ही सम्पूर्ण संसार को इंटरनेट के माध्यम से जोड़ दिया। विश्वास ने ही मानव को चन्द्र और मंगल तक पहुँचाया है।

जिसने विश्वास का महत्त्व समझ लिया, वह बड़ी से बड़ी सफलता हासिल कर सकता है। आप धनवान बनना चाहते हैं तो बन जाओगे। आप प्रसिद्ध व्यक्ति बनना चाहते हो तो बन जाओगे। आप श्रेष्ठ खिलाडी बनना चाहते हो तो बन जाओगे। यदि आपको स्वयं पर विश्वास है। जिसका स्वयं पर विश्वास नहीं वह जीवन में कुछ नहीं कर सकता है।

आप दुनिया के किसी भी कोने में रहते हैं, इससे कुछ फर्क नहीं पड़ता। आप गाँव छोडकर बडे शहर में आए, इस बात का महत्त्व नहीं है कि आप साथ में कितना धन और वस्तु लेकर आए। महत्त्व है कि आप कितने दृढ़ विश्वास के साथ आए। दुनिया ने लाख को राख़ होते देखा है और राख़ को लाख होते देखा है। जो विश्वास के साथ नहीं आए, वे राजा भी रंक बन गए और जो विश्वास के साथ आए वे रंक भी राजा बन गए।

विश्वास करो जो भी होता है अच्छे के लिए होता है।

जो हुआ, अच्छा हुआ। जो हो रहा है, अच्छा हो रहा है ।
जो होगा वह भी अच्छा होगा, तुम भूत का पश्चाताप ना करो,
भविष्य की चिन्ता ना करो। वर्तमान चल रहा है।।

- *श्रीमद् भागवत गीता*

वर्षा की बूंदें नीचे गिर रही थी। सभी बूंदों के ह्रदय में एक ही प्रश्न था कि आगे क्या होगा? कुछ बूंद सोच रही थी कि सुना है, संसार बहुत खराब है। हम संसार में जा रहे हैं, हमारा क्या होगा? क्या खराब संसार में हमारे साथ भी खराब होगा? ऐसा सोच ही रही थी कि अचानक वे बूंद गंदे नाले में जा गिरी। जैसी सोच थी वैसी जगह मिली। कुछ बूंदे सोच रही थी कि संसार तो खराब है। हमारा क्या होगा? अच्छा होगा या बुरा होगा? शायद हो सकता है अच्छा हो जाए। उन बूंदो को पूर्ण विश्वास नहीं था कि अच्छा ही होगा। वो बूंदे छोटी-छोटी फसलों पर जाकर गिरी और फसलों को बढ़ने में योगदान दिया।

कुछ बूंदे जो नीचे आ रही थी, उन्होंने बादलों से कहा कि आप चिंता ना करें, हम नीचे जा रही हैं परन्तु हमें भरोसा है कि जो भी होता है अच्छे के लिए ही होता है। नीचे संसार में जाकर भी अच्छा ही होगा। वो बूंदे नीचे आते हुए बहुत अच्छे अहसास में थी और अच्छे अहसास में ही नीचे सीप में जा गिरी और मोती बन गई।

बूंदों की नियति है उन्हें नीचे गिरना ही है। नीचे गिरकर उनका भविष्य कैसा होगा? यह उनके विश्वास पर निर्भर है। आप भी दृढ़ विश्वास रखो कि जो भी होता है अच्छे के लिए होता है। आपका अच्छा विश्वास ही आपका अच्छा भविष्य बनाता है। यदि कभी जीवन में बूंद की तरह गिरने का समय भी आए तो

भी अपना विश्वास कायम रखना। खराब समय में भी आप विश्वास बनाए रखते हो तो शीघ्र ही खराब समय गुज़र जाएगा और आपके लिए नया सवेरा व नया सूर्योदय होगा।

पूर्ण विश्वास से लक्ष्य को प्राप्त करने की ठान लेते हैं तो मस्तिष्क का सम्बंध, सर्वोच्च शक्ति से जुड जाता है। सर्वोच्च शक्ति हर संभव सहायता करती है व हमें शक्ति प्रदान करती है। हम सर्वोच्च शक्ति पर विश्वास करें और जो भी कर रहे हैं चाहे कितना भी कठिन कार्य हो, अवश्य ही पूरा होगा क्योंकि उस कार्य को आप पूरा नहीं करते हैं, सर्वोच्च शक्ति उस कार्य को पूरा करती है। आपका विश्वास नहीं डगमगाना चाहिए। हो सकता है कि सर्वोच्च शक्ति एक बार आपकी परीक्षा ले। यदि परीक्षा के बाद आपका विश्वास नहीं डगमगाया तो आपको सर्वोच्च शक्ति का अहसास हो जाएगा और आपके अंदर की शक्तियां जाग उठेंगी।

आपने मूवी "JOURNEY TO THE WEST CONQUERING THE DEMONS 2013" देखी होगी। मूवी के अंत में विशाल शक्तिशाली वानर 500 वर्षों के बाद आजाद होता है। कुछ योद्धा उसे मारने के लिए आते हैं परन्तु वानर सभी योद्धाओं को मार देता है। वह एक भिक्षु को मारने की कोशिश करता है। भिक्षु बुद्धा का ध्यान करता है। बुद्धा की पहाड की मूर्ती जाग जाती है परन्तु विशाल वानर बुद्धा की मूर्ती को पराजित कर देता है। मूर्ती टूट जाती है, फिर भी भिक्षु का विश्वास नहीं डगमगाता है। उसका पूर्ण विश्वास था कि बुद्धा को यह विशाल वानर नहीं हरा सकता है। भिक्षु अपने विश्वास पर कायम रहता है। इस बार असली बुद्धा जागता है। आसमान में बुद्धा की मूर्ती दिखाई देती है। यह मूर्ती विशाल वानर को हरा देती है।

कहने को तो यह फिल्म का दृश्य है परन्तु विश्वास की शक्ति जो इस फिल्म में दिखाई है वह वास्तविक संसार में सही सिद्ध होती है।

हमारी भैंस बहुत बीमार थी, वह बूढ़ी थी। उसका अंतिम समय था परन्तु उसके प्राण नहीं निकल रहे थे। वह बहुत दुःखी थी। मेरी मां ने उसके कान में कुछ बोला। मैंन पूछा कि मां आपने भैंस के कान में क्या बोला था? मां ने कहा इसके प्राण नहीं निकल रहे हैं, यह बहुत तड़प रही है। मैंने इसके कान में कहा, हे ग्यास (एकादशी) परमेश्वरी इसके प्राण निकाल दो तो मैं एक दिन का व्रत रखूंगी। भैंस दस मिनट बाद मर गई। मैं अचम्भित था, ऐसा कैसे हो सकता है, शायद तुक्का है। मैंने बाद में छानबीन की तो पता लगा कि गाँव के पुराने सभी लोग इस तरकीब को अपनाते हैं और यह तरकीब 100% सत्य

साबित होती है क्योंकि यहाँ के लोगों का विश्वास बना हुआ है और विश्वास काम करता है। विश्वास से की गई प्रार्थनायें पूर्ण होती हैं।

विश्वास की शक्ति से बच्चे का हर्ट का इलाज

असम के राज्यपाल बताते हैं कि उनके पिताजी माननीय मनके जी मुम्बई में हर्ट स्पेशलिस्ट डॉक्टर थे। एक दिन उनके पिताजी हवाई जहाज से यात्रा कर रहे थे। जहाज के खराब होने के कारण जहाज को बीच में ही किसी शहर के एयरपोर्ट पर उतार दिया गया। उन्हें बताया गया कि दूसरे शहर से जहाज का पार्ट मंगवाया जा रहा है। जहाज को सही होने में वक्त लगेगा। उन्होंने गाड़ी किराये पर बुक की और मुम्बई के लिए रवाना हो गए। रास्ते में तेज आँधी तूफ़ान शुरू हो गया। ड्राइवर को दिखना बंद हो गया। ड्राईवर ने उनसे कहा कि अभी कुछ दिखाई नहीं दे रहा है। गाड़ी चलाने में बहुत दिक्कत हो रही है। हमें पास के गाँव में किसी घर में रुकना चाहिए। उन्होंने गाँव में एक घर का दरवाजा खटखटाया। एक औरत ने दरवाजा खोला। वह बहुत अच्छी औरत थी। उसने उन्हें घर में बिठाया और चाय पिलाई। औरत कहने लगी कि अभी मेरा पूजा का समय हो रहा है। मैं पूजा करती हूँ। पूजा के बाद आपस में बातें होने लगी। औरत ने बताया कि मेरे बच्चे के हर्ट में छेद है। हमने यहाँ सभी डॉक्टरों को दिखाया, कोई फायदा नहीं हुआ परन्तु मुझे ईश्वर पर पूर्ण विश्वास है कि ईश्वर सब कुछ सही करेगा। किसी ने हमें मुम्बई के डॉ. मनके जी के बारे में बताया है। वे ही इस बीमारी का इलाज कर सकते हैं। हमारे पास किराये के लिए भी रुपये नहीं हैं तो डॉ. की फीस कहाँ से चुकाएंगे। फिर भी मुझे अपने ईश पर अचल, अडोल व पूर्ण विश्वास है कि मेरे ईश जरूर कोई रास्ता निकालेंगे। डॉ. मनके यह सब सुन रहे थे। उन्होंने बताया कि मैं ही मुम्बई का डॉ. मनके हूँ। उस औरत को बहुत खुशी हुई। डॉ. मनके दूसरे दिन औरत और उसके बच्चे को मुम्बई ले गये और लडके का ऑपरेशन मुफ्त में किया।

इस शक्ति पर पूर्ण विश्वास करते हैं तो हमारे लिए ये शक्ति किसी भी जहाज को खराब कर सकती है। हमारी सहायता के लिए ये शक्ति आँधी और तूफ़ान से किसी भी गाड़ी को रोक सकती है। आपकी इच्छा पूर्ती के लिए ये शक्ति किसी मनुष्य को देश या विदेश से आपके घर पर बुला सकती है। बस हमें इस शक्ति पर पूर्ण विश्वास होना चाहिए।

विश्वास की शक्ति से कार्य क्षमता बढ़ती है। यदि विश्वास है कि मैं इस कार्य को कर सकता हूं तो हम कठिन से कठिन कार्य भी पूर्ण कर देते हैं क्योंकि विश्वास से हम अपनी सम्पूर्ण शक्तियों का इस्तेमाल कर सकते हैं। मेरी बेटी की आयु 7 वर्ष है। वह हाथों पर मेंहदी रचा रही थी। मैंने उसे पूछा, आपने मेंहदी रचाना कहां से सीखा। उसने कहा, मैंने टूटते हुए तारे से इच्छा (Wish) मांगी थी कि मैं अच्छी मेंहदी रचानी सीख जाऊँ। उन्होंने एक महिने में ही मेरी इच्छी पूरी कर दी। अब मैं अच्छी मेंहदी रचानी सीख गई हूँ। इच्छा टूटते हुए तारे ने पूरी नहीं की, इच्छा दृढ़ विश्वास ने पूरी की। छोटी से बच्ची थोडे अभ्यास के बाद ही मेंहदी रचानी सीख गई।

हमें स्वयं पर विश्वास होना चाहिए कि विजय मेरा जन्म सिद्ध अधिकार है। मैं जिस भी कार्य को करूंगा, मेरी विजय निश्चित है।

आत्म विश्वास

आत्मविश्वास वह शक्ति है।
जिससे उजड़ी हुई दुनिया को प्रकाशित किया जा सकता है।।

आत्मविश्वास की किस्ती, तूफ़ान में डगमगा सकती है।
कुछ समय के लिए, अपना बैलेंस खो सकती है।
लेकिन कभी डूब नहीं सकती है।।

आत्मविश्वासी व्यक्ति को कठिन कार्य भी आसान लगता है। आत्मविश्वासी व्यक्ति मंजिल को प्राप्त करके ही रहता है। वह हँसते-हँसते हर समस्या को पार कर जाता है। जो मुसीबतों से घबराते हैं, उन्हे असफलताओं का सामना करना पड़ता है। वहीं एक आत्मविश्वासी व्यक्ति की सोच है:-

मैं रास्तों में विश्वास नहीं करता,
मैं जिधर से गुज़रता हूँ,
उधर से ही रास्ता बन जाता है।
इसे मेरा अहम् ना समझना,
यह मेरा आत्मविश्वास है।

साधारण लोग समस्या आने पर बहुत घबरा जाते हैं व अन्य व्यक्तियों से सहायता मांगते हैं और उन्ही का अनुसरण करते हैं। यही जीवन की सबसे बडी भूल है। प्रत्येक व्यक्ति की सोच अलग है। किसी

व्यक्ति का रास्ता, उसके विचारों के अनुसार सही हो सकता है। आपकी सोच, आपके साथ घटी घटनाऐं, आपके आस-पास का वातावरण अलग है इसलिए आप दूसरे लोगों से मदद तो लें, लेकिन मार्ग अपना स्वयं ही बनाऐं।

गुड्डी का पति, उसे बहुत परेशान करता था। घर में अक्सर झगड़ा होता था। गुड्डी अपने पति से बहुत परेशान थी। वह अपनी सहेलियों के पास सलाह के लिए पहुँची।

1. गुड्डी पहली सहेली से मिलती है, जिसकी सहनशक्ति 90% थी। उसने गुड्डी से कहा कि आपको ये सब कुछ सहन करना चाहिए। ऐंसा जीवन में अक्सर होता है। आप सहन करेंगी, तभी रिश्ते निभाये जा सकते हैं।

2 गुड्डी दूसरी सहेली से मिलती है, जिसकी सहनशक्ति 50% थी। उसने गुड्डी से कहा कि आपको कभी-कभी सहन करना चाहिए। बात बहुत अधिक बढ़ने पर सुना भी देना चाहिए।

3. गुड्डी तीसरी सहेली से मिलती है, जिसकी सहनशक्ति 10% थी। उसने गुड्डी से कहा कि आपने अभी तक इतना कुछ कैसे सहन किया। आपको इतना सहन नहीं करना चाहिए। मैं होती तो अभी तक तलाक दे चुकी होती।

सभी की सोच और विचार अलग होते हैं। वे अपने अनुसार ही सलाह देंगे परन्तु मंजिल आपकी है, मार्ग आपका है, विचार आपके हैं तो निर्णय भी आपको ही लेना होगा।

आत्मविश्वासहीन व्यक्ति शीघ्र ही डगमगा जाता है। वह उचित निर्णय लेने में असक्षम होता है। वह दूसरों के निर्णयों पर आश्रित होता है व जैसा अन्य कहते हैं, वैसा करता है।

तीन ठग

भोला बकरी खरीद कर ला रहा था। तीन ठगों ने भोला को ठगने की योजना बनाई। भोला रास्ते से बकरी को लेकर जा रहा था तो पहला ठग मिला।

पहले ठग ने कहा भाई यह कुतिया कहाँ लेके जा रहे हो। भोला ने कहा कि यह कुतिया नहीं, बकरी है। उस ठग ने कहा भाई यह तो कुतिया है। भोला ने उसकी बात नहीं मानी और चलता रहा। थोडी देर बाद दूसरा ठग मिला। दूसरे ठग ने भोला से पूछा, भाई यह कुतिया कहाँ लेकर जा रहे हो। भोला ने कहा, यह कुतिया नहीं है, यह तो बकरी है। ठग ने कहा, नहीं भाई किसी ने आपको ठगा है। यह तो कुतिया है। भोला आगे बढ़ता रहा, फिर तीसरा ठग मिला। तीसरे ठग ने भोला से पूछा, भाई यह कुतिया कहाँ लेकर जा रहे हो। भोला ने कहा, यह कुतिया नहीं, बकरी है। तीसरे ठग ने कहा, भाई बच्चा भी इसको देख कर बता देगा कि यह कुतिया है। भोला आगे बढ़ गया और सोचने लगा कि शायद मेरे देखने में ही गलती है। तीन लोग सही कह रहे हैं। यह बकरी नहीं, कुतिया है। मैंने जिससे इसे खरीदा है, उसने मुझे ठगा है। इस तरह सोचते हुए भोला ने बकरी को कुतिया समझकर रास्ते में ही छोड़ दिया और अकेला चल दिया। तीन ठग उसके पीछे ही आ रहे थे। उन्होंने बकरी को पकड़ लिया और बाज़ार में बेच दिया।

कहानी का सार है कि स्वयं पर विश्वास रखना चाहिए। यदि स्वयं पर विश्वास नहीं है तो ठगे जाएंगे। इसके विपरीत आत्मविश्वासी व्यक्ति निर्णय लेने में सक्षम होता है। वह एक बार सोच समझकर जो निर्णय लेता है, फिर दूसरों के कहने से निर्णय बदलता नहीं है।

आत्मविश्वासहीन व्यक्ति जागा हुआ भी सोया रहता है, वह तो मृत है। हर वक्त वह दूसरों पर आश्रित रहता है क्योंकि उसे गलती होने का भय रहता है, कुछ अनर्थ ना हो जाए। उसे अनजान भय घेरे रखता है। वह सदैव दूसरों का अनुसरणकर्ता रहता है। उसका जीवन नीरस बन जाता है।

भोला गरीब था, उसके पास बहुत जमीन थी परन्तु वह बंजर थी। जमीन पर कोई फसल नहीं उगती थी। वह मजदूरी करके परिवार का पालन-पोषण करता था। कुछ दिन भोला को मजदूरी नहीं मिली। भोला लोगों से कर्ज लेने के लिए गया। किसी ने उसे कर्ज नहीं दिया। उसे चिन्ता सताने लगी कि परिवार के लिए खाने का इंतजाम कैसे करूँ। वह गरीबी से बहुत दुःखी था। अत्यधिक दःख के कारण वह अपनी जीवन लीला समाप्त करने की सोचने लगा क्योंकि उसमें आत्मविश्वास की कमी थी। वह भूल गया कि उसके बाद परिवार का क्या होगा? वह इतना आत्मविश्वासी भी नहीं था कि वह मजदूरी के अलावा

अन्य कार्य भी कर सकता है। वह बहुत दुःखी रहने लगा। उसने अपना जीवन समाप्त करने के लिए सोच लिया। अक्सर ऐंसा ही होता है, जितने भी लोग आत्महत्या करते हैं वो बहुत मतलबी होते हैं। ये लोग केवल स्वयं को ही देखते हैं। खुद की परेशानी देखते हैं। ये सोचते हैं कि हम परिवार के लिए आत्महत्या कर रहे हैं। ये परिवार के साथ तो विश्वासघात करते ही हैं परन्तु स्वयं के साथ भी विश्वासघात कर जाते हैं। भोला भी ऐंसा ही करने जा रहा था परन्तु भोला का एक पुत्र था। उसका नाम अमित था। उसकी आयु 17 वर्ष थी। अमित समझदार व आत्मविश्वासी था। वह पिता की परेशानी को समझ गया। उसने पिता से कहा, पिता जी मैं अपनी मेहनत से गरीबी को समाप्त कर दूँगा। आप भी अमीरी का जीवन जीयेंगे। भोला ने पूछा कि पुत्र तुम क्या करोगे? अमित ने कहा पिता जी मुझे विश्वास है, मैं कुछ भी करूँ, मैं आपकी गरीबी समाप्त करके रहुँगा। अमित ने गाँव में मिट्टी डालने का काम शुरू किया। वह अपने ही खेत से मिट्टी खोदता और गाँव में डालता। कुछ ही दिनों में खेत की गहराई बहुत हो गई। खेत में से कुछ द्रव्य निकला। उस द्रव्य ने भोला को सदा के लिए अमीर बना दिया क्योंकि यह द्रव्य तेल था।

भोला सोचने लगा कि कुछ दिन पूर्व मैं गरीबी के कारण अपना जीवन समाप्त करने वाला था क्योंकि मुझे पता ही नहीं था जिस जमीन के टुकडे पर मैं खडा हूँ उसके नीचे इतना धन हैं। अक्सर लोग भूल जाते हैं कि संसार में बहुत सम्भावनाऐं हैं। उनके अंदर बहुत खजाना है। लोग बाहरी दुनिया को देख दुःखी होते हैं। मनुष्य कभी स्वयं में नहीं झांकता, जहाँ अपार संभावनाऐं हैं, जहाँ अपार खज़ाना है।

जो आत्मविश्वासी होते हैं, उनके साथ में ऐंसे ही चमत्कार होते हैं। ईश्वर भी उनका साथ देता है। जीवन में कितनी भी परेशानी आ जाये परन्तु स्वयं पर विश्वास रखो। अमित की तरह आत्मविश्वासी बनोगे तो आपके साथ भी चमत्कार होंगे।

जो स्वयं पर विश्वास करता है, प्रकृति भी उसका विश्वास करती है और उसका साथ देती है।

प्रश्न – 1 मैं जानता हूँ कि विश्वास से कुछ भी हासिल किया जा सकता है परन्तु मुझे स्वयं पर विश्वास नहीं होता है। मैं क्या करूँ?

उत्तर – शीघ्र किसी भी बात पर पूर्ण विश्वास नहीं होता है। विश्वास बनाने से बनता है। पहले छोटे कार्य करो, जब छोटे कार्यों में सफलता मिलेगी तो

आपका विश्वास बढ़ेगा। मैं यहाँ बात कर रहा हूँ, जिस विश्वास से प्रेरणा शक्ति मिलती है। ऐसे दोस्तों के साथ रहो जो स्वयं भी प्रेरित हैं व दूसरों को भी प्रेरणा देते हैं, जो विश्वास गिराने वाले नहीं विश्वास जगाने वाले हों। प्रेरक पुस्तकों का अध्ययन करें। इस प्रकार धीरे-धीरे आपका आत्मविश्वास जागने लगेगा। जब स्वयं में विश्वास जागने लगेगा तो छोटे-छोटे कार्यों की जगह आप बडे-बडे कार्यों में सफल होने लगेंगे। एक दिन ऐसा आएगा, आप कहेंगे कि मुझे स्वयं पर व ब्रह्मांड की शक्तियों पर पूर्ण विश्वास है, अब मैं कोई भी कठिन से कठिन कार्य कर सकता हूँ।

७.

हम स्वयं अपने भाग्य विधाता हैं

ये स्वर्ण अक्षर यदि समझ आ जाऐं और विश्वास हो जाए तो प्रत्येक मनुष्य के जीवन में सुख, खुशी, समृद्धि और आनन्द ही आनन्द होगा।

उपरोक्त शब्दों को पढ़ने के बाद व्यक्ति यही सोचेगा कि यदि मैं स्वयं अपने भाग्य का विधाता हूँ तो जो मुझे चाहिए, मैं अपने भाग्य में सब कुछ लिख सकता हूँ परन्तु यह रहस्य जानने के बाद थोडे लोग ही कहते हैं कि, हाँ मैं स्वयं अपने भाग्य का विधाता हूँ। इसका कारण है कि दुनिया के बहुत लोगों ने सुना कि "हम स्वयं अपने भाग्य विधाता हैं" परन्तु कुछ लोग ही इस रहस्य को समझ पाए।

मस्तिष्क से परे का रहस्य

मस्तिष्क, दुनिया की सबसे रहस्यमय व जटिल वस्तु है। मस्तिष्क ही किसी वस्तु को आकार देता है। 5 वर्ष की अल्पायु तक मस्तिष्क का 95% विकास हो जाता है। 16 से 18 वर्ष की आयु तक मस्तिष्क का 100% विकास हो जाता है। हमारा शारीरिक विकास रात्रि में अधिक होता है। वैज्ञानिकों के अनुसार मस्तिष्क में 24 घंटों में लगभग 60 हजार विचार आते हैं, जिनमें से 70-80% नकारात्मक विचार होते हैं। मस्तिष्क कल्पना (इमेज़िनेशन) और वास्तविकता में भेद नहीं कर पाता है। वैज्ञानिक अभी तक मस्तिष्क को पूरी तरह से नहीं जान पाये हैं। मस्तिष्क में ही अति महत्त्वपूर्ण वस्तु है, **जो अति सूक्ष्म प्रकाश बिन्दु स्वरूप है।** यही बिन्दू वास्तविक शक्ति है। यह मस्तिष्क को शक्ति प्रदान करता है। इसे आँखों व किसी भी यंत्र द्वारा नहीं देखा जा सकता है। मस्तिष्क की सारी स्मृति (Memory) इसी प्रकाश बिन्दु में एकत्रित रहती है। बचपन से अंत तक, जीवन की एक-एक सेकण्ड की घटना इस सूक्ष्म प्रकाश बिन्दू में रिकार्ड रहती हैं। हम सारी घटनाओं को याद नहीं रख पाते हैं।

यदि भूतकाल से संबंधित, कोई वस्तु दिखाई देती है तो भूतकाल की घटना याद आ जाती है क्योंकि सारी घटनाऐं इस प्रकाश बिन्दू में रिकार्ड हैं तभी कुछ मनोवैज्ञानिक, सम्मोहन (Hypnosis) करके पुरानी से पुरानी बातें पूछ लेते हैं। आपने बहुत बार सुना होगा कि मृत्यु के बाद किसी का भूत दिखाई दिया या अद्भुत आवाजें आई। पहले ये अंधविश्वास था परन्तु अभी वैज्ञानिक तरीके से इस पर शोध चल रहा है और ऐसे उपकरण भी बना लिए गए हैं जिसके द्वारा अद्दश्य शक्तियों की आवाज की आवृति (Frequency) को पकडा जा सकता है। क्या आपने कभी सोचा है कि व्यक्ति की मृत्यु के बाद उसके शरीर को मस्तिष्क सहित दफ्नाया जाता है या जला दिया जाता है? यदि जीवन की सारी घटनाओं का अभिलेकन (Recording) मस्तिष्क में होती तो किसी के भूत से पुरानी बात कैसे की जा सकती है। हम वास्तविकता से मुंह नहीं मोड़ सकते हैं। वास्तव में असली शक्ति हमारा मस्तिष्क नहीं है, वास्तविक शक्ति अतिसूक्ष्म प्रकाशबिन्दू है जो मस्तिष्क के अग्रभाग के नीचे विराजमान रहता है और मस्तिष्क को शक्ति प्रदान करता रहता है।

मस्तिष्क कल्पना (Imagination) और वास्तविकता में भेद नहीं कर पाता है क्योंकि सोचने का कार्य अति सूक्ष्म प्रकाश बिन्दू करता है। यह जैसा सोचता है मस्तिष्क वैसा ही मान लेता है। यह प्रकाश बिन्दू मस्तिष्क द्वारा कार्य कराता है। मस्तिष्क की खोज में लगे वैज्ञानिकों का कहना है कि मस्तिष्क में ही अवचेतन मन है जो बहुत शक्तिशाली होता है। अवचेतन मन यही प्रकाशबिन्दू है और यह बहुत शक्तिशाली है। यह मस्तिष्क द्वारा कार्य कराता है। यही शरीर की वास्तविक शक्ति है क्योंकि यदि यह प्रकाश शरीर से बाहर निकल जाता है तो मस्तिष्क मृत हो जाता है और उस शरीर को मृत शरीर कहते हैं। प्रकाश बिन्दू से सूर्य की भांति हर वक्त किरणें (Rays) निकलती रहती हैं। इसका ब्रह्मांड से वॉयब्रेशन्स द्वारा ही संपर्क (Connection) होता है। जिस तरह से

वॉयब्रेशन्स द्वारा एक मोबाइल से दूसरे मोबाइल पर संपर्क हो जाता है। उसी प्रकार से एक प्रकाशबिन्दू का दूसरे प्रकाशबिन्दू से संपर्क जोड़ा जा सकता है और वॉयब्रेशन्स द्वारा दूसरे कमजोर प्रकाशबिन्दू को शक्ति प्रदान की जा सकती है। आज भी समाज में किसी की मृत्यु के बाद उसकी शांति के लिए मौन धारण करके उसे याद किया जाता है। इसके पीछे वास्तविक कारण यही है कि प्रत्येक व्यक्ति की शांति की वॉयब्रेशन्स मृत व्यक्ति के प्रकाशबिन्दू तक पहुँचती हैं और उस व्यक्ति को शांति मिलती है। यदि प्रकाशबिन्दू का रहस्य समझ गए तो जीवन को परिवर्तित किया जा सकता है। यह प्रकाश बिन्दु मस्तिष्क में भृकुटि के पास होता है इसलिए बौद्ध धर्म में भी भृकुटि स्थान को शक्ति का स्रोत माना गया है।

परन्तु समझाने के लिए इस पुस्तक में कहीं पर मस्तिष्क शब्द का प्रयोग तो कहीं पर अति सूक्ष्म प्रकाश बिन्दू शब्द का प्रयोग किया जायेगा। यह प्रकाश बिन्दू तीन शक्तियों से मिलकर बना है। चिकित्सा भाषा में कह सकते हैं कि मस्तिष्क को तीन भागों में बांटा गया है।

चेतन मन (Conscious Mind)+ बुद्धि/विश्लेषण मन (Analysis Mind)+ संस्कार (अवचेतन मन) (Sub Conscious Mind) = मस्तिष्क/अति सूक्ष्म प्रकाश बिन्दू

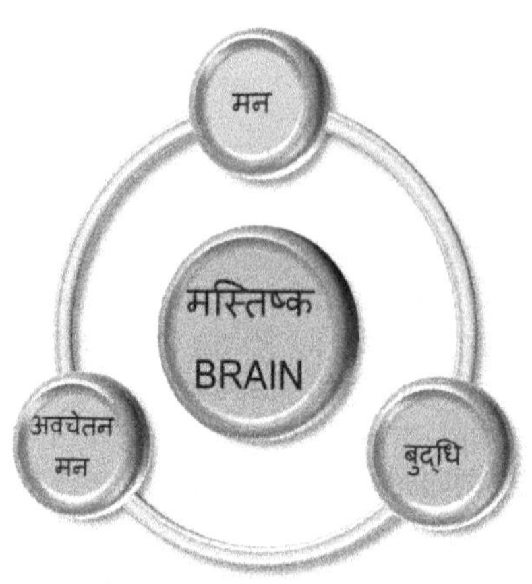

चेतन मन (Conscious Mind):- सोचने का कार्य मन करता है। अभी हम जो सोच रहें हैं, यह मन का कार्य है। मन में ही विचार करने की क्षमता है, इच्छा शक्ति है, कल्पना शक्ति है, महसूस करने की क्षमता है। जब इन्ही क्षमताओं को मनुष्य प्रयोग नहीं कर पाता है तो दुःखी हो जाता है।

जो मनुष्य मन की क्षमताओं का सदुपयोग करना सीख जाता है वह जीवन को इच्छानुसार ढाल सकता है। मन में उठे 70-80% विचार नकारात्मक होते हैं। मस्तिष्क से हर वक्त वायब्रेशन्स निकलती रहती हैं। यदि मस्तिष्क नकारात्मक अधिक सोचेगा तो नकारात्मक किरणें ब्रह्मांड में छोडेगा जिनका परिणाम भी हमको नकारात्मक ही प्राप्त होगा। यदि हम नकारात्मकता को समाप्त कर दें और 90-95% सकारात्मक सोचें तो सकारात्मक किरणों का परिणाम भी सकारात्मक ही प्राप्त होगा। हमारा सम्पूर्ण जीवन परिवर्तित हो जाएगा। जीवन में खुशियाँ ही खुशियाँ होगी। हमारा जीवन सुख, खुशी, आनंद, धैर्य, सहनशीलता, प्रेम, शांति, विश्वास इत्यादि गुणों से परिपूर्ण हो जाएगा। सकारात्मक शक्ति द्वारा हम कठिन से कठिन लक्ष्य प्राप्त कर सकते हैं और जैसा जीवन चाहते हैं, वैसा बना सकते हैं। नकारात्मक विचारों को सकारात्मक विचारों में बदलने के लिए प्रतिदिन ये संकल्प करें:-

बाहरी दुनिया से मन को हटाकर अपना ध्यान भृकुटि स्थान पर केन्द्रित करें.... भृकुटि में चमकते हुए सितारे से वॉयब्रेशन्स चारों तरफ फैल रही हैं.... ब्रह्मांड से सकारात्मक वॉयब्रेशन्स अति सूक्ष्म चमकते हुए सितारे में समा रही हैं.... प्रकाश बिन्दू से शांति की किरणें पूरे शरीर में फैल रही हैं.... मेरा अंग-अंग शांत हो रहा है.... मेरी नकारात्मक शक्ति नष्ट हो रही है.... मेरा मस्तिष्क सकारात्मक शक्ति से परिपूर्ण हो रहा है.................. मेरे मस्तिष्क से चारों तरफ सकारात्मक शक्ति फैल रही है.... मस्तिष्क ने 24 घंटे में 40 हजार विचार सोचने शुरू कर दिए हैं.... सारे विचार सकारात्मक शक्तियों से भरे हुए हैं....जिससे मेरा मस्तिष्क बहुत शक्तिशाली बन रहा है....

यह संकल्प रोजाना सुबह व शाम करेंगे तो नकारात्मक विचार समाप्त होकर सकारात्मक विचारों में परिवर्तित हो जायेंगे। मस्तिष्क 24 घंटे में 60 हज़ार विचार की जगह 40 हज़ार विचार सोचना शुरू कर देगा, जिससे मस्तिष्क को बहुत राहत मिलेगी। धारे-धीरे सारे विचार सकारात्मक हो जायेंगे। आप स्वयं को शक्तिशाली और हल्का महसूस करेंगे। इस शक्ति का प्रयोग आप श्रेष्ठ जीवन बनाने में कर सकते हैं और आप में कठिन से कठिन लक्ष्य को प्राप्त करने की शक्ति आ जाएगी। जो समस्यायें पहले बड़ी थी अब वो ही समस्याऐं बहुत छोटी लगेंगी। इस तरह विचार बदलने से सम्पूर्ण जीवन परिवर्तित हो जाएगा।

विश्लेषण मन/बुद्धि (Analysis Mind):-

मन के विचारों का विश्लेषण करने के पश्चात उचित विचारों को अवचेतन मन तक भेजना ही बुद्धि का कार्य है। ये विचार ही संस्कार बनते हैं।

बुद्धि अर्थात विश्लेषण मन (Analysis Mind) का कार्य निर्णय लेना है। बुद्धि उचित या अनुचित निर्णय लेती है। अवचेतन मन नकारात्मकता से भरा हुआ है तो मन में भी नकारात्मक विचार उत्पन्न होंगे। चेतन मन और अवचेतन मन दोनों नकारात्मकता से भरें हैं तो बुद्धि भी नकारात्मक निर्णय लेगी। यदि मन और अवचेतन मन दोनों सकारात्मकता से भरें हों तो बुद्धि भी सकारात्मक अर्थात अच्छे निर्णय लेगी।

हम दुकानदार के पास सामान खरीदने के लिए जाते हैं। दुकानदार सामान कम तोलता है तो इसमें तराजू की गलती नहीं है, दुकानदार की गलती है या ग्राहक की गलती है कि उसने तराजू की जाँच (Check) नहीं की। ग्राहक जाँच नहीं करता है तो यह गड़बड़ी लगातार चलती रहती है। यहाँ ग्राहक मन का प्रतीक है, तराजू बुद्धि का प्रतीक है और दुकानदार अवचेतन मन का

प्रतीक है। गड़बड़ी मालूम होने पर, ग्राहक दुकानदार को तराजू ठीक करने के लिए कहता है। दुकानदार कहता है कि मेरी तराजू सही है, इसमें कोई गड़बड़ी नहीं है। ग्राहक तराजू के नीचे लगे लोहे के टुकडे को दिखाता है कि आपने तराजू में ये गड़बड़ी कर रखी है। प्रमाण दिखाने पर दुकानदार को झुकना पड़ता है और तराजू का संतुलन (Balance) ठीक करना पड़ता है। दुकानदार तभी ठीक हुआ जब ग्राहक ने उसे उचित मार्ग दिखाया।

इसी प्रकार यदि बुद्धि रूपी तराजू गलत निर्णय ले रही है तो मन को उचित मार्ग दिखाना है। मन में अच्छे भाव पैदा करने हैं। मन अच्छा हो जाएगा तो मन बुद्धि को उचित निर्णय लेने का निर्देश देगा और बुद्धि उचित निर्णय लेगी और अवचेतन मन भी अच्छाई व सकारात्मक शक्तियों से परिपूर्ण हो जाएगा।

संस्कार (अवचेतन मन/Sub Conscious Mind) - बुद्धि मन कि बातों का विश्लेषण करने के पश्चात उचित विचारों को अवचेतन मन तक भेजती है व अवचेतन मन परख़ने के बाद उन विचारों को स्वीकार करता है। जिन विचारों कि बार-बार आवृति होती है वो हमारे संस्कार बन जाते हैं। जब कोई भी विचार, कर्म संस्कार बन जाते हैं तो उस कार्य को करने में आनंद आता है इसलिए पहले महान विचारों व कर्मों को अपना संस्कार बनाना आवश्यक है। जैसा हमारा अवचेतन मन होता है वैसे ही हम होते हैं।

पहले महान संस्कार बनायें।
आगे का कार्य अपने आप हो जाएगा।।

किसी विचार को बार-बार सोचते हैं तो वह विचार संस्कार बन जाता है। किसी कार्य को बार-बार करते हैं तो वह कर्म हमारी आदत बन जाता है।

जब अच्छे संस्कार व अच्छी आदत बन जाती है तो परिणाम भी स्वभाविक उत्तम ही मिलते हैं।

मन, बुद्धि और अवचेतन मन ये तीनों एक वृत (Circle) के तीन हिस्से हैं। यदि मन अच्छा सोचेगा तो बुद्धि भी अच्छी होगी जिससे अच्छे संस्कार बनेंगे और अच्छे संस्कार होंगे तो मन भी अच्छा सोचेगा। ये तीनों अच्छे रहेंगे तो हमारा मस्तिष्क भी अच्छा रहेगा। अच्छे मस्तिष्क के अच्छे परिणाम प्राप्त होंगे।

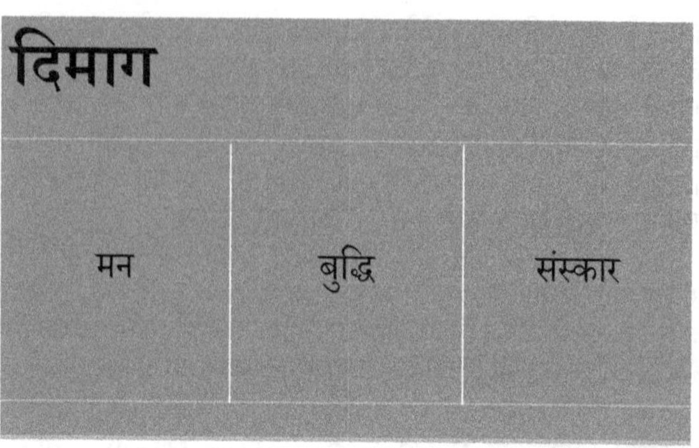

हमारा मन और बुद्धि पर नियन्त्रण रहेगा तो जो हम सोचेंगे, वही बोलेंगे और जो बोलेंगे वही कर्म करेंगे, जो कर्म करेंगे वही हम बनेंगे। जब मन बार-बार कोई विचार करता है तो बुद्धि को वह विचार स्वीकार ही करना पड़ता है चाहे विचार अच्छा हो या खराब।

हम सुबह ब्रश करते हैं, नहाते हैं व साफ-सुथरे कपडे पहनते हैं। शारीरिक व्यायाम भी करते हैं। यह सब कुछ शरीर को स्वच्छ व स्वस्थ रखने के लिए करते हैं। अच्छा है, ये सब कुछ करना चाहिए क्योंकि शरीर को स्वस्थ रखना आवश्यक है। क्या आपने कभी सोचा है कि यदि आप एक सप्ताह नहीं नहाते हैं, ब्रश भी नहीं करते हैं व एक ही जोडी कपडे एक सप्ताह तक पहने रहते हैं तो आपका शरीर कैसा दिखेगा? शायद भिखारियों जैसा। आप देखने में बहुत गंदे लगेंगे। आपके चेहरे पर जो चमक थी, नहीं रहेगी। आपका जो वास्तविक स्परुप था, वह नहीं रहेगा। एक सप्ताह, यदि आप शरीर का ध्यान रखना छोड़ देते हैं तो आपका ये हाल होता है।

अब बतायें कि आप मस्तिष्क का कितना ख्याल रखते हो? मस्तिष्क की कितनी सफाई रखते हो? मस्तिष्क को कितना स्वच्छ रखते हो? आश्चर्य की बात है ना संसार के अधिकांश लोगों को पता ही नहीं है कि मस्तिष्क का भी ख्याल रखना चाहिए। जब आपने शरीर का ध्यान नहीं रखा तो आपके शरीर की हालत बहुत खराब हो गई। आप मस्तिष्क का भी ध्यान नहीं रख रहे हो तो आपके मस्तिष्क की हालत कितनी खराब हो गई है। कभी सोचा है कि इंसान मस्तिष्क का कुछ ही

प्रतिशत प्रयोग कर पाता है, क्यों? क्योंकि इंसान अपने मस्तिष्क का ध्यान रखना भूल गया है? इंसान के मस्तिष्क के अधिकतर हिस्से में जंग लग गया है। वास्तव में हमारा मस्तिष्क है तो हम हैं। यदि हमारा मस्तिष्क नहीं रहा तो हमारे रहने का कोई अर्थ नहीं रह जाता है। यदि हम मस्तिष्क का ख्याल रखेंगे तो मस्तिष्क हमें नई ऊँचाइयों तक ले जाएगा।

अच्छी सोच+ अच्छी वाणी + अच्छे कर्म = अच्छा जीवन
(अर्थात अच्छा भाग्य)

मन जागृत अवस्था में कार्य करता है परन्तु अवचेतन मन 24 घंटे निरंतर कार्य करता रहता है और वायब्रेशन्स छोड़ता रहता है। किसी पहाड, जंगल या कुंए में आवाज लगाते हैं तो वही आवाज लौटकर वापस आती है। इसी प्रकार अवचेतन मन जैसी वायब्रेशन्स ब्रह्मांड में छोड़ता है वैसा ही प्रत्युत्तर ब्रह्मांड देता है। यदि अवचेतन मन नकारात्मक है तो ब्रह्मांड से नकारात्मकता ही मिलेगी फलस्वरूप जीवन में सब कुछ खराब होता रहता है। यदि अवचेतन मन सकारात्मक होगा तो ब्रह्मांड से सकारात्मक ऊर्जा ही प्राप्त होगी। जिसका फल सकारात्मक ही मिलेगा। जैसे आम का एक बीज बोया, जब वृक्ष बड़ा हुआ तो हमें ढेर सारे आम हर वर्ष मिलते रहते हैं। इसी प्रकार अवचेतन मन में सकारात्मक बीज बोयेंगे तो उसका कई गुणा मिलेगा।

जो भी हम देखते हैं, सुनते हैं या बोलते हैं, सब कुछ अवचेतन मन में अंकित (Record) होता रहता है। हम टेलीविज़न पर खराब नाटक देखते हैं या नकारात्मक खबरें देखते हैं, यह सब अवचेतन मन में अंकित (Record) होता रहता है। हमारी बिना जानकारी के अवचेतन मन अपना कार्य करता रहता है। आपने सुना होगा कि सम्मोहन (Hypnosis) करके किसी से भी पुरानी बात पूछ ली जाती है, जिसके बारे में व्यक्ति को पता भी नहीं होता है। जिस बात को व्यक्ति भूल चुका है, हिप्टोनाइज के दौरान वह बेहोशी में सारी बातें बता देता है क्योंकि सम्मोहन के दौरान अवचेतन मन उत्तर देता है। अवचेतन मन सारी बातें बताता है। यदि हम सोचते हैं कि यह काम मैं नहीं कर सकता हूँ, इसका अर्थ है कि हम अवचेतन मन को संदेश भेज रहे हैं कि ये कार्य मुझसे नहीं हो सकता है। अवचेतन मन इस बात को स्वीकार करता है और

आप वह काम कभी नहीं कर पाते हैं। मन में नीचे लिखे शब्दों को दोहराओ -

हाँ, मैं कर सकता हूँ।
हाँ, मैं कर सकता हूँ।
हाँ, मैं कर सकता हूँ।

यदि बार-बार अवचेतन मन को ये संदेश भेजोगो तो अवचेतन मन इस बात को स्वीकार करेगा और जितनी भी शक्ति कार्य को करने के लिए आवश्यक होगी, अवचेतन मन प्रदान करेगा। जब हम दृढ़ निश्चय करते हैं कि ये कार्य मुझे करना ही है और मैं इस कार्य को कर सकता हूँ तो हमारे अंदर असंभव कार्य को करने की क्षमता आ जाती है व दूसरे लोग भी आप के साथ जुड़ जाते हैं। उस कार्य को करने के लिए जितने लोगों की या जितनी चीजों की जरूरत पडती है, आपको मिलती हैं। ब्रह्मांड आपके लिए संरचना करता है और आपको वो सब चीजें उपलब्ध कराता है जिनकी आपको जरूरत है। यही ब्रह्मांड (Universe) का नियम है। आप दृढ़ निश्चय से एक कदम आगे बढाओगे तो ब्रह्मांड 100 कदम आपके लिए आगे बढाएगा।

साहस और दृढ़ निश्चय से विजय निश्चित है।

एक शेर ने भैंसो के झुंड पर धावा बोल दिया। सारी भैंसे डर से भागने लगी। एक भैंस का छोटा बछड़ा भी था। शेर ने बछड़े पर धावा बोल दिया तभी बछड़े की मां आ जाती है। जो भैंस डर कर भाग रही थी वह अपने बच्चे को बचाने के लिए शेर को टक्कर देती है और शेर दूर गिरता है। अचानक भैंस में साहस आ जाता है क्योंकि मां को अपने बच्चे को किसी भी हालत में बचाना ही था तभी दो शेर और आ जाते हैं। अब तीनों शेर एक चक्रव्युह बनाकर भैंस के बछड़े पर झपटते हैं। अकेली भैंस तीनों शेरों से हिम्मत से लड़ती है। एक शेर बछड़े के गले को मुंह में दबाकर ले जाने लगता है परन्तु भैंस उसके पीछे दौड़ती है। भैंसों का झुंड दूर से देख रहा था, तभी दो-तीन भैंस मदद के लिए आती हैं और शेरों को वहां से बछड़ा को छोड़कर भागना पड़ता है। इस तरह एक माँ का साहस शेरों से अपने बछड़े को बचा लेता है।

जंगल की इस सच्ची घटना से हमें शिक्षा मिलती है कि यदि हम स्वयं को कमजोर समझेंगे तो हम कमजोर ही बनेंगे व स्वयं को शक्तिशाली समझेंगे तो शक्तिशाली ही बनेंगे इसलिए मस्तिष्क को बार-बार यही संदेश पहुँचाओ कि मैं महान हूँ, मैं शक्तिशाली हूँ। मैं अद्भुत, असाधारण कार्य करूँगा। सम्पूर्ण संसार मुझे जानेगा। मैं महान लक्ष्य बनाकर, उन्हें प्राप्त करूँगा। मैं संसार के हित के लिए कार्य करूँगा। मैं सदैव मानवता की सेवा करूँगा। मैं साधारण नहीं हूँ, मैं असाधारण हूँ इसलिए संसार में मुझे असाधारण कार्य करने हैं। मैं अभी एक पेपर उठाता हूँ और जो भी असाधारण कार्य मुझे करने हैं, लिखता हूँ। सबसे पहले सरल कार्यों को फिर असाधारण कार्यों को मुझे पूर्ण करना हे।

सवेरे उठने के बाद व रात्रि सोने से पूर्व मन शांत रहता है और अवचेतन मन बहुत ही सक्रिय (Activate) रहता है इसलिए सवेरे उठने के बाद व रात्रि सोने से पूर्व टेलीविजन नहीं देखें और न ही अख़बार पढ़ें व कोई भी नकारात्मकता अवचेतन मन को प्रदान नहीं करें।

रात्रि को सोते समय मस्तिष्क को सकारात्मक बातों से भरें जिससे मस्तिष्क निद्रावस्था में भी सकारात्मक ऊर्जा ही ब्रह्मांड में भेजेगा।

अवचेतन मन का प्रयोग करना बहुत कम लोग जानते हैं। कुछ लोग जाने-अनजाने में इसका प्रयोग करते हैं और सफल होते हैं। उनका प्रत्येक कार्य पूर्ण होता है। जब हम पांच ज्ञानेन्द्रियों, कर्मेंद्रियों व मस्तिष्क की शक्ति एक ही विचार व कार्य पर केन्द्रित करते हें तो हमारी सम्पूर्ण ऊर्जा एक स्थान पर केन्द्रित हो जाती है तो सफलता अवश्य मिलती है। ब्रह्मांड हमारे लिए उतनी ही शक्ति से कार्य करता है अर्थात रचना करता है, जितनी शक्ति से हम किसी कार्य को करते हैं। यदि हम 100% ऊर्जा एक स्थान पर एकत्रित करते हैं तो ब्रह्मांड भी हमारे लिए अपनी पूरी शक्ति लगा देता है।

आज भी मुझे याद है कि बचपन में हम किसी वृद्ध व्यक्ति (Old Person) के चश्मे का कांच लेते और एक पेपर लेते थे। धूप में पेपर को नीचे रख देते फिर कांच (उत्तल लैंस) को पेपर के ऊपर पकड़े रखते। सूर्य की किरणें कांच के मुख्य बिंदू से गुज़रते हुए कागज पर पड़ती। सूर्य की किरणें एक जगह इकट्ठा होने पर ताप बढ़ने से पेपर जल जाता था। इसी प्रकार यदि हम अपनी सारी शक्तियों को एक ही लक्ष्य पर केन्द्रित करें तो सारी शक्तियां एकत्रित होने पर महाशक्ति बन जाती हैं। जिससे हम दुर्लभ लक्ष्य को भी प्राप्त कर सकते हैं।

आप व्यापारी बनना चाहते हैं तो सारी इन्द्रियों की शक्ति एक ही स्थान (व्यापार) पर केन्द्रित कर दो तो ब्रह्मांड आपके लिए रचना करेगा। आपकी मुलाकात व्यापारियों से होगी और आपका ऋण (Loan) अवश्य पास होगा क्योंकि जहाँ भी हम जाते हैं वहाँ पर सकारात्मक ऊर्जा कार्य करती रहती है।

जो लोग आस्था में विश्वास रखते हैं उनके लिए अवचेतन मन बहुत ही अच्छे से कार्य करता है इसलिए दुनिया के अधिकांश लोग आस्तिक हैं। आस्था के द्वारा जाने-अनजाने में हम अवचेतन मन का उपयोग बेहतर करते हैं। आपको आस्था में पूर्ण विश्वास होना चाहिए। जितना विश्वास होगा, उतना ही यह शक्ति कार्य करती है। आपको कोई भी परेशानी है या आप कुछ भी चाहते हैं तो पूर्ण विश्वास से अपनी चाहत परमपिता परमात्मा को सौंप दें और ईमानदारी से श्रेष्ठ कर्म करते रहो, आपको सतप्रतिशत सफलता मिलेगी।

पांडुरंग जी ने सेवानिवृत (Retired) होकर, कारखाना खोला। सन् 2000 में उनके कारखाने में चोरी हो गई जिसके कारण उनपर 30 लाख रुपये का कर्जा हो गया। कर्ज चुकाने के लिए बैंक और पुलिसवाले पांडुरंग जी को परेशान करने लगे। पांडुरंग जी परेशान होकर अपना परिवार गाँव में ही छोड़कर मुम्बई चले गए। नाम बदलकर वहाँ नौकरी करने लगे। एक व्यक्ति ने उनकी हस्तरेखा देखी और कहा कि आप दूसरी शादी कर लो, इससे आपका सारा कर्जा उतर जाएगा। उन्होंने ऐसा नहीं किया और आस्था से अपना मन

जोड़ लिया। एक सच्चे आस्तिक भाई को उन्होंने अपने कर्ज के बारे में बताया। उस भाई ने कहा कि कर्जा अब अपना मत समझो, सारे कर्जे को अपने परमपिता को सौंप दो और खुश रहो। कुछ ही समय में उनका सारा कर्ज समाप्त हो गया। पुत्र ने पहले जैसा कारखाना शुरू कर दिया। अब पांडुरंग जी बहुत खुश और प्रसन्न हैं।

पांडुरंग – सुखवाडी, सांगली (महाराष्ट्र)

ब्रह्मांड से आपको वायब्रेशन्स मिलती रहती हैं और आपके अवचेतन मन से भी वायब्रेशन्स सम्पूर्ण ब्रह्मांड में फैलती रहती है।

दर्शना जी के घर, एक पुराना चीकू का पेड़ था। पेड़ पर एक भी चीकू नहीं लगता था। दर्शना जी ने रोजाना सुबह-सुबह 10-15 मिनट पेड़ को अच्छी व सकारात्मक वायब्रेशन्स देना शुरू किया कि तुम बहुत अच्छे हो, बहुत अच्छी छांव देते हो। हम यह भी जानते हैं कि तुम पर कोई फल नहीं लगता है इसलिए तुम दुःखी हो। लेकिन अब तुम घबराओ नहीं। ब्रह्मांड से तुम्हारे ऊपर बहुत पवित्र, शुद्ध व शक्तिशाली किरणें फैल रही हैं। इस तरह के संकल्पों के साथ दर्शना ने अवचेतन मन में यह चित्र देखना शुरू कर दिया कि पूरे पेड़ पर बहुत सारे चीकू लगे हैं। कुछ महिनों बाद जब चीकू का मौसम आया तो पूरे पेड पर बडे-बडे चीकू लगे। यह देखकर सभी को बहुत खुशी और आश्चर्य हुआ।

दर्शना जी – कारापुरकर, मापसा (गोवा)

अपना भविष्य आज ही लिखें

ऊर्जा (Energy) हमेशा कार्य करती रहती है। अवचेतन मन (Subconscious Mind) जो भी वायब्रेशन्स छोड़ता है, सभी का प्रत्युत्तर हमारे पास पहुँचता है।

जैसा जीवन जीने की इच्छा है, वैसा जीवन जी सकते हो।

तुम सम्पूर्ण जीवन का भविष्य पहले ही लिख सकते हो, जैसा भी जीवन तुम चाहते हो। आरम्भ में आप एक वर्ष का भविष्य लिखो। उस पर कार्य करो। हो सकता है कि शुरू में आपको सफलता नहीं

मिले। आप एक बार असफल होंगे, दूसरी बार असफल होंगे, तीसरी बार असफल होंगे परन्तु शीघ्र ऐंसे दिन आयेंगे जो आप पहले लिख चुके हैं वो ही घटित होगा।

स्मरण रहे, जो भी आप लिख रहे हैं पूर्ण विश्वास से लिखें। जो भविष्य आपने लिखा है उस पर ईमानदारी से कार्य करते रहो और महसूस करते रहो, उस भविष्य में जीयो। इस प्रकार ब्रह्मांड में वही वायब्रेशन्स जायेंगी जैसा भविष्य हम चाहते हैं और जितने विश्वास के साथ वायब्रेशन्स जायेंगी, प्रत्युत्तर उतना शीघ्र मिलेगा।

एक व्यक्ति ने पूछा, मैं देवता समान बनना चाहता हूँ। क्या मैं सोचने मात्र से ही देवता बन जाऊँगा? आप देवता समान बनना चाहते हैं तो पहले पूर्ण विश्वास से सोचो कि मैं देवता हूँ । फिर वे सभी कार्य करो जो देवता करते हैं। देवता पवित्र होते हैं, पवित्र बनो। देवता साफ, शुद्ध रहते हैं, आप भी साफ, शुद्ध रहो। देवता सभ्य होते हैं, आप भी सभ्य बनो। उनका आहार शुद्ध और पवित्र होता है, आप भी शुद्ध एवं पवित्र आहार ही ग्रहण करो। उनकी वाणी बहुत मीठी होती है जिसके कारण सामने वाले का मन मोहित हो जाता है।

अतः आप देवता समान बनना चाहते हैं तो उनके गुण पवित्रता, शुद्धता, श्रेष्ठ वाणी, परोपकार आदि सभी गुणों को धारण करोगे तो आप देवता समान नहीं देवता ही होंगे।

आप जो भविष्य में बनाना चाहते हैं वैसे ही गुण धारण करें और कर्म करें तो आप भविष्य में वो ही बनेंगे जो आपने सोचा था।

८.

महान लक्ष्य

(Great Goal)

अपने लक्ष्य को इतना महान बना दो।
कि व्यर्थ के लिये समय ही ना बचे।।

क्या संसार में कोई सांस लेने के लिए सोचता है? सांस लेने के लिए सोचने की आवश्यकता नहीं है। सांस लेना स्वाभाविक है क्योंकि यह जीवन का हिस्सा है। सांसो की भांति महान लक्ष्य को अपनी रगों में समा लो।

तुम महान हो, तुम्हारा जीवन महान कर्तव्यों के लिए हुआ है।
अब अपने जीवन को सफल करो।।

महान स्वपन देखिए, स्वपनों पर किसी का अधिकार नहीं।
स्वपन में जो पद सोचोगे, जीवन में वो पद पाओगे।।

सभी शक्तियां तुम्हारे भीतर हैं, आप कुछ भी,
और सब कुछ कर सकते हैं।

- स्वामी विवेकानंद

महान स्वप्नद्दष्टा (Dreamer) - प्रत्येक महान स्वपन का आरम्भ उस व्यक्ति से होता है, जो स्वपन देखता है लेकिन स्वपनदर्शी को सदैव याद रखना चाहिए कि इच्छाशक्ति और लगन उसके भीतर है जो इस ब्रह्मांड तक पहुँचकर सम्पूर्ण जगत को बदल सकती है।

प्रत्येक मनुष्य स्वप्नदर्शी है परन्तु कुछ ही हैं जो महान स्वपन देखते हैं। महान सपने अर्थात जो हमारा नाम भी दुनिया के प्रसिद्ध व्यक्तियों के साथ जोड़ दें, जो सपने महान होने का अहसास करायें, जो सपने साधारण सोच से बहुत ऊंचे हैं। स्वपनों पर किसी का अधिकार नहीं है। गरीब से गरीब व उच्च से उच्च व्यक्ति स्वपन देख सकता है। जीवन में उड़ान भरना चाहते हो तो पहले सपनों में उड़ान भरिये। तुम सपनों में उड़ना सीख गये तो वास्तविक जीवन में भी उड़ सकोगे। मैं रात्रि के सपनों कि बात नहीं कर रहा हूँ। मैं बात कर रहा हूँ, जो स्वप्न दिन में जागृतावस्था में देखे जाते हैं। गरीब या दुःखी पैदा होना, हमारे हाथ में नहीं है परन्तु महान सपने दुनिया का सबसे अभागा मनुष्य भी देख सकता है। स्वपन देखना भी एक कला है। इस कला में जो निपुण हो जाते हैं वो सोच में भी निपुण हो जाते हैं और उनकी निपुण सोच, पूरे जीवन को बदल देती है। प्रकृति भी तुम्हारे स्वपनों को प्राप्त कराने में मदद करती है।

स्वपन व मस्तिष्क में घनिष्ठ संबंध है। हम जो स्वपन अंतर मन में सोचते हैं मस्तिष्क उन स्वपनों को वास्तविक समझता है और मस्तिष्क ब्रह्मांड में वैसी ही तरंगें छोड़ता है जैसे हमारे स्वपन होते हैं। हमारी तरफ वो ही लोग आकर्षित होते हैं जिनका हमारे स्वपन से संबंध होता है। हमारी मुलाकात भी उसी तरह के लोगों से होती है जैसे हमारे स्वपन होते हैं। यदि हमारा स्वपन दुनिया का प्रसिद्ध व्यापारी (Businessman) बनना है तो हमारी मुलाकात भी व्यापारियों से होनी शुरू हो जाएगी। हम जहां से गुजरेंगे, हर छोटे व बडे बिजनेस पर हमारी नज़र पडेगी। जिससे मस्तिष्क में नए-नए आइडिया आने प्रारम्भ हो जाएंगे और कठिन परीश्रम से आइडिया वास्तविकता में बदल जाएंगे। जो भी स्वपन आप सोचते हो मस्तिष्क में उसका स्पष्ट चित्र बनाओ। जितना सपष्ट चित्र उतना ही शीघ्र आपका स्वपन वास्तविकता में बदलेगा क्योंकि सपष्ट चित्र की तरंगों का प्रत्युत्तर ब्रह्मांड द्वारा अतिशीघ्र मिलता है।

दूरदर्शन (Television) स्रोत से तरंगें आसमान में उपग्रह(Satellite) तक पहुँचती हैं उसके बाद उपग्रह तरंगों को पृथ्वी पर एन्टीना तक भेजता है, जिससे दूरदर्शन (Television) पर चित्र दिखाई देता है। यदि स्रोत से ही चित्र सपष्ट नहीं है तो दूरदर्शन (Television) पर भी चित्र सपष्ट व साफ नहीं आयेगा।

कहने का अर्थ है कि तरंग चित्रों में बदल जाती हैं, इसी प्रकार मस्तिष्क की स्पष्ट चित्र की तरंगें संसार में वास्तविकता में परिवर्तित हो जाती हैं।

उठो जागो और तब तक नहीं रुको।
जब तक लक्ष्य प्राप्त नहीं हो जाए।।

- स्वामी विवेकानंद

उठो और जागो- बहुत थोडे लोग ही अपने महान स्वपनों पर विश्वास करते हैं और स्वपनों को पूरा करने के लिए प्रयत्न करते हैं। अपने स्वपन के बारे में सोचो और विचार करो कि यह स्वपन कैसे पूरा हो सकता है?

निम्नांकित तरीकों से महान लक्ष्य को हासिल किया जा सकता है:-

1. प्रतिभानुकूल सपष्ट महान लक्ष्य
2. प्यास (Thirst)
3. लक्ष्य छायाचित्र व आदर्श छायाचित्र (Ideal Photograph)
4. सपष्ट कल्पना शक्ति
5. श्रेष्ठ दिनचर्या
6. कार्य योजना
7. निश्चित तिथि/ FDC (Fix date of Completion)
8. पूर्ण विश्वास

1. प्रतिभानुकूल सपष्ट महान लक्ष्य –जीवन में अनेक लक्ष्य हो सकते हैं। एक लक्ष्य को पाने के बाद दूसरा लक्ष्य बनाया। क्या आपने प्रतिभानुकूल सपष्ट महान लक्ष्य बनाया है? प्रतिभानुकूल अर्थात हमारी प्रतिभा के अनुसार। महान लक्ष्य अर्थात जो महानता को प्राप्त कराए। साधारण लक्ष्य तो बहुत हो सकते हैं जैसे कि मुझे 95% अंक प्राप्त करने हैं या मुझे अच्छा घर बनाना है, इत्यादि। साधारण लक्ष्यों को पूर्ण करने के पश्चात ही हम महान लक्ष्य को हासिल कर सकते हैं। एक-एक सीढ़ी पर चढ़ने से ही हम छत पर पहुँचते हैं। महान लक्ष्य जीवन में एक या दो

ही होते हैं परन्तु ये महान लक्ष्य आपको संसार के प्रसिद्ध लोगों के साथ जोड़ देते हैं। ये महान लक्ष्य आपको इतिहास के महान व्यक्तियों के साथ जोड़ देते हैं।

अपनी प्रतिभानुसार लक्ष्य चुनें। प्रत्येक इंसान के अंदर छिपी कला/प्रतिभा होती है। अपनी प्रतिभा को पहचानो। ऐसा कोई काम जिसे आप दिन-रात करने के बाद भी नहीं थकते हों और आप कहें , "मजा आ गया यार"। ऐंसा काम जिसे आप बारम्बार करना चाहते हों और उस कार्य में आपको बहुत आनंद आता हो या आपके जीवन की कोई तीव्र इच्छा हो। याद रखें कि लक्ष्य सपष्ट हो। एक बार आपने प्रतिभानुकूल महान लक्ष्य निर्धारित कर लिया तो अपनी सम्पूर्ण शक्ति से आगे बढ़ो। मन से दूसरे सारे विचारों को निकाल दो।

अपना जीवन एक लक्ष्य पर निर्धारित करो,
अपने पूरे शरीर को उस लक्ष्य से भर दो।
प्रत्येक दूसरे विचार को जीवन से निकाल दो,
यही सफलता की कुंजी है।।

- स्वामी विवेकानन्द

आपका एक लक्ष्य और पर्याप्त स्वपन होना चाहिए, कडा परिश्रम कीजिए और आपको वो मिलेगा जो आप चाहते हैं।

–डॉ ए पी जे अब्दुल कलाम

2. प्यास (Thirst) -

राजस्थान के गर्म रेत पर चलकर भोला बहुत दूर से आ रहा था। उसके होट सूखे थे, आँखे नम थी, चेहरे पर तड़प थी। वह बहुत प्यासा था, उसका गला सूखा हुआ था। उसने एक राही से पानी मांगा परन्तु राही ने पानी नहीं दिया। व्याकुल हो वह आगे बढ़ा और दूसरे राही से पानी मांगा, दूसरे राही ने भी मना कर दिया। शायद इन राहगीरों के पास पानी था ही नहीं।

भोला प्यास से तड़प रहा था और बहुत थक गया था। भोला ने सोचा कि थोड़ा आराम करता हूँ। भोला बैठा ही था, फिर खड़ा हो गया क्योंकि प्यास

की इतनी तड़प थी कि वह थका हुआ भी आराम नहीं कर सकता था। उसे डर था, आराम के चक्कर में कहीं सदा के लिए आराम से नहीं सो जाऊँ। डर भी सच्चा ही था, पानी के बिना तो जान भी जा सकती थी। भोला बिना रुके पानी की खोज़ में फिर आगे बढ़ गया।

लक्ष्य प्राप्ति के लिए आपके अंतर मन में भी प्यासे की तरह तड़प उठेगी तो आप भी विश्राम नहीं कर सकोगे, जब तक कि लक्ष्य हासिल नहीं हो जाए। क्या ऐंसी तड़प आपके अंदर है? लक्ष्य के लिए व्याकुल होना बहुत जरूरी है। जिस तरह से खिलाडी बॉल के अंतिम शॉट के लिए व्याकुल होता है, जिस अंतिम शॉट पर टीम की हार-जीत निर्भर करती है। जो खिलाडी अंतिम बॉल पर शॉट खेलता है वह पूरी सतर्कता, पूरे ध्यान के साथ व अपनी सम्पूर्ण शक्ति एक ही जगह एकत्रित करके शॉट खेलता है। इसी प्रकार लक्ष्य प्राप्ति के लिए सतर्कता, ध्यान व अपनी सम्पूर्ण शक्ति लगा दो। परीक्षा के समय विद्यार्थी तैयारी करता है तो वह अपना ध्यान इधर-उधर नहीं भटकने देता है। शोर-शराबे में भी वह एकाग्र हो जाता है। मेरा गणित का पेपर (Exam) था। मेरी तैयारी अच्छी नहीं थी। मैं ट्रेन में बैठकर परीक्षा (Exam) के लिए शहर जा रहा था। मैंने गणित की तैयारी शुरू कर दी। ट्रेन में बहुत शोर था फिर भी मेरा ध्यान नहीं भटक रहा था क्योंकि मैं गणित के पेपर (Exam) के लिए बहुत व्याकुल था। मैं किसी भी हाल में पास होना चाहता था इसलिए मेरा ध्यान नहीं भटका। इसी प्रकार लक्ष्य को पाने के लिए व्याकुल रहो तो आपका ध्यान नहीं भटकेगा। कैसी भी परिस्थिति हो परन्तु अपना ध्यान लक्ष्य पर ही केन्द्रित रखो। जब बच्चा किसी मेले में बिछड़ जाता है तो वह माता-पिता से मिलने के लिए बहुत व्याकुल होता है। अभिभावक भी प्रत्येक कार्य छोड़कर अपने बच्चे को ढूँढ़ने के लिए पूरी शक्ति लगा देते हैं। उनके मन में अपने बच्चे से मिलने की प्रबल व्याकुलता होती है। इसी प्रकार आप में भी अपने लक्ष्य को हासिल करने की प्रबल व्याकुलता होनी चाहिए। इधर-उधर के सारे व्यर्थ कार्यों को त्याग देना चाहिए और अपने लक्ष्य को पाने के लिए पूरा समय व शक्तियों का प्रयोग करना चाहिए। चातक पक्षी केवल बरसात का ही पानी पीता है। वह गंदा पानी नहीं पीता है। प्यास से व्याकुल चातक गर्मियों में, बादलों की तरफ देखता रहता है और शीघ्र बरसात होने का इंतजार करता रहता है। बरसात होने पर चातक की प्यास बुझ जाती है। इसी प्रकार आपना ध्यान भी सदैव लक्ष्य पर केन्द्रित करो जब

तक कि लक्ष्य हासिल नहीं हो जाए। लक्ष्य प्राप्ति के पश्चात आपकी भी प्यास बुझ जाएगी। पानी में डूबा हुआ इंसान एक सांस के लिए तड़पता है और पानी से बाहर निकलने के लिए सारे तरीके अपनाता है डूबते हुए इंसान का ध्यान केवल एक सांस के लिए होता है। वह केवल एक सांस पाने का उपाय ढूँढ़ता है। जब आपने महान लक्ष्य बना ही लिया है तो ध्यान केन्द्रित करो और लक्ष्य को पाने के लिए सारे तरीके अपना दो। कठिन चुनौतियों के कारण लक्ष्य को बीच में नहीं छोड़ना चाहिये। थोडा दर्द होगा परन्तु इस दर्द के बाद ही असीम शांति छिपी हुई है। यदि आपने इन बातों का महत्त्व समझा और तीव्र व्याकुलता लक्ष्य को पाने की आपके अंदर जाग गई है तो आपकी सफलता निश्चित है।

स्वामी विवेकानंद व उनके गुरु रामकृष्ण परमहंस संवाद कर रहे थे। विवेकानंद ने कहा कि मुझे सत्य की अनुभूति नहीं हुई, कोई मार्ग सुझायें। परमहंस जी विवेकानंद को एक नदि में ले गए और विवेकानंद का मुंह नदि के पानी में डाल दिया। थोडी देर बाद विवेकानंद तड़प के कारण छटपटाने लगा और गुरु के हाथों को हटाने का प्रयत्न करने लगा परन्तु गुरु ने मजबूती से विवेकानंद को पकड़ा हुआ था। विवेकानंद गुरु के हाथों से स्वयं को आजाद नहीं कर सका। विवेकानंद ने हाथ ऊपर कर दिए। गुरु ने विवेकानंद को छोड़ दिया। विवेकानंद ने मुँह को बाहर निकालते ही गहरी सांस ली और कहा, गुरु जी मैं तो एक साँस के लिए तड़प गया था। परमहंस जी ने कहा कि जिस तरह से तुम एक साँस के लिए तड़प रहे थे। ऐंसी तड़प कभी सत्य की अनुभूति के लिए उठी है। जब ऐंसी तड़प उठेगी तो तुमको अतिशीघ्र सत्य की अनुभूति हो जायेगी।

क्या आपके अंदर भी लक्ष्य के लिए ऐसी तड़प उठी है जैसे अंतिम साँस के लिए उठती है। जिस दिन आपके अंदर लक्ष्य के लिए ऐसी तड़प उठेगी तो आप महान से महान लक्ष्य को भी प्राप्त कर सकते हो।

3. लक्ष्य छायाचित्र/फोटो (Photograph) – जैसा लक्ष्य, वैसा छायाचित्र (Photograph) बनवाकर, अपने कमरे में लगा दें व एक फोटो अपने साथ रखें ताकि बार-बार लक्ष्य को देखने से आपके अंदर अहसास बना रहे। अहसास बना रहेगा तो आप अपने कर्म को और भी

बेहतर कर सकते हैं। लक्ष्य का जितना अहसास आपके अंदर रहेगा उतना ही लक्ष्य आपके समीप आएगा। आप इधर-उधर समय व्यर्थ नहीं गंवाएंगे। लक्ष्य का अहसास रहने से आपके मस्तिष्क से लक्ष्यानुकूल तरंग ब्रह्मांड में पहुँचेंगी। जिनका प्रत्युत्तर भी तरंगानुकूल मिलेगा।

यदि आप महान कराटे मास्टर बनना चाहते हैं तो महान कराटे मास्टर की वर्दी में अपना छायाचित्र बनवायें। यदि आप महान क्रिकेटर बनना चाहते हैं तो क्रिकेटर की वर्दी में अपना छायाचित्र बनवायें। यदि आप समाज सेवक बनना चाहते हैं तो समाज सेवक की वर्दी में अपना छायाचित्र बनवायें।

आदर्श छायाचित्र (Ideal Photograph) – यदि आप क्रिकेटर बनना चाहते हैं तो अपने आदर्श क्रिकेटर की फोटो भी अपने लक्ष्य फोटो के साथ लगा सकते हैं। ताकि आपको प्रेरणा मिलती रहे। बहुत से क्रिकेटर सचिन तेन्डुलकर की फोटो साथ रखते हैं।

4. सपष्ट कल्पना शक्ति- कल्पना में बहुत शक्ति होती है। मस्तिष्क कल्पना व वास्तविकता में भेद नहीं कर पाता है। जैसी कल्पना हम करते हैं वैसे अहसास में रहना अति आवश्यक है। अहसास शक्ति का प्रवाह होता है। दर्पण के समक्ष खडा होकर स्वयं को नहीं देखें बल्कि उस व्यक्ति को देखें जो आप बनना चाहते हैं। यह प्रकिया रोजाना अपनाएं। कुछ दिनों पश्चात ही आपके जीवन में परिवर्तन शुरू हो जाएगा। इससे भी गज़ब तरीका और कभी भी विफल नहीं होने वाला तरीका है कि कल्पना का सपष्ट चित्र मस्तिष्क गें बनना चाहिए। हो सकता है कि प्रारम्भ में मस्तिष्क में स्पष्ट चित्र नहीं बने परन्तु अभ्यास द्वारा धीरे-धीरे स्पष्ट चित्र बनने लगेगा। स्पष्ट चित्र व अच्छे अहसास होने पर मस्तिष्क भी ब्रह्मांड तक स्पष्ट तरंगें पहुंचाएगा। स्पष्ट तरंगों का ब्रह्मांड अतिशीघ्र प्रत्युत्तर देता है। जितना स्पष्ट चित्र होगा उतना ही आप लक्ष्य के समीप होंगे। ये तरीका भारतवर्ष में प्राचीन समय से प्रयोग किया जाता रहा है।

स्पष्ट चित्र + अच्छा अहसास + पूर्ण विश्वास = महान लक्ष्य की प्राप्ति

5. श्रेष्ठ दिनचर्या - जैसा लक्ष्य, वैसी दिनचर्या, जैसी दिनचर्या वैसा व्यक्ति। किसी भी व्यक्ति का भविष्य उसकी वर्तमान दिनचर्या पर निर्भर

करता है। जिसकी दिनचर्या श्रेष्ठ होगी उसका जीवन भी उत्तम होगा। सुर्योदय से पूर्व उठते ही दो मिनट के लिए अपने लक्ष्य के लिए सोचें। दिन में बराबर समय के अंतराल पर तीन अलार्म भरें। जब भी अलार्म बजे तो कल्पना करें कि मैं लक्ष्य को हासिल करके बहुत खुश हूँ। रात्रि में सोने से दो मिनट पूर्व सोचें कि मैं लक्ष्य हासिल करके बहुत खुश हूँ। पूरे दिन लक्ष्य का अहसास बनाए रखें।

6. कार्य योजना – किसी भी कार्य को आरम्भ करने से पूर्व श्रेष्ठ योजना बनाना अति आवश्यक है। प्रारम्भ में योजना मस्तिष्क में बनायें। उसके पश्चात योजना का प्रारूप (Draft) तैयार करें। फिर उसे अंतिम रूप दें। जितनी अच्छी, सरल और श्रेष्ठ कार्य योजना होगी लक्ष्य को पाना उतना ही आसान होगा। कार्य योजना को समयानुसार बदलते रहना चाहिये। बहुत लोग अपनी कार्य योजना पर अड़िग रहते हैं। आपने किसी पहाड की चोटी पर चढ़ने के लिये योजना बनाई थी। मार्ग में बर्फ का तूफान आता है तो आप पूर्व कार्य योजना पर अड़िग रहेंगे या नई योजना बनाकर आगे बढेंगे। अवश्य विचार करें क्योंकि विचार-मंथन से ज्ञान का उदय होता है। यह ज्ञान बाह्य नहीं बल्कि आपके हृदय में उत्पन्न हुआ ज्ञान है जिस ज्ञान के द्वारा आप अपने लिए समयानुसार अच्छी कार्य योजना तैयार कर सकते हो।

लक्ष्य को भेदना – एक धनुर्धर किसी लक्ष्य को भेदता है तो उसके पास एक धनुष (कमान) होता है, उसकी पीठ पर एक तरकस होता है जिसमें तीर रखे होते हैं और उसके समक्ष भेदने के लिए एक लक्ष्य होता है। उसकी एक आँख बंद होती है, दूसरी आँख, तीर का पिछला हिस्सा और तीर की नोंक व लक्ष्य एक सीध में होते हैं तभी लक्ष्य को भेदा जा सकता है।

तरकस और तीर – तरकस शक्ति का प्रतीक है। तरकस में कितने तीर हैं इसका अर्थ है कि आपके पास कितनी शक्तियाँ हैं। आपकी कितनी तैयारी है। जाँच करें कि आपके पास आवश्यकतानुसार शक्तियाँ हैं या नहीं। यदि आपका तरकस खाली है तो आप लक्ष्य को नहीं भेद पाएंगे इसलिए तरकस को शक्तियों व तैयारियों से पूरा भरकर रखो। क्या आप यहाँ लिखी हुई तैयारियों के साथ हैं?

1. प्रतिभानुकूल महान लक्ष्य
2. प्यास (Thirst)
3. लक्ष्य फोटो व आदर्श छायाचित्र (Ideal Photograph)
4. सपष्ट कल्पना शक्ति
5. श्रेष्ठ दिनचर्या
6. कार्य योजना
7. निश्चित तिथि/ FDC (Fix date of Completion)
8. पूर्ण विश्वास

यदि आप उपरोक्त तैयारियों के साथ हैं तो आप अपने लक्ष्य को पाने में अवश्य सफल होंगे।

धनुष (कमान) – तीर छोड़ने के लिए कमान की आवश्यकता होती है अर्थात शक्ति का प्रयोग हमारे द्वारा होता है। यदि हम उचित शक्ति का उचित समय पर व सटीक लक्ष्य पर प्रयोग करते हैं तो बड़ी से बड़ी सफलता को हासिल किया जा सकता है। इसके लिए हमारा शक्तिशाली व मजबूत होना अति आवश्यक है। यदि हम कमजोर हैं तो शक्तियों का उचित प्रयोग नहीं हो पाएगा। इसलिए स्वयं को मजबूत बनायें।

स्वयं को मजबूत बनाने के लिए सुर्योदय से पूर्व उठकर किसी एक बिंदू पर अपना ध्यान केन्द्रित करते हुए अंतर मन से ये संकल्प करें:-

मैं शांत हूँ .... इक्कीस बार
मैं शक्तिशाली हूँ .... इक्कीस बार
विजय मेरा जन्म सिद्ध अधिकार है ....इक्कीस बार

ये संकल्प 21 दिन तक करना है। आगे भी इन संकल्पों का प्रयोग जारी रख सकते हैं परन्तु याद रहे जब भी शांत मन से संकल्प कर रहे हो तो, अहसास और अनुभव में अवश्य रहें।

मैं शांत हूँ....... यह संकल्प करते समय महसूस करें कि मैं बहुत शांत हूँ, मेरा अंग-अंग शांत हो रहा है .... मेरे चारों तरफ शांति का वातावरण बन गया है ....चारों तरफ का माहौल शांत हो गया है .... ब्रह्मांड से मुझे शांति की तरंगें मिल रही हैं............. जिससे मैं शांति से भरपूर हो रहा हूँ .... मुझसे चारों तरफ शांति की किरणें फैल रही हैं..... जिससे पूरा वातावरण शांत

हो गया है .... मैं शक्तिशाली हूँ .... महसूस करें कि मैं शक्तिशाली हूँ। मेरी सारी कमजोरियाँ समाप्त हो गई हैं ..... ब्रह्मांड से शक्तिशाली तरंगें मुझ में समा रही हैं .... जिससे मेरा अंग-अंग शक्तिशाली हो रहा है....... विजय मेरा जन्म सिद्ध अधिकार है -21 बार। आपने जीवन में जो भी विजय प्राप्त की हैं उन्हें स्मरण करें...... आगे भी मेरी विजय निश्चित है ....

एकाग्रता– उत्तल लैंस द्वारा सूर्य की किरणों को एक स्थान पर एकत्रित करके कागज को जला देना, यही एकाग्रता की शक्ति है। एकाग्रता का अर्थ है, एक समय केवल एक कार्य पर ध्यान केन्द्रित करना। सभी शक्तियों का प्रयोग एक स्थान पर करना। यदि हम अपनी शक्तियों का अलग-अलग प्रयोग करेंगे तो शायद बहुत अच्छे परिणाम प्राप्त नहीं हो। एक कहावत है, एक और एक ग्यारह होते हैं। यदि आपने पांचों ज्ञानेन्द्रियों और छठी महान इन्द्री (भृकुटि स्थान में विराजमान अति सूक्ष्म प्रकाश बिन्दु) को एक साथ मिला दिया तो छः शक्तियाँ जुड़कर महाशक्ति बन जायेंगी। छः एक मिलकर **111111** बड़ी शक्ति बन जायेंगे। हम छः शक्तियों का प्रयोग अलग-अलग करेंगे तो हमारे पास केवल छः के बराबर ही शक्ति होगी इसलिये आप समझ सकते हो कि एकाग्रता महान शक्ति है। एकाग्रता के बिना सफलता पाना मुश्किल है। सभी बड़ी सफलतायें एकाग्र शक्ति द्वारा ही प्राप्त की गई हैं। जो व्यक्ति एकाग्र हो गया, वह महान से महान लक्ष्य प्राप्त कर सकता है। एकाग्रता का अर्थ है कि एकमात्र अपना लक्ष्य ही दिखाई दे। आप भोजन कर रहे हैं तो भोजन में लक्ष्य दिखाई दे। आप मार्ग में चल रहे हैं तो व्यर्थ की वस्तुऐं इन नेत्रों से देखने पर भी नहीं दिखाई दें। आपके मस्तिष्क में केवल और केवल एक विचार ही होना चाहिए, जिस विचार के लिए आप एकाग्र हैं।

मेरा एक मित्र जिसकी एकाग्रता का तरीका मुझे बहुत अच्छा लगा। उसने जॉब के लिए आवेदन किया था। परीक्षा (Exam) के लिए केवल एक महीना समय था। उसने एक मास स्वयं को विचारों द्वारा दुनिया से पृथक कर दिया। उसे केवल अपनी जॉब ही दिखाई देती थी, पहले वह गाने सुनता था। अब उसने गानों को सुनना बंद कर दिया और गानों की जगह पढ़ाई का अभिलेकन (Recording) करता और लीड लगाकर सुनता था। लोग सोचते थे कि वह गाने सुन रहा है परन्तु लोगों को क्या पता था कि वह लक्ष्य के लिए इतना एकाग्र हो गया है कि उसने

गाना सुनने के स्थान पर पढ़ाई सुननी शुरू कर दी थी। लोग कहने लगे कि वह हमेशा खोया-खोया ही रहता है। शायद उसे कुछ हो गया है परन्तु लोगों को क्या मालूम था कि उसे एकाग्रता की बीमारी लग गई थी। वह खोया नहीं रहता था, वह तो अपने स्वपनों में मग्न रहता था। अपने स्वपनों को कैसे प्राप्त किया जा सकता है, यही सोचता रहता था? एक महीने पश्चात उसे सफलता मिली।

अपने लक्ष्य के लिए इतने एकाग्र हो जाओ कि आपको लक्ष्य के अतिरिक्त कुछ नहीं दिखाई दे। एक व्यक्ति अपने विचारों में बहुत मस्त था।उसके पास से एक बारात गुज़र गई। बारात में गाने भी गाये जा रहे थे और शोर-शराबा भी था। बारात वहां से निकल गई। दूसरे व्यक्ति ने उससे पूछा कि क्या यहां से कोई बारात गई थी? उसने मना कर दिया कि यहां से कोई बारात नहीं गई परन्तु तभी एक अन्य व्यक्ति ने बताया कि अभी-अभी यहां से बारात गुज़री थी। पूछने वाला व्यक्ति कहता है कि यहां से बारात गुज़री और आपको मालूम भी नहीं पड़ा। वह व्यक्ति कहता है कि मैं तो अपने विचारों में इतना मस्त था कि मुझे मालूम ही नहीं पड़ा कि कब बारात यहाँ से गुज़री? इस तरह की एकाग्रता यदि आप भी विकसित कर लें तो आप कोई भी स्वपन साकार कर सकते हैं। संसार के प्रत्येक व्यक्ति ने सफलता एकाग्र शक्ति से ही प्राप्त की है।

थॉमस एल्वा एड़ीसन अपने कार्यों के प्रति बहुत एकाग्र हो गये थे। कुछ वर्षों के लिए उन्होंने स्वयं को दुनिया से पृथक कर दिया था। उन्होंने सम्पूर्ण ध्यान अपनी प्रयोगशाला पर लगा दिया था। एक दिन थॉमस एड़ीसन की पत्नी ने थॉमस को राशन कार्ड लाने के लिए भेजा। लंबी कतार लगी थी, एडीसन का नाम बार-बार पुकारा जा रहा था। सभी देख रहे थे कि अभी तक थॉमस कार्ड लेने क्यों नहीं आया। स्वयं थॉमस भी औरों की तरह देखने लगे कि जिसका नाम बार-बार बोला जा रहा है, वह क्यों नहीं आ रहा है? थॉमस को एक व्यक्ति ने पहचान लिया और बोला कि आपका ही नाम तो बोला जा रहा है। थॉमस ने कहा, पिछले 30 वर्षों से मेरा नाम किसी ने नहीं पुकारा इसलिए मैं भूल गया था कि मैं ही थॉमस हूँ क्योंकि मैं पिछले 30 वर्षों से अपने प्रयोगों में व्यस्त हूँ।

संकल्पों की एकाग्रता द्वारा ही श्रेष्ठ परिवर्तन में तीव्र गति आ सकती है। लक्ष्य को हासिल करने के लिए एकाग्रता अति आवश्यक है।

यदि मन और बुद्धि एकाग्र नहीं है तो तीर लक्ष्य को नहीं भेद पायेगा। यदि आपका मन बेचैन है, मन में व्यर्थ संकल्प हैं, मन शांत नहीं है तो लक्ष्य को पाना मुश्किल है व लक्ष्य को पाने का आपका सफर कष्टदायक हो जाएगा। हो सकता है कि सफलता आपको मिल जाए परन्तु ऐसी पीड़ादायक सफलता का क्या महत्त्व जिस सफलता को पाने के लिए जीना मुश्किल हो गया हो।

लोगों की मान्यता है कि महान सफलता बहुत कष्ट सहने के बाद मिलती है। यह आपकी सोच पर निर्भर करता है कि आप क्या सोच रखते हैं? यदि आप भी सोचते हैं कि महान सफलता पाने के लिए बहुत कष्ट सहने होते हैं। तो वास्तव में आपको कष्ट सहने पडेंगे। यदि आप सोचते हैं कि सफलता पाने के लिए कोई कष्ट सहन नहीं करना है बल्कि कठिन परिश्रम करना है तो आपको सफलता की यात्रा में कोई परेशानी नहीं होगी, कोई कष्ट नहीं होगा, कोई दुख नहीं होगा। आपका सफर शान से गुज़रेगा। यह तभी सम्भव है जब आप मन व बुद्धि को एकाग्र कर सकें। यदि आप एकाग्र हो गए तो आपकी पूरी ऊर्जा का उचित प्रयोग हो सकेगा।

गुरु द्रोणाचार्य शिष्यों की परीक्षा ले रहे थे। पेड़ पर एक लकडी की चिड़िया थी। जिसकी आँख को तीर से निशाना लगाना था। सर्वप्रथम परीक्षा के लिए दुर्योधन आया। द्रोणाचार्य जी ने दुर्योधन से पूछा, तुम्हें क्या दिखाई दे रहा है? दुर्योधन ने कहा मुझे आकाश, पेड, पौधे, व चिड़िया दिखाई दे रही है। गुरु ने उसे वापस जाने के लिए कहा। इस प्रकार सभी शिष्य आए और सभी ने बताया कि हमें पेड़, पौधे, उनके बीच से आकाश व पेड़ पर बैठी हुई चिड़िया दिखाई दे रही है। गुरु ने सभी शिष्यों को वापस भेज दिया। सभी शिष्य अचम्भित थे कि गुरु ने हमको नाकाम (Fail) क्यों किया? अन्त में अर्जुन आया, गुरु ने अर्जुन से पूछा कि तुम्हें क्या दिखाई दे रहा है? अर्जुन ने कहा गुरुदेव मुझे तो केवल चिड़िया की आँख ही दिखाई दे रही है। गुरु ने निशाना लगाने के लिए कहा। चिड़िया की आँख पर तीर जा लगा।

अपना सम्पूर्ण ध्यान केवल लक्ष्य पर एकाग्र रखें। हमें अपने लक्ष्य के इर्द-गिर्द की कोई चीज नहीं दिखाई देनी चाहिए। यदि सम्पूर्ण ध्यान लक्ष्य पर रहेगा तो तीर अवश्य लक्ष्य को भेदेगा।

7. **निश्चित तिथि-** अपने लक्ष्य प्राप्ति का निश्चित समय निर्धारित करें। निश्चिच तिथि निर्धारित करने से लक्ष्य को पाने में अधिक समय व्यर्थ नहीं जाता है। आपका लक्ष्य पर ध्यान केन्द्रित रहता है व आप अधिक सक्रिय रहते हैं।

8. **पूर्ण विश्वास** – स्वयं पर पूर्ण विश्वास करें कि मैं महान से महान लक्ष्य को भी हासिल कर सकता हूँ। जो स्वयं पर विश्वास करते हैं उन्हीं पर सर्वोच्च शक्ति विश्वास करती है।

वॉल्ट डिज़्नी

वॉल्ट डिज़्नी साधारण व्यक्ति थे। उन्हें जीवन में बहुत बार विफ़लता का सामना करना पड़ा था, पर वे घबराए नहीं। उनको एक समाचार पत्र के संपादक ने इसलिए निकाल दिया था क्योंकि उनके पास अच्छी योजनाओं और कल्पनाओं का अभाव था। इसी वॉल्ट डिज़्नी ने कुछ दिनों पश्चात डिज़्नी नाम का काल्पनिक साम्राज्य रचा। वॉल्ट डिज़्नी ने अपने भाई के साथ मिलकर द वॉल्ट डिज़्नी कंपनी का निर्माण किया। आज इस कंपनी का मूल्य (Value) 13 हजार अरब रूपए है।- 18 मार्च 2017 राजस्थान पत्रिका

राजस्थान पत्रिका अहमदाबाद, शुक्रवार 09 दिसम्बर 2016

दर्द में मुस्कराने की कलाः- स्पर्श शाह जन्मजात ऑस्टियोजेनेसिस इम्पर्फेक्ट (अस्थिजनित अपूर्णता) नामक बीमारी से ग्रसित है। स्पर्श जब अपनी माँ जीगिशा के गर्भ में थे, तभी उसकी हड्डियों में 40 से ज्यादा फ्रेक्चर हो गया था। अब वो 13 साल का है। आश्चर्यजनक रूप से उसके पूरे शरीर में 125 से अधिक फ्रेक्चर हैं।

स्पर्श की यह शारीरिक दिव्यांगता उसके राह की रोड़ा नहीं बनी। वह व्हीलचेयर पर बैठकर प्रेरक भाषण (Motivational Speech) देता है और गाने गाता है। आज वह अमरीका के जाने-माने प्रेरक वक्ता (Motivational Speaker) हैं। उनकी प्रसिद्धि दुनियाभर में है। उनके प्रेरक भाषण और गाने बहुत पसंद किए जाते हैं। इतनी प्रसिद्धि के बावजूद उनके आंखों में एक और सपना पल रहा है। इन सबसे अलग वह एक जीवाश्म विज्ञानी बनना चाहता है।
खुद को दिव्यांग नहीं मानता ये - असहनीय दर्द होने पर स्पर्श रोते नहीं, बल्कि मुस्कराते हैं। वह कहते हैं कि दर्द होने पर चिल्लाना स्वाभाविक प्रतिक्रिया (Natural Response) है, पर मैं रोता नहीं, बल्कि मुस्कराता हूं। मेरे पापा मुझे बचपन से कहते आए हैं कि दर्द होने पर तुम मुस्कराओ। अगर मैं ऐसा नहीं करता तो पापा मुझसे बोलना बंद कर देते हैं। वह कहते हैं, मैं केवल सपने नहीं देखता, बल्कि उस बुलन्दी को छूना चाहता हूँ, जिसके बारे में लोग सोच नहीं सकते। मैं खुद को दिव्यांग नहीं मानता। मैं सबके लिए साहस का पर्याय बनना चाहता हूँ।

बहुत दर्द सहा- स्पर्श ने छोटी उम्र में ही गाने का प्रशिक्षण लेना शुरू कर दिया था। कमजोर व फ्रेक्चर्ड हड्डियों की वजह से पियानो बजाने में उसे बेहद दर्द होता था इसके बावजूद बजाना नहीं छोडा। आठ साल से हिंदुस्तानी शास्त्रीय संगीत व तीन साल से अमरीकन वोकल म्यूजिक सीख रहे हैं। उनके कई एलबम बाजार में आ चुके हैं। उनके म्युजिक एलबम की खास बात यह होती है कि वो किड्स फ्रेंडली होते हैं। वह चार तरह से अंग्रेजी बोलने में माहिर हैं। वह एक ड्रामा प्ले कर चुके हैं। 2015 में न्यूयार्क यंग वॉयस स्पर्धा (Competition) जीत चुके हैं। सैंट

जुडे चिल्ड्रेंस हॉस्पिटल के एम्बेसेडर भी हैं। पीडियाट्रिक कैंसर को लेकर जागरूकता (Awareness) प्रोग्राम में भी उनकी सक्रिय सहभागिता है।

अटल इरादाः- 13 साल के स्पर्श की कामयाबी की कहानी महज अविश्वशनीय और अकल्पनीय ही नहीं, बल्कि एक बच्चे की अपने पिता से प्यार की कहानी भी है। स्पर्श के शरीर में 125 से ज्यादा ऐसे बोन फ्रैक्चर हैं, जिन पर हल्का भी जोर पडे तो दो-चार हड्डियां चटख जाएं, इसके बावजूद वह दुनियाभर को प्रेरित (Motivate) कर रहा है।

प्रश्न – 1.मैं बार-बार अपने लक्ष्य को पाने में असफल हो रहा हूँ, उपाय सुझायें?

उत्तर – क्या लक्ष्य आपकी प्रतिभानुसार है? यदि लक्ष्य आपकी प्रतिभानुसार है तो योजनायें बदलो। जिन लोगों ने उसी क्षेत्र में सफलता प्राप्त की है उनसे विचार-विमर्श करो।

प्रश्न- 2. अपने बच्चों का लक्ष्य कैसे निर्धारित करें?

उत्तर – बच्चों का लक्ष्य आप निर्धारित नहीं करें। आप तो उनका लक्ष्य निर्धारित करने में सहायक बनें। बच्चों को अपनी प्रतिभा व रुचि के अनुसार लक्ष्य निर्धारित करने दो।

९.

आनन्दित व सफल जीवन

सुख, खुशी और आनन्द

सूर्योदय से पूर्व उठकर शाँत मन से संकल्प करें.... मैं बहुत भाग्यशाली हूँ........मैं महान हूँ ... मैं शक्तिशाली हूँ...... मैं बहुत सुखी हूँ......... मैं बहुत खुशी हूँ......... मैं बहुत आनन्दित हूँ.........मेरा जीवन निर्विघ्न है.......... मैं तनावमुक्त हूँ.......... मेरा चित शाँत हो गया हूँ.......... मैं संतुष्ट हूँ........... मैं विजयरत्न हूँ.................. सम्पूर्ण विश्व मेरे इस स्वरूप को देख ले।

उपरोक्त संकल्प से धीरे-धीरे आपका जीवन सुख, खुशी व आनन्द से भरपूर हो जाएगा।

सुख क्या है- हम, हमारा परिवार, समाज, देश या संसार के लोगों को कुछ परेशानी, दुःख या कोई समस्या है तो मनुष्य किसी मशीनरी, वस्तु और अन्य किसी भी संसाधन द्वारा उस परेशानी, दुःख व समस्या को सुलझाता है। फलस्वरूप शरीर को सुख मिलता है, सुख शरीर के लिए है।

मेरे पास पलंग (Bed) था परन्तु गद्दा नहीं था। पलंग पर सोने से मेरी पत्नि की पीठ में दर्द हो जाता था। मैंने गद्दा खरीद लिया। पत्नि की पीठ का दर्द बंद हो गया। उसने कहा कि अब मैं पहले से सुखी हूँ।

किसान खेत को सुबह से शाम तक हल से जोतता था परन्तु ट्रैक्टर, कल्टीवेटर व अन्य उपकरणों से खेत की जुताई एक घंटे में हो जाती है। अब किसान पहले से थोडा सुखी है।

एक व्यक्ति जॉब पर जाने के लिये दस किलोमीटर पैदल चलता था इसलिए वह बहुत थक जाता था। उस व्यक्ति ने साइकिल खरीद ली और पहले से थोडा सुखी हो गया परन्तु अभी भी वह थोडा थक जाता था। उसने

मोटरसाइकिल खरीदी और पहले से बहुत सुखी हो गया। अब वह थकता नहीं था। मोटरसाइकिल पर सर्दियों में बहुत अधिक सर्दी, गर्मियों में गर्म हवा व बरसात में वह पानी से भीग जाता था जिसके कारण उसे परेशानियों का सामना करना पड़ता था। उसने कार खरीद ली। अब वह जॉब पर आने व जाने में पहले से अधिक सुखी है।

खुशी क्या है- किसी काम, वस्तु, बात, साधन या कोई विचार जिसके द्वारा अच्छा अहसास होता है तो कुछ समय के लिए हम खुश हो जाते हैं। खुशी अच्छा अहसास है।

मैंने गद्दा खरीदा तो कुछ दिन अच्छा अहसास बना रहा जिसके कारण मैं और मेरा परिवार कुछ समय खुश रहा। कुछ दिन बाद गद्दा भी घर की दूसरी वस्तुओं की तरह आम हो गया।

किसान पहले हल से जुताई करता था। अब किसान ने ट्रेक्टर खरीद लिया। जिस दिन ट्रेक्टर खरीदा, पूरा परिवार बहुत खुश हुआ। कुछ दिन खुशी का अहसास रहा परन्तु समय के साथ ट्रेक्टर भी घर की दूसरी वस्तुओं की तरह आम हो गया।

जब व्यक्ति ने पहली बार साइकिल खरीदी थी तो कुछ दिन बहुत खुशी हुई थी क्योंकि उस समय साइकिल बहुत कम लोगों के पास थी। आज कोई साइकिल खरीदेगा तो उतनी खुशी नहीं होगी, जितनी खुशी पुराने समय होती थी। समय के साथ साइकिल भी और वस्तुओं की तरह आम हो गई फिर उसने मोटरसाइकिल खरीदी। कुछ दिन सभी घर वाले मोटरसाइकिल देखकर बहुत खुश होते थे फिर उसने कार खरीदी, कुछ दिन कार को देखकर बहुत खुशी हुई परंतु कुछ समय बाद कार भी घर की दूसरी वस्तुओं की तरह आम हो गई। वह व्यक्ति अभी भी कार में जाता है। ऐंसा नहीं है कि उसके पास कार है तो वह हमेशा के लिए खुशी हो गया परन्तु जॉब पर आने व जाने में वह व्यक्ति पहले से सुखी है।

सुख शरीर के लिए होता है परन्तु खुशी अच्छा अहसास है। आप संसार की ऐशो आराम की वस्तुएँ खरीद कर जीवन भर सुखी तो रह सकते हो परन्तु खुशी नहीं रह सकते हो। आप ख़ुशी चाहते हैं तो आपको अच्छे अहसास में रहना सीखना होगा।

आपके पास क्या है और आप कौन हो? खुशी का इन बातों से कोई लेना-देना नहीं है। खुशी पूरी तरह से निर्भर करती है कि आप क्या सोचते हो?

खुशी इसी समय, इसी क्षण है, महशूस करके देखिए।

अपने नेत्र बंद करें...... थोडा शाँत हो जायें और अपने अच्छे शरीर के लिए धन्यवाद करें........ बचपन से अब तक की अच्छी-अच्छी बातों को स्मरण कीजिए......... आनंद लेते रहो....... याद रहे कि केवल अच्छी बातों को याद करें.... उन लोगों को स्मरण करो जिन्होंने तुम्हारे साथ अच्छा किया है............

आनन्द क्या है:- आनन्द, सुख व दुःख से परे है। आप सुख चाहते हैं तो साथ में दुःख भी मिलेगा क्योंकि सुख व दुःख एक ही सिक्के के दो पहलू हैं। सुख की कमी ही दुःख है। सुख और दुःख बाहरी वस्तुओं पर निर्भर करता है।

आनन्द तो आन्तरिक अनुभूति है। लोग आपसे सुख छीन सकते हैं परन्तु आनन्द आपसे कोई नहीं छीन सकता है। सुख क्षणिक है या कुछ समय के लिए होता है परन्तु आनन्द चिरकाल के लिए होता है। यदि आप सुख की कामना भी छोड़ देंगे तो आपको वो बहुमूल्य वस्तु मिलेगी जिससे राजा, महाराजा भी वंचित रह जाते हैं। यह बहुमूल्य वस्तु है आनन्द। संसार का प्रत्येक मनुष्य आनन्दित रह सकता है। आनन्दित रहने के लिए धन-दौलत या शौहरत की आवश्यकता नहीं है। आनन्दित रहने के लिए जरूरी है, मन की संतुष्टि। आनन्दित रहने के लिए जरूरी है, पाँचों इन्द्रियों की संतुष्टि। आनन्द एक मधुर रस है। ऐंसा रस संसार की भौतिक वस्तुओं में नहीं मिल सकता है। यह तो अमृत रस है, इस रस को पीने वाला तो अमर हो जाता है। अमर होने का अर्थ है कि उसे मृत्यु का भी भय नहीं रहता है।

आनन्द जीवन रूपी वृक्ष की जड़ है। वृक्ष की जड़ सही सलामत है तो उसके पत्ते, फूल, फल अपने आप बहुत अच्छे होंगे। इसी तरह से जहाँ आनन्द है वहाँ सुख भी है और खुशी भी है। आनन्द के लिए कोई मूल्य नहीं चुकाना है। फिर भी संसार के लोग दुःखी हैं क्योंकि उन्हें आनन्द के बारे में ज्ञान ही नहीं है। लोग सुख के पीछे भागते रहते हैं जिसके कारण उन्हें दुःख मिलता है।

कुछ लोग क्षणिक उत्तेजना को आनन्द समझते हैं। काम में आनन्द नहीं है। काम तो क्षणिक उत्तेजना है। यदि काम में आनन्द होता तो संसार का प्रत्येक विवाहित व्यक्ति आनन्दित होता। आनन्द तो हमारी सोच व विचारों में है। आनन्दित वही व्यक्ति रह सकता है जिसने क्रोध, मोह व लोभ को त्याग दिया हो। आनन्द किसी वस्तु, व्यक्ति या संसाधन पर निर्भर नहीं रहता है। आनन्द तो गहन अनुभूति है।

आनन्द पिंजरे में बंद कबूतर को देखने में नहीं है। आनन्द तो उड़ते कबूतर को देखने में है। आनन्द किसी को दुःख देकर प्राप्त नहीं किया जा सकता है। आनन्द तो दूसरों को खुश देखने में है।

आनंद पक्षियों के चहचाने में हैं। आनन्द खिलते फूलों को देखने में है न कि उसे तोड़कर सजावट के लिए रखने में। आनन्द लोगों के मुस्कराते चेहरे को देखने में है। आनन्द छोटे बच्चों को पार्क में खेलते हुए देखने में है। आनन्द तो चिड़ियों को दाना डालने में है। आनन्द तो प्यासे को पानी पिलाने में है। आनन्द तो वृक्ष पर चढ़ती हुई गिलहरी को देखने में है। आनन्द तो रंग-बिरंगे फूलों को देखने में है। आनन्द तो बाग में भांति-भाति के पक्षियों को देखने व उनकी चहचहाट सुनने में है। आनन्द तो लम्बे-लम्बे वृक्षों को उपर सिर कर के देखने में है। आनन्द तो गिलहरी, कबूतर, कौआ, गिलगिलिया, चिड़िया, तोता इन सभी पक्षियों को एक साथ दाना चुगते हुए देखने में है। आनन्द तो गिलहरी को खाना ले जाते हुए देखने में है। आनन्द तो चिड़िया द्वारा चुग्गा, अपने बच्चे के मुंह में डालते हुए देखने में है। आनन्द पत्ते को तोड़ने में नहीं है, हम वृक्ष के नीचे बैठे हैं, पत्ता टूटकर हमारे ऊपर गिरता है, इस पत्ते को देखने में आनन्द है।

एक बार राजकुमार सिद्धार्थ प्रजा को देखने के लिए निकले। उन्होंने देखा कि प्रजा बहुत दुःखी है। कोई रोग से परेशान है तो कोई धन की कमी से परेशान है। कोई आपसी लड़ाई-झगड़े से परेशान है। चारों तरफ दुःख व अशान्त वातावरण था। तभी सिद्धार्थ ने एक सन्यासी को वृक्ष के नीचे बैठा देखा। जिसके चेहरे पर बहुत तेज चमक और खुशी थी। जितने भी लोगों को सिद्धार्थ ने देखा, उन सभी से सन्यासी बहुत सुखी, खुशी व प्रसन्न दिखाई दे रहा था। सिद्धार्थ ने सन्यासी को कुछ धन देना चाहा परन्तु सन्यासी ने मना कर दिया। सन्यासी ने कहा कि मुझे धन की आवश्यकता नहीं है। मैं तो धन के बिना ही खुश हूँ। सन्यासी बहुत आनन्दित था। सिद्धार्थ ने सन्यासी से खुशी का राज पूछा तो सन्यासी ने कहा कि स्वार्थ ही दुःखों का कारण है। स्वार्थ त्याग दो तो सुख, खुशी व आनन्द सब हमारे पास है। राजकुमार सिद्धार्थ पर उसके प्रवचनों का गहरा प्रभाव पडा।

शाँति

इस कडवे सच से इंकार नहीं किया जा सकता कि संसार का प्रत्येक व्यक्ति धन, दौलत से पूर्व शाँति चाहता है। हर कोई मन की शाँति के लिए तरस रहा है और शांति के लिए विज्ञान के विभिन्न संसाधनों का उपयोग कर रहा है। संसाधनों से अल्प काल के लिए तो शाँति मिल जाती है परन्तु ये स्थाई नहीं है।

आज दुनियाभर में लोग हास्य टीवी सीरियल बहुत देखते हैं क्योंकि अल्पकाल के लिए खुशी मिलती है।

मनुष्य शाँति के लिए इधर-उधर भटक रहा है परन्तु शाँति आंतरिक अहसास है। जब मन और बुद्धि एकाग्र होते हैं तो हम शाँत अनुभव करते हैं। जिसने मन एकाग्र कर लिया वह भीड़ व शोर-शराबे में भी स्वयं को शाँत रख सकता है। शाँति हमारा स्वगुण है। पानी को कितना भी गर्म करो परन्तु कुछ समय पश्चात पानी कमरा के तापमान के बराबर ठंडा हो जाता है क्योंकि पानी का गुण है कि पानी का ताप कमरा के तापमान के समान ही रहता है। लोहे को पिघलाकर हम तरल बना देते हैं परन्तु कुछ समय पश्चात लोहा पुनः ठोस रूप में परिवर्तित हो जाता है क्योंकि ये लोह धातु का गुण है। इसी प्रकार क्रोध के दौरान हम अच्छा महसूस नहीं करते हैं और बैचेन रहते हैं जब तक कि हम शाँत नहीं हो जाते हैं। हम शाँत ही रहना चाहते हैं क्योंकि शाँति हमारा वास्तविक गुण है इसलिए हम सदैव शाँति चाहते हैं। जब मन को शाँति नहीं मिलती है तो बैचेन हो जाते हैं। जैसे जंग से लोहा कमजोर हो जाता है, वैसे ही व्यर्थ संकल्प, नकारात्मक विचार व उचित ज्ञान नहीं होने की वजह से हमारे वास्तविक गुण शाँति में जंग लग गया है। हम स्वगुण शाँति को भूल गए हैं और शाँति के लिए बाह्य संसार में भटक रहे हैं। अपने वास्तविक गुण शाँति को पुनः प्राप्त करने के लिए व स्वयं को मजबूत बनाने के लिए सुर्योदय से पूर्व उठकर ये संकल्प करें:-

मैं शाँत हूँ .... 21 बार, मन में महसूस करें व अहसास करें।

ये संकल्प 21 दिन तक करना है। आगे भी इन संकल्पों का प्रयोग जारी रख सकते हैं परन्तु स्मरण रहे कि जब भी संकल्प कर रहे हो तो शाँति के अहसास में अवश्य रहें।

मैं शाँत हूँ....... मन में यह संकल्प करते समय महसूस करे कि मैं बहुत शाँत हूँ। मेरा अंग-अंग शाँत हो रहा है .... मेरे चारों तरफ का वातावरण शाँत हो गया है .... ब्रह्मांड से मुझे शाँति की वायब्रेसन्स मिल रही हैं............. जिससे मैं आत्मा शाँति से भरपूर हो रही हूँ .... मुझसे चारों तरफ शाँति की किरणें फैल रही हैं..... जिससे पूरा वातावरण शाँत हो गया है ......।

शरीर का गुणः- शरीर पाँच तत्वों से मिलकर बना है। भूमि, गगन, वायु, आग और नीर और अंत में इन्ही तत्वों में विलीन हो जाता है। पानी की कमी होने पर शरीर को पानी की आवश्यकता होती है। जब पानी पीते हैं तो ये सोचकर नहीं पीते कि कितना पीना है। जैसे ही पानी का स्तर शरीर की आवश्यकता अनुसार पूरा हो जाता है तो हम पानी का गिलास छोड़ देते हैं। जीने के लिए ऑक्सीजन की आवश्यकता होती है तो शरीर को ऑक्सीजन ही चाहिए, कोई दूसरी गैस नहीं चाहिए। इसी प्रकार किसी तत्व जैसे कि प्रोटीन, विटामिन, कैल्शियम इनकी कमी है तो डॉक्टर दवाई के माध्यम से ये तत्व शरीर को प्रदान करता है।

चैतन्यशक्ति (प्रकाश बिन्दु) के गुणः- मस्तिष्क में चैतन्य शक्ति (प्रकाश बिन्दू) है जो हम हैं। हमारे गुण हैं- **ज्ञान, खुशी, प्रेम, शाँति, सुख, आनन्द आदि**। इन्हीं गुणों के आधार से जीवन में आत्म संतुष्टि, खुशी, आनन्द और अतिन्द्रिय सुख का अनुभव होता है। इनमें से किसी गुण की कमी हो जाने पर हम बैचेन हो जाते। हमें उस गुण की आवश्यकता होने लगती है। आज सभी में इन श्रेष्ठ गुणों की कमी है इसलिए सभी दूसरों से खुशी, सुख, प्रेम वा आनन्द की अपेक्षा रखते हैं। सभी की इच्छा होती है कि लोग उनके साथ अच्छा व्यवहार करें। दूसरे हमें खुशी दें परन्तु दूसरे लोगों में भी इन गुणों की कमी है तो वे भी आपसे यही अपेक्षा रखते हैं।

क्षमा

एक महाजन दो कर्जदारों के कर्ज माफ़ करता है। पहले कर्जदार के 5 लाख रुपये व दूसरे कर्जदार के 5 हज़ार रुपये तो कौन सा कर्जदार महाजन का अधिक शुक्रिया अदा करेगा। शायद पहला कर्जदार महाजन का अधिक शुक्रिया अदा करेगा। वही उसे अधिक प्यार भी करेगा।

आपके साथ दो व्यक्तियों ने दुर्व्यवहार किया। एक ने अधिक पीडा पहुँचाई और दूसरे ने थोडी। न्यायालय में आपने दोनों को माफ़ कर दिया तो जिसने आपको बहुत अधिक पीडा पहुँचाई थी वो आपका अधिक शुक्रिया अदा करेगा। आप भी लोगों को क्षमा करना सीखें व स्वयं को भी अपनी गलतियों के लिये क्षमा करें। क्षमा मांगने और क्षमा करने से आपके मस्तिष्क से व्यर्थ भार उतर जाएगा। आप स्वयं को बहुत हल्का महशूस करेंगे और अधिक खुशी रहेंगे।

जो दोगे, ब्याज सहित मिलेगा- अक्सर हम दूसरों से बहुत अपेक्षाऐं रखते हैं। लोग मुझसे अच्छे से बात करें। परिवार के सदस्य मेरे साथ सद् व्यवहार करे। पति मुझसे प्रेम से बात करे, पत्नि मुझे सुख दे। हमारी खुशी दूसरों पर निर्भर है। दूसरे व्यक्तियों से हमें खुशी प्राप्त नहीं हो सकती है क्योंकि मेरी ऊर्जा रूपी बैटरी डिस्चार्ज है तो मुझे दूसरों से शाँति, प्रेम, आनन्द और खुशी चाहिए। इसी प्रकार, दूसरे भी हमसे यही अपेक्षा रखते हैं कि हम उन्हें खुशी दें परन्तु एक डिस्चार्ज बैटरी, दूसरी डिस्चार्ज बैटरी को कैसे चार्ज कर सकती है इसलिए दूसरों से अपेक्षाऐं रखना बंद करो और अपनी डिस्चार्ज बैटरी को चार्ज करके दूसरों को खुशी दो।

प्रकृति का नियम है 'जो दोगे वही मिलेगा'।

व्यर्थ सोच:-

कुछ व्यक्ति व्यर्थ सोचते रहते हैं, जिसके कारण मस्तिष्क पर व्यर्थ भार रहता है। ये व्यर्थ विचारों से दबे रहते हैं। खुशी के मौकों पर भी, व्यर्थ सोच के कारण ये दुःखी रहते हैं। किसी एक खराब विचार को बार-बार दोहराते रहते हैं। व्यर्थ विचार हल्के विष की तरह है जो हमें अन्दर ही अन्दर खोखला करते रहता है और मस्तिष्क को क्षीण करता है।

भोला का ऑफिस घर के समीप था। एक दिन भोला को संदेश मिला कि उसे ऑफिस के काम के सिलसिले में दूसरे शहर में 45 दिनों के लिए जाना है। भोला बहुत दुःखी हो गया। मन ही मन परेशान रहने लगा कि मैंने कभी परिवार को अकेला नहीं छोडा। मेरे बिना परिवार परेशान रहेगा। मैं परिवार के साथ नहीं रह पाऊँगा। कुछ समय के लिए परिवार से अलग हो जाऊँगा। वह सदैव व्यर्थ ही सोचता रहता था और परिवार से विचार-विमर्श भी नहीं करता था। जिसके कारण वह हर वक्त दुःखी रहने लगा। बार-बार एक ही बात सोचने के कारण तनाव बहुत अधिक बढ़ गया। तनाव की वजह से भोला को अस्पताल में भर्ती होना पड़ा। भोला अस्पताल में दो महिने रहा। यदि भोला व्यर्थ सोचने की बजाय समस्या का हल ढूँढ़ता तो भोला का ये हाल नहीं होता।

अक्सर लोग समस्या आने पर व्यर्थ अधिक सोचते हैं। जिसके कारण समस्या और बढ़ जाती है इसलिए व्यर्थ सोचने की बजाय समस्या का हल ढूँढो।

भोला का मित्र रघुवंशी भी उसी ऑफिस में काम करता था। रघुवंशी व्यर्थ तो नहीं सोचता था लेकिन वह बीमारी का बहाना बनाता था। उसको भोला के स्थान पर ऑफिस के कार्य के सिलसिले में दूसरे शहर जाना था। रघुवंशी ने पेट की बीमारी का बहाना बनाया और अस्पताल में भर्ती हो गया। उसको अस्पताल में कोई भी हाल पूछने जाता तो वह दर्शाता जैसे कि बहुत बीमार है। धीरे-धीरे उसकी यह आदत बन गई। उसको वास्तव में ही पेट की गंभीर बीमारी हो गई और पेट का ऑपरेशन करना पडा। उसने अपने मित्र को पूरी घटना बताई। मित्र ने बताया कि मस्तिष्क जो बार-बार सोचता है तो उस घटना के घटित होने की संभावना बन जाती है। तुम बार-बार सोचते रहे कि मैं बीमार हूँ, ऐंसा ही हुआ। रघुवंशी को अपने किए पर बहुत पछतावा हुआ।

<u>सफल और सफलता</u>

दुनिया में, बहुत लोगों ने सफलतायें प्राप्त की हैं परन्तु सफल बहुत कम लोग हुए हैं। जी हाँ, सफल और सफलता दो अलग शब्द हैं और दोनों में जमीन और आसमान का अन्तर है।

सफलता पाना आसान है
परन्तु सफल होना और भी आसान है।

सफलता सभी लोग प्राप्त करते हैं परन्तु सफल बहुत कम होते हैं। आपने भी बहुत सफलताऐं प्राप्त की होंगी जैसे कि आपने कक्षा में अच्छे अंक प्राप्त करने का लक्ष्य रखा था। रजल्ट आने पर आपको सफलता मिल गई। आपने नौकरी पाने का लक्ष्य रखा। आपको सफलता मिल गई। आपने पदोन्नति (Promotion) का लक्ष्य रखा, आपको सफलता मिल गई। आपने बडा व्यवसायी (Businessman) बनने का लक्ष्य रखा, आपको सफलता मिल गई। अक्सर सफल होने का श्रेय उन्हें दिया जाता है, जिन्होंने बहुत धन कमाया हो या जो बहुत प्रसिद्ध हो गए। सफल होने का धन व प्रसिद्धि से कोई लेना नहीं है। संसार के बहुत लोग बड़ी-बड़ी सफलताऐं प्राप्त करते हैं परन्तु सफल बहुत कम लोग होते हैं जबकि सफल होना आसान है। संसार का प्रत्येक मनुष्य चाहे तो सफल हो सकता है।

सफल विचारों में हुआ जाता है। मनुष्य सफलताऐं बहुत प्राप्त कर सकता है लेकिन सफल जीवन में केवल एक बार हुआ जाता है। सफल होने का धन, वैभव और प्रसिद्धि से कोई लेना-देना नहीं है। एक अरबपति, जिसने दुनिया की बड़ी से बड़ी सफलताऐं प्राप्त की हैं, जरूरी नहीं है कि वह सफल भी है परन्तु जो व्यक्ति सफल है, सफलता उसका जन्म सिद्ध अधिकार है। एक गरीब व्यक्ति हो सकता है कि सफल हो। सफल व्यक्ति हमेशा खुश रहता है, प्रसन्न रहता है। खुशहाल, प्रसन्न व आनंदित जीवन ही सफल होने की निशानी है।

जब आपके आंतरिक मन से आवाज आए कि मैं सफल हूँ, तो आप सफल हैं। अब आपका अंतिम समय निकट है तो भी आप खुशी से दुनिया को अलविदा कहेंगे।

एक सफल व्यक्ति को कुछ कार्यों में असफलता मिल रही है तो इसका अर्थ यह नहीं है कि वह असफल है। एक फकीर या एक निर्धन भी सफल बन सकता है। एक सफल फकीर उन अरबपतियों से अच्छा है जो अभी तक सफल नहीं हुए हैं। जिसने सफलताओं की मंजिलों को छुआ है, जरूरी नहीं कि वह जीवन में परेशान ना रहे, दुःखी ना हो परन्तु एक सफल व्यक्ति जीवन में सदैव खुश, आनन्दित व सुखी रहता है। **सफलता किसी एक क्षेत्र में मिलती है परन्तु सफल जीवन के प्रत्येक क्षेत्र में हुआ जाता है।** जैसे कि पारिवारिक संबंध, रिश्तों के संबंध, इत्यादि इसलिए जीवन में सफलताऐं तो कितनी भी प्राप्त करो लेकिन सफल अवश्य बनो।

सफलता की राह में अनेक समस्याऐं आती हैं। समस्याओं से बाहर निकलने के लिए पहले समस्या को समझना आवश्यक है। कुछ लोग समस्या को समझे बिना ही समाधान ढूंढ़ने लग जाते हैं जिसके कारण वे समस्या में उलझे रह जाते हैं। ओशो द्वारा सुनाई कहानी द्वारा आप समझ जायेंगे:-

एक राजा के वज़ीर की मृत्यु हो गई थी। राजा के समक्ष सबसे बुद्धिमान व्यक्ति को वज़ीर के लिए नियुक्त किया जाना था। राज्य के बहुत बुद्धिमान लोग विभिन्न प्रकार की परिक्षाओं के लिए आये। जिनमें से तीन व्यक्ति चुने गए। अब तीनों में से भी किसी एक को चुना जाना था। तीनों को महल के द्वार का ताला खोलना था। चारों तरफ खबर फैलाई गई कि ये ताला अद्‌भुत है, जो गणित में कुशल होगा वही इस ताले को खोल सकता है। तीनों व्यक्तियों में से दो व्यक्ति पूरी रात तालों के गणित के बारे में अध्ययन करते रहे, वो रात्रि में चिन्ता के कारण सो नहीं पाए। राजमहल पहुँचते ही उन्हें एक महल में बंद कर

दिया गया, जिसके द्वार पर ताला लगा हुआ था और ताले पर कुछ गणित के अंक लिखे हुए थे। उन्हें बताया गया कि जो भी व्यक्ति सबसे पहले ताले को खोलकर बाहर आएगा, वही व्यक्ति वज़ीर बनेगा। दो व्यक्ति जिन्होंने पूरी रात तैयारी की थी, बहुत परेशान और घबराहट में थे। वो गणित की पढ़ाई के द्वारा ताले को खोलने के बारे में सोच रहे थे। तीसरा व्यक्ति जो रात्रि में चैन से सोया था। वह अभी भी शाँत बैठा था। वह खडा हुआ और द्वार के पास पहुँचा। उसने धीरे से द्वार का हत्था घुमाया और द्वार खुल गया। द्वार तो पहले से खुला ही था। जो अफ़वाह फैलाई गई थी वह झूठी थी।

द्वार तो आपके लिए खुले ही हैं,
अफ़वाओं पर ध्यान मत दो।
जीवन को गणित की भाषा में मत उलझाओ।

विजयी होने तक हार नहीं मानें

आप कभी भी इन्द्रधनुष नहीं ढूंढ़ पाएंगे,
यदि आप नीचे देख रहे हैं।

- चार्ली चैप्लिन

चार्ली चैप्लिन, संसार का प्रसिद्ध हास्य कलाकार (Comedian) था। जीवन के आरम्भ में चार्ली ने बहुत परेशानियों का सामना किया परन्तु उन्होंने कभी हार नहीं मानी, जिसके कारण सम्पूर्ण संसार में आज उनका नाम अमर है।

मैं गिरता हूँ फिर उठता हूँ,
मैं फिर गिरता हूँ, मैं फिर उठता हूँ,
मैं फिर गिरता हूँ, मैं फिर उठता हूँ ....
मैं हजारों बार गिरने के बाद
फिर से उठता हूँ
और हर बार इस विश्वास के साथ उठता हूँ
कि अंतिम विजय मेरी ही होगी।

भोला, उमेश, कलकल और सुरेन्द्र सांप सीडी खेल रहे थे। यह खेल बहुत देर तक खेला गया। भोला चारों मित्रों में बहुत सीधा था। भोला होशियार और चालाक नहीं था। गिर कर फिर संभल जाना, यह अच्छी आदत भोला में थी। तीनों मित्र खेल में अक्सर बेईमानी (Cheating) कर जाते थे परन्तु भोला बहुत सीधा था, वह हमेशा ईमानदारी से खेलता था। खेल के आरम्भ में भोला सबसे पीछे था। भोला की गोट, नम्बर 45 पर थी। उमेश सबसे आगे, नम्बर 96 पर था। कलकल नम्बर 60 पर था और सुरेन्द्र नम्बर 80 पर था। इस बार डाईस भोला के हाथ में थी। भोला ने डाइस को खेला और डाईस का नम्बर 5 आया। भोला 50 नम्बर पर पहुँच गया और भोला को सीड़ी मिल गई। वह नम्बर 92 पर पहुँच गया।

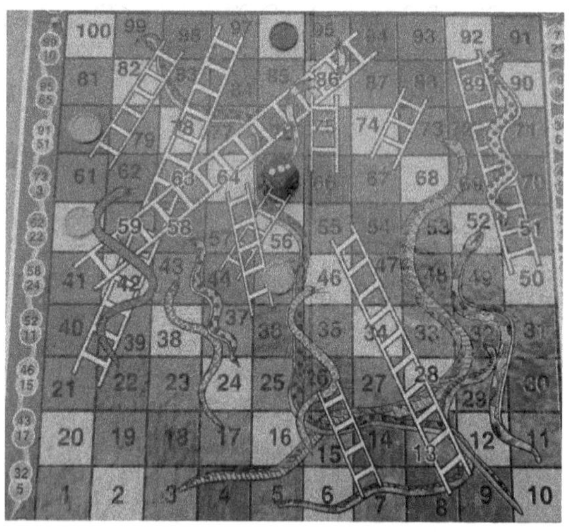

अब बारी उमेश की थी। उमेश ने डाईस से खेला और डाईस का नम्बर 3 आया। वह नम्बर 99 पर पहुँच गया। जहाँ पर उसकी गोट को लंबे सर्प ने डस लिया। उमेश नम्बर 10 पर पहुँच गया। उमेश ने सोचा कि अब वह जीत नहीं पाएगा इसलिए उसने हार मान ली। अब खेल के मैदान में केवल 3 खिलाडी, भोला, कलकल और सुरेन्द्र बचे थे, खेल चलता रहा। सुरेन्द्र की गोटी को भी सर्प ने डस लिया। सुरेन्द्र भी नम्बर आठ पर आ गया और सुरेन्द्र ने भी हार मान ली। भोला की गोट को भी सांप ने दो बार डसा परन्तु भोला खेलता रहा और अंत में विजयी हुआ।

सफलता के खेल में सफलता उन्हीं को मिलती है
जो बार-बार हारने पर भी
हार नहीं मानते और खेलते रहते हैं।

सफलता का खेल भी सांप सीड़ी खेल जैसा है। इस खेल में भी कई बार ऐंसा समय आता है, जैसे कि 99 नम्बर पर गोट को लम्बा सर्प डस लेता है और हम सबसे नीचे पायदान पर पहुँच जाते है। हम सफलता के बहुत समीप होते हैं परन्तु किसी कारण धड़ाम से गिरते हैं व नीचे पायदान पर पहुँच जाते हैं। बहुत से खिलाड़ी इस स्टेज पर हार मान लेते हैं और खेल से बाहर हो जाते हैं। कुछ खिलाड़ी ऐंसे भी होते हैं कि वो खेल में कितनी भी बार गिरें परन्तु संभलकर फिर खेलने लगते हैं। ये खिलाडी ही सफलता की ऊँची मंजिलों को छूते हैं।

श्रेष्ठ संकल्प

एक विचार लो। उस विचार को अपना जीवन बना लें।
उसके बारे में सोचिए, उसके सपने देखिये,
उस विचार को जीयें। अपने मन, मांसपेशियों व शरीर के प्रत्येक
अंग को उस विचार से भर दीजिए
और सभी विचारों को छोड़ दें।
यही सफल होने का सबसे अच्छा तरीका है।

- स्वामी विवेकानंद

हमेशा याद रखें कि सफलता के लिए किया गया आपका अपना संकल्प दूसरे संकल्पों से अधिक महत्त्व रखता है।

- अब्राहम लिंकन

संकल्पों का सफलता पर गहरा प्रभाव पडता है। संकल्प दृढ़ हैं तो सफलता प्राप्त करना आसान है। यदि मन में अपने लक्ष्य का ही संकल्प रखते हैं तो हम व्यर्थ संकल्पों से बच जाते हैं और अपने समय का सदुपयोग सफलता प्राप्त करने के लिए कर सकते हैं।

आपको प्रत्येक कार्य में सफलता प्राप्त करनी है तो आपको श्रेष्ठ संकल्पों को महत्त्व देना होगा। सूर्योदय से पूर्व उठकर स्वयं को सकारात्मक (Positive) शक्ति से भरो। सवेरे हम स्वयं को अच्छी तरह से पॉजिटिव शक्तियों से परिपूर्ण कर सकते हैं क्योंकि सवेरे प्रकृति शाँत रहती है व हमारा मन भी शाँत रहता है।

शाँत बैठ जायें.......... महसूस करें कि शाँति, खुशी व सफलता की किरणें (Vibrations) मुझमें समा रही हैं........ शाँति, खुशी और सफलता से मेरा अंग-अंग भरपूर हो रहा है.......... खुशी व शाँति की तरंगें (Vibrations) मुझसे चारों तरफ फैल रहीं हैं......... पूरे घर का वातावरण शाँत और खुशनुमा बन गया है.... मुझे सफलता मिल गयी है...... मैं सफलता प्राप्त कर बहुत खुश हूँ...... मेरा सम्पूर्ण परिवार मेरी सफलता को देखकर बहुत खुश है.... बचपन की ख्वाइशें अब तीव्रता से पूरी हो रही हैं...... मुझे उम्मीद से भी अधिक मिल रहा है........ मैं जीवन के अच्छे पलों के लिए धन्यवाद करता हूँ..........

संकल्प ही जीवन बदलते हैं। जैसा संकल्प करेंगे वैसा ही जीवन बनेगा इसलिए बारम्बार ये संकल्प करें।

सफलता मेरा जन्म सिद्ध अधिकार है।
सफलता मेरा जन्म सिद्ध अधिकार है।

आपको सफलता मिलने वाली है ऐंसा नहीं सोचो। सोचो की मुझे सफलता मिल चुकी है। मेरा स्वपन पूर्ण हो गया है, इस तरह संकल्प करें और उसी स्वपन के अनुभव मैं बैठें।

प्रश्न-1. कोई मुझे अपमानित करके खुश है तो क्या मुझे दुःख नहीं होगा?

उत्तर - वास्तव में वह व्यक्ति आपको अपमानित करके खुश नहीं हुआ, वह उस समय खुश हुआ जब आप दुःखी हुए। जब उस व्यक्ति ने आपके चहरे पर अपमानित भाव देखे तब वह खुश हुआ। किसी के अपमान करने से आप अपमानित नहीं होते हो, आप अपमानित होते हैं जब आप अपमानित बातों को स्वीकार करते हैं। आप जानते हो कि वह व्यक्ति गलत है और वह आपको दुःख देना चाहता है। तो आप उसे सफल क्यों होने दे रहे हो? सामने वाला व्यक्ति गलत है तो आप दुःखी क्यों हैं? सामने वाला व्यक्ति आपको अपमानित करने की कोशिश कर सकता है। उसकी सोच को नाकाम करना आपकी स्वीकार व अस्वीकार करने की सोच पर निर्भर करता है। यदि आप किसी के अपमानित शब्दों को अस्वीकार कर दोगे तो आप दुःखी नहीं होंगे।

प्रश्न – 2. लोग हमारे प्रति टीका-टिप्पणी करते हैं या प्रतिक्रिया व्यक्त करते हैं, हम प्रभावित नहीं हो, इसके लिए क्या करें?

उत्तर – सभी महान पुरुषों को लोगों की प्रतिक्रियाओं से गुज़रना पडा है। लोगों का काम है, टीका-टिप्पणी करना परन्तु हमें कमजोर नहीं बल्कि और मजबूत बनना है। लोगों की टिप्पणियों को परीक्षा मान समझ कर आगे बढ़ते रहना है।

प्रश्न – 3. उत्तेजना और आनन्द में क्या अंतर है?

उत्तर – उत्तेजना थोडे समय के लिये होती है जबकि आनन्द चिरकाल के लिये होता है। उत्तेजना में व्यक्ति बहुत अधिक खुशी हो जाता है परन्तु आनन्द, आंतरिक खुशी की अनुभूति है इसलिये स्वयं को आनन्दित रखो।

प्रश्न – 4. हमेशा सुख, खुशी व आनंदित कैसे रह सकते हैं?

उत्तर – पहले दृढ़ निश्चय करो कि मुझे सुखी, खुशी और आनन्दित जीवन बनाना ही है फिर प्रतिदिन सुबह व शाम श्रेष्ठ संकल्पों का अभ्यास कीजिए व अपनी दिनचर्या श्रेष्ठ बनाइये और अच्छी संगति बनाइये।

प्रश्न – 5. एक आदमी कितना सुखी रह सकता है?

उत्तर – हम जितना सुख मन में निर्धारित कर लेते हैं, उतना ही सुखी रह सकते हैं।

१०.

सम्पन्न जीवन

सम्पन्न जीवन अर्थात परिपूर्ण जीवन। जीवन के प्रत्येक क्षेत्र में सम्पूर्ण होना ही सम्पन्न जीवन है । क्या आप शारीरिक रूप से सम्पन्न हैं? आपकी स्वास्थ्य अच्छा है। आपके पास पर्याप्त धन है, जिससे आपकी अच्छी गुज़र हो रही हो। आपके पारिवारिक संबंध मधुर हैं, आपके बच्चे खुश हैं। जीवन में सभी तरह से सुख, खुशी व आनन्द से रहना ही सम्पन्न जीवन है।

ऊर्जा द्वारा सेहत का राज

सम्पूर्ण ब्रह्मांड ऊर्जा से बना है। हमारा शरीर भी ऊर्जा से बना है। संसार की प्रत्येक दवाई (Medicine) ऊर्जा से बनी है। संसार के प्रत्येक तत्त्व का निर्माण ऊर्जा से हुआ है। बीमार पड़ने पर हम दवाई लेते हैं और ठीक हो जाते हैं क्योंकि जिस ऊर्जा की शरीर को आवश्यकता थी उसकी पूर्ती हो गई। दवाई भी ऊर्जा से बनी है इसलिए स्वयं को ऊर्जा से भरपूर रखें। ब्रह्मांड की ऊर्जा से स्वयं की बीमारी को ठीक करना सीखें। आपको ज्वर (Fever) के लिए दवाई की जरूरत है। यदि दवाई उपलब्द नहीं है तो आप आराम से बैठकर अहसास करें कि जिस ऊर्जा की आवश्यकता बीमारी को ठीक करने के लिए है, ब्रह्मांड से वह ऊर्जा मेरे शरीर में प्रवेश कर रही है। जिससे मेरे शरीर से सारे

विषाणु नष्ट हो रहे हैं और पूरा शरीर स्वस्थ हो रहा है। ये अभ्यास हर घंटे एक मिनट के लिए करें। आपको बहुत अच्छे परिणाम प्राप्त होंगे।

जल को अमृत बनायें

जल पर ऊर्जा व मन के भावों का बेहद प्रभाव पड़ता है। यदि जल को अच्छी तरंगों से चार्ज करते हैं तो जल सकारात्मक ऊर्जा से भर जाता है और पहले से अधिक शक्तिशाली बन जाता है। यह जल शरीर के लिये अमृत समान होता है। इसे पीने से शरीर की व्याधियां ठीक हो जाती हैं। आप पीने का पानी, घर के पूजा स्थल पर रखें। यह जल सकारात्मक ऊर्जा व अच्छी तरंगों से शक्तिशाली बनता जायेगा। बच्चे इस पानी को पीयेंगे तो यह अमृत का काम करेगा। यह जल उनके लिये ग्लूकोज़ से भी अधिक लाभप्रद होगा। यह जल किसी भी बॉडी प्रोडक्ट से अधिक प्रभावकारी होगा।

जापान के वैज्ञानिक व भारत के डॉ. एन के शर्मा ने अत्याधुनिक कैमरों द्वारा इस सिद्धांत पर खोज़ की है। डॉ. एन के शर्मा ने आधुनिक कैमरों द्वारा जल से भरे गिलास का फोटो खींचा तो फोटो के चारों तरफ लाल रंग का कमजोर आभामंडल (Aura) था फिर पानी के उसी गिलास को अच्छे भावों से चार्ज करके फोटो खींचा तो उस फोटो के चारों तरफ हरे रंग का शक्तिशाली आभामंडल था। लाल आभामंडल कमजोर ऊर्जा को दर्शाता है और सफेद और हरा आभामंडल शक्तिशाली ऊर्जा को दर्शाता है।

जापान के डॉक्टरों ने काँच के दो गिलासों में पानी रखा। एक गिलास पर पेपर की पट्टी चिपकाई, जिसपर नकारात्मक शब्द लिखे थे जैसे – बेईमान, दुख, कष्ट, गंदा, क्रोधी, लालची इत्यादि। दूसरे गिलास पर पेपर की पट्टी चिपकाई, जिसपर सकारात्मक शब्द लिखे थे जैसे- खुशी, प्रेम, स्नेह, शांति, दया, ईमानदारी इत्यादि। दोनों गिलासों को पब्लिक प्लेस पर रख दिया गया। एक घंटे पश्चात दोनों गिलासों के पानी

के क्रिस्टलों की जाँच की गयी। जिस गिलास पर नकारात्मक शब्द लिखे थे, उस गिलास के क्रिस्टलों की संरचना बेढंग व अजीब आकार वाली हो गई थी। जिस गिलास पर सकारात्मक शब्द लिखे थे, उस गिलास के क्रिस्टलों की संरचना सुव्यवस्थित व अच्छे आकार वाली थी।

यदि प्रतिदिन अच्छे भावों से चार्ज किया जल प्रयोग करेंगे तो इसका सुप्रभाव पूरे शरीर पर पड़ेगा। जल को पीने से पहले कम से कम 30 सेकिण्ड अच्छे भावों से चार्ज करें।

जल को शक्तिशाली बनाने के लिए संकल्प

मैं शांत स्वरूप हू....., शांति की तरंगें पानी में मिल रही हैं........... ब्रह्मांड की सर्वशक्तियाँ इस पानी में समा रही हैं.........यह पानी शुद्ध, पवित्र व शक्तिशाली बन गया है...... इस पानी को पीने से शरीर के सर्व कष्ट दूर हो जाएंगे.......... यह पानी दवाई का कार्य भी करेगा। यह पानी अमृत समान है।

भोजन – यही प्रयोग आपको भोजन पर करना है। ग्रहणियाँ भोजन अच्छे भावों से बनायें। संकल्प करें कि ब्रह्मांड की शक्तिशाली तरंगें भोजन में मिल रही हैं। जिससे भोजन शक्तिशाली बन रहा है। इस भोजन को मेरे परिवार के सदस्य ग्रहण करेंगे तो उनके शरीर के सभी कष्ट दूर हो जायेंगे व उनका मन भी पवित्र हो जायेगा। इस भोजन में ब्रह्मांड की वह शक्ति मिल रही है, जिससे मेरे बच्चों की बुद्धि तेज होगी। चार्ज पानी के पीने से मेरे बच्चों का मस्तिष्क पहले से बहुत बेहतर हो गया है। जितने प्रेम व श्रृद्धा से भोजन बनायेंगे वह प्रेम व श्रृद्धा भोजन में मिलेगी और खाने वाले पर इसका प्रभाव पड़ेगा। एक मिनट के लिये भोजन को मस्तिष्क से निकली सकारात्मक तरंगों से चार्ज करो। उसके बाद भोजन ग्रहण करो । यह खाना बहुत ही शक्तिशाली होगा। इन प्रयोगों से कुछ ही दिनों में आपके और आपके परिवार के जीवन में बहुत अच्छे बदलाव आयेंगे। आपका घर खुशियों से भर जायेगा। इस

सिद्धांत का प्रभाव जितना मैं बता रहा हूँ उससे कहीं अधिक होगा। ताजा भोजन ही ग्रहण करना चाहिए। भोजन में कच्ची सब्जियां व फलों का अधिक प्रयोग करना चाहिए। बाहर का जंक फूड खाने से बचें। सात्विक भोजन (शाकाहारी ताजा खाना) हमारे स्वास्थ्य के लिए अधिक उपयोगी होता है।

रैकी (Reiki) द्वारा उपचार

मैं अपने जीवन की तीन घटनाओं का वर्णन करता हूँ। बचपन में, मैं एक बारात में गया। मेरे बद (सांतरों पर) हो रही थी। जिसके कारण बहुत पीड़ा हो रही थी। मेरा एक मित्र जिसने मंत्र सीखे हुए थे, उसने दर्द वाली जगह पर हाथ रखकर मंत्र पढ़ा। उसके मंत्र पढ़ते ही दर्द में थोड़ा आराम हो गया। मैंने एक घंटे बाद फिर से उसे मंत्र पढ़ने के लिए कहा। इस बार दर्द में और आराम हो गया। ऐसा उसने चार-पांच बार किया। मेरा दर्द बिल्कुल गायब़ हो गया।

एक दिन मैंने अर्धपके (कच्चे) चावलों को ग्रहण कर लिया। एक घंटे बाद मेरे पेट में दर्द शुरू हो गया। मैं हॉस्पीटल जा रहा था तभी मुझे साथ कार्य करने वाला एक मित्र मिला। उसने मेरा हाल पूछा, मैंने कहा कि भाई मेरा हाल, बेहाल हैं, पेट में दर्द है। उसने कहा कि आज मेरा मंगलवार का व्रत है। आज मंत्रों का प्रभाव अधिक होगा इसलिए मैं आपका दर्द अभी ठीक कर देता हूँ। उसने दर्द के स्थान पर हाथ रखा और मंत्र पढ़ा, दर्द आधा हो गया। मैं अचम्भित था। उसने मुझे पूछा कि अभी भी दर्द है। मैंने कहा कि आधा दर्द तो कम हो गया है। उसने दर्द वाली जगह पर हाथ रखकर फिर से मंत्र पढ़ा और इस बार पूरा दर्द गायब़ हो गया। मैं यह सब देखकर आश्चर्यचकित था।

मैं बचपन में अपने पिता के साथ पास के ही गांव में गया। वहां एक वृद्ध व्यक्ति रोगों का उपचार करता था। एक बच्चा उसके पास बैठा था। जिसके सिर पर मोटा उभरा हुआ गंठूला था। बुजर्ग व्यक्ति ने अपना अंगूठा उसके गंठूले पर रखा और गंठूला आधा बैठ गया। मैं ये सब देखकर अचंभित था।

उस समय, मुझे रहस्य समझ नहीं आया परन्तु आज रहस्य समझ गया हूँ। ये सब कुछ ऊर्जा की शक्ति से होता है। आधुनिक डॉक्टर ऊर्जा के इस सिद्धांत को रैकी (Reiki) का नाम देते हैं।

हाथों से ऊर्जा का बहाव बहुत होता है। रैकी में कुछ तकनीकों का उपयोग करके हाथों की ऊर्जा को और शक्तिशाली बना दिया जाता है। हम किसी उदास जानवर या बीमार जानवर पर रैकी का प्रयोग करते हैं तो वो खुश हो जाते हैं। सुबह-सुबह शक्ति का संचार बहुत अधिक होता है।

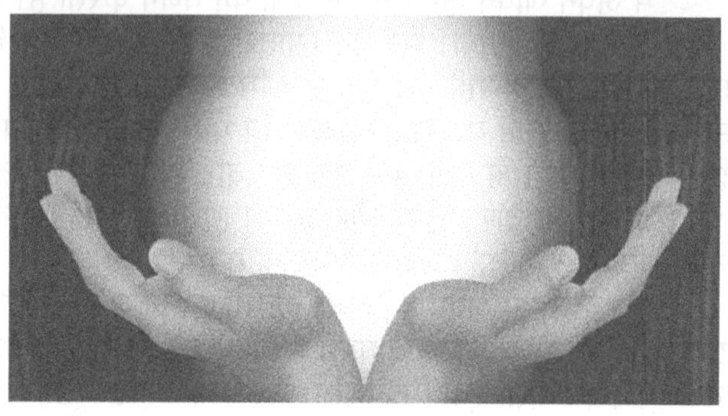

इसलिए सवेरे बच्चों के सिर पर हाथ फेरने से उनमें नई शक्ति का संचार होता है। भारत में छोटे जब बड़ों से आशीर्वाद लेते हैं तो बड़े छोटों के शिर पर हाथ रखकर शुभभावना देते हैं। शुभभावना की तरंगें और हाथों से निकली ऊर्जा आशीर्वाद लेने वाले को मिलती है। मुझे एक वृद्ध ने बताया कि पालतु पशुओं के चारे (खाने) को हाथ से देखो कि इसमें मिट्टी, कंकड, पत्थर तो नहीं है फिर उनपर प्यार से हाथ फेरो। इससे जानवर प्यार महशूस करता है। उसकी तबीयत अच्छी रहती है। ये सब रैकी का कमाल है। आप भी रैकी का इस्तेमाल कर सकते हैं।

धन का राज

प्रत्येक व्यक्ति अमीर बनना चाहता है। यदि आप नीचे लिखे उपायों को जीवन में अपनायेंगे तो अमीर बन जाऐंगे।

देना सीखें

एक निर्धन व्यक्ति, महात्मा बुद्ध से पूछता है कि मैं इतना गरीब क्यों हूँ? बुद्धा ने कहा कि तुमने देना नहीं सीखा। निर्धन व्यक्ति कहता है कि मेरे पास देने कि लिए कुछ भी नहीं है। बुद्धा ने कहा जो तुम्हारे पास है वो दो। निर्धन व्यक्ति ने कहा कि मेरे पास तो खाने के लिए भी कुछ नहीं है। मैं किसी को कुछ भी नहीं दे सकता हूँ। बुद्धा ने कहा, तुम्हारे पास अच्छा चेहरा, अच्छा दिल, आखें और तुम्हारा शरीर है । तुम चहरे की मुस्कान से दूसरों को मुस्कराहट व खुशी दे सकते हो। मुख से अच्छी वाणी बोल सकते हो और लोगों का साहस बढ़ा सकते हो। तुम अपना ह्रदय सच्चाई और दया के लिए समर्पण कर सकते हो। तुम दूसरों को दया और सहानुभूति दिखा सकते हो। तुम शारीरिक मेहनत द्वारा लोगों की सहायता कर सकते हो।

आप भी सुर्योदय से पूर्व उठकर, सम्पूर्ण संसार को शांति, खुशी व आनन्द की तरंगें भेज सकते हो।, तुम्हारे पास देने के लिए बहुत कुछ है। यदि आज भी कोई पूछता है कि मैं इतना गरीब क्यों हूँ? तो आपके पास जो है वो देना शुरू कीजिए। कुछ ही समय में आप हर तरह से सम्पन्न हो जाओगे क्योंकि सृष्टि का नियम है कि जो देंगे उसका कई गुणा मिलेगा। अमीर बनने का पहला नियम यही है कि देना सीखो। जो भी आपके पास है वो देना सीखो। जितना तुम दोगे उसका लाखों गुणा तुमको मिलेगा। मैं लेखक आपको विश्वास दिलाता हूँ कि आज से ही आप देना शुरू कर दो, पांच वर्ष के अंदर आपके पास धन, दौलत, सुख, खुशी व आनन्द सब कुछ होगा।

धन से शुद्ध प्यार करें - बहुत लोग धन से नफ़रत करते हैं। वास्तव में ये लोग धन कमा नहीं सकते हैं इसलिए नफ़रत करते हैं और सोचते हैं कि अधिक धन केवल बेईमानी, धोखाधड़ी से कमाया जा सकता है। धन से शुद्ध प्यार करो, अपने धन का उपयोग अच्छाई के लिये करो। आमदनी का कुछ हिस्सा समाज, देश व संसार की भलाई के लिये खर्च करो। प्रकृति का नियम है कि जितना दोगे उससे कई गुणा मिलेगा। धन बांटने से कभी धन कम नहीं होता है। बसर्ते, धन को उचित जगह दान किया हो। जहां आपके धन का दुरूपयोग हो सकता है, वहां धन दान नहीं करें। स्वयं को अहसास दिलाओ कि जितना अधिक धन मेरे पास होगा, मैं उतने ही अच्छे कार्य करूंगा और धन कमाने के लिये मेहनत करते रहो।

लक्ष्य बनायें - स्पष्ट लक्ष्य बनायें कि आप कितना धन कमाना चाहते हो और कितने समय में और क्यों कमाना चाहते हैं? स्पष्ट व समयबद्ध लक्ष्य को पाना आसान होता है। जब क्यों का जवाब स्पष्ट होता है तो लक्ष्य और भी स्पष्ट हो जाता है।

वो कार्य करें जिसके लिये आप पैदा हुये हैं –अधिकांश लोग अपने कार्य से खुश नहीं हैं क्योंकि हर कोई धन कमाने के लिये जो भी कार्य मिल रहा है, वही कर रहे हैं। विद्यार्थी सोचते हैं कि किस पाठ्यक्रम (Course) से भविष्य में अधिक कमाई होगी। कुछ सोचते हैं कि किस कार्य से शरीर को अधिक आराम रहेगा। इस तरह का कार्य करने से आप परिवार की आजीविका तो चला सकते हैं परन्तु धनवान नहीं बन सकते हैं। धनवान बनने के लिये स्वयं की खूबी (Talent) को पहचानना होगा। ऐसी खूबी जो जन्म से आप में है या जिस कार्य से आपको बेहद खुशी मिलती हो। आप उस कार्य को कितना भी करें, फिर भी नहीं थकें। जब ऐसा कार्य चुनेंगे तो आप निश्चित ही उस कार्य में अदम्य प्रगति करेंगे। ये कार्य आपको संसार के अमीर लोगों के साथ जोड़ देगा।

अच्छा अहसास – धन के अहसास में रहो, सोचो कि आपको धन मिल गया है। आप इस धन का कुछ हिस्सा संसार की भलाई के लिये दान कर रहे हैं। पूरे दिन ये अहसास बनाये रखें। धनवान लोगों की जीवनियां पढ़ें। इससे आपको मदद मिलेगी कि कैसे उन्होंने मुशीबतों का सामना किया और आगे बढ़ते रहे। आपके अहसास व भावनाओं का ब्रह्मांड प्रत्यत्तर देगा।

मधुर संबंध

आप कितनी भी ऊंचाई पर पहुँच जाओ या संसार की बड़ी से बड़ी सफलता प्राप्त कर लो। आप संसार के इतिहास में अपना स्थान बना लो परन्तु उस जीवन में मिठास नहीं, जहाँ आपसी रिश्तों में मिठास नहीं है। जीवन तभी सम्पूर्ण कहा जाता है जब आपसी रिश्ते मधुर हों। दूसरे, हमारे साथ और हम, दूसरों के साथ तभी मधुर रह सकते हैं जब हम स्वयं के साथ मधुर हैं। स्वयं के साथ अच्छा रहो, स्वयं से प्यार करो। स्वयं से प्यार करोगे तो दूसरे भी आपसे प्यार करेंगे। संगीत आपके अंदर ही है। आंतरिक संगीत में खो जाओ। सभी के प्रति शुभभावना रखो। मुस्कराते रहो ताकि ये मुस्कराहट दूसरों तक पहुंचे। जीवन के, केवल अच्छे पल याद रखो। आपके साथ कोई, कैसा भी व्यवहार करे, आप सभी के साथ अच्छा व्यवहार करो। जब आप दूसरों के साथ अच्छा व्यवहार करोगे तो स्वयं के साथ भी अच्छा व्यवहार करोगे। जितने आप मधुर बनेंगे उतना ही दूसरों के साथ आपका रिश्ता मधुर बनेगा। आपके रिश्ते शहद से भी मीठे होंगे। मधुमक्खियां बहुत फूलों का रस इकट्ठा करती हैं तब शहद तैयार होता है। सारे फूलों की खूशबू अर्थात सभी के गुण अपने अंदर समा लो। जो अच्छी महक फूलों से आती है उससे भी अच्छी महक आपसे आये। जो भी आपके पास बैठे, वह खुशी से

मदमस्त हो जाये। उसे अहसास हो कि मैं संसार के सर्वश्रेष्ठ बगीचे के, सर्वोत्तम फूल के पास बैठा हूँ और आप ईश्वर के सर्वश्रेष्ठ बगीचे के सबसे अच्छे फूल हो। ईश्वर ने आपको सुख, खुशी, आनन्द, प्रसन्नता, स्नेह, अच्छाई, प्यार इतना दिया है कि आप जितना बांटना चाहो बांटो। ये ऐसा धन है, जितना खर्च करोगे उतना ही बढ़ेगा। इस धन को लुटाते चलो, यहां तो लुटने में मजा है। दूसरों की केवल अच्छाई देखो। दूसरों की बुराइयों को भूल जाओ। जो आप दूसरों के अंदर देखोगे उस शक्ति से स्वयं को भरपूर करोगे इसलिए दूसरों की अच्छी खूशबू को देखो तो आप भी उस खूशबू से भर जाओगे। अपनी पत्नी की अच्छाइयों को देखो। क्या-क्या अच्छाई हैं उसमें? उनकी एक सूची बनाओ। फिर उन अच्छाईयों के लिये उसका धन्यवाद करो।

21 जून 2013 दिन के 09:40-09:50 बजे का समय, मेरी दुनिया ही बदल गई थी। इन दस मिनटों में मैंने सब कुछ पा लिया था। मैंने पाया कि मैं बहुत सुंदर हूँ। मेरी पत्नि विश्व की सबसे अच्छी व सुंदर पत्नि है। मेरे बच्चे ईश्वर के दिये हुए बहुत ही अच्छे व श्रेष्ठ हैं। मेरा परिवार विश्व का सबसे सुंदर परिवार है। मेरे पास सब कुछ है। आप समझने कि कोशिश करें, मैं कहना चाहता हूँ कि आप स्वयं को देखो, आप विश्व में सबसे सुंदर हो। आपका परिवार विश्व का सबसे अच्छा परिवार है। आपके बच्चे, विश्व के सबसे अच्छे बच्चे हैं। आपके मात-पिता विश्व के सबसे अच्छे मात-पिता हैं। आपकी पत्नि विश्व की सबसे अच्छी और खूबसूरत है। आपका सम्बंध बहुत मधुर है। परिवार में अच्छाइयों को देखो आप सोचेंगे कि मैं अभी तक इन अच्छाइयों को क्यों नहीं देख पाया। अपने परिवार के साथ पार्टी करो, खेलो, नाचो, गाओ, झूमो, मौज करो। आप कहोगे कि जितना आनंद परिवार के साथ है, उतना दुनिया में कहीं नहीं। सुख, खुशी, आनन्द, प्रेम, स्नेह, प्यार की वर्षा में नहाओ। आप देखोगे कि इस वर्षा में नहाने का अलग ही आनन्द है। आपकी पार्टी में सुख की वर्षा हो रही है, खुशी की वर्षा हो रही है, आनन्द की वर्षा हो रही है, प्यार की वर्षा हो रही है, प्रेम की वर्षा हो रही है। इस वर्षा में नाचो, गाओ और खुशी मनाओ। अपने पूरे परिवार के

साथ, आपकी पत्नी, बच्चे, मात-पिता, भाई, बहन सभी सप्ताह या महिना में एक दिन नाचो, गाओ। आपके रिश्ते बहुत मधुर बने रहेंगे। अपने रंग, रूप और खुशबू को महकाते रहो।

रंग – रंग का अर्थ है, ज्ञान। जो भी आपको ज्ञान है, उसका मनन-चिंतन करो। मनन-चिंतन से जो मक्खन निकलता है, वह है वास्तविक ज्ञान। जितना सच्चा ज्ञान इकट्ठे करते जाओगे उतना आपका रंग नख़रता जायेगा। अपने पास ज्ञान का विषय भंडार रखो।

रूप – ज्ञान के अहसास में रहना। ज्ञान को जीवन में धारण करना अर्थात शांति, सुख, खुशी, आनन्द, प्रेम, स्नेह के संगीत में नाचना, गाना, बजाना। जितना स्वयं को सुख, खुशी, आनन्द से भरपूर रखोगे, उतना आपका रूप सुहावना लगेगा। आपके चहरे से खुशी छलकेगी। आपकी आँखों से प्रेम और पवित्रता छलकनी चाहिये। आपके चेहरे पर आनन्द की लहर होनी चाहिये। जितना आप इन रंगों में रंगेंगे उतना आपका रूप भव्य बनेगा।

खुशबू – खूशबू का अर्थ है कि स्वयं को दिव्य गुणों से भरो। दिव्य गुणों की खूशबू आपसे फैलनी चाहिये। ये दिव्य गुण है सहानुभूति, सहनशीलता, सत्य, उच्च विचार, पवित्रता, मृदु भाषी, विश्वास, धैर्यता, स्थिरता, अन्तर्मुखता, साहस, दृढ़ता, ईमानदारी,मधुरता, नम्रता, सादगी, संतुष्टता, आदर, सरलता इन सभी गुणों से स्वयं को भरपूर रखो।

क्षमा – गलती होने पर एक दूसरे को खींचते रहते हैं, क्षमा करना सीखो। चाहे कितनी भी बड़ी गलती हो जाये, क्षमा कर दो। गलती होने पर स्वयं को भी क्षमा करो और दूसरों को भी क्षमा करो। सर्वप्रथम शुरूआत आप करो, दूसरों को क्षमा करने की शुरूआत। धीरे-धीरे सभी इस गुण से सम्पन्न हो जायेंगे। यह गुण आपके परिवार में मधुर सम्बंध बनाये रखेगा।

शक

शक की आदत से भयानक कुछ भी नहीं है, शक लोगों को अलग करता है। यह भयानक जहर है जो मित्रता समाप्त करता है और अच्छे सम्बंधो को तोड़ता है। यह एक कांटा है जो चुभता है । यह एक तलवार है जो विनाश करता है

– बुद्धा।

शक बड़े से बड़े विश्वास को हिला देता है।
जहाँ शक है, वहाँ विश्वास नहीं हो सकता है।

जहाँ विश्वास है, वहाँ शक नहीं हो सकता है।। -कमला

संसार साक्षी है कि शक ने बहुतों कि दुनिया उजाड़ी है। शक ने बहुतों के रिश्तों में जहर घोला है। शक ने बहुत परिवारों को समाप्त कर दिया। शक ने बहुतों का सुख, खुशी और चैन छीना है। शक नामक राक्षस को अपने परिवार से भगाना होगा। चाहे कुछ भी हो जाये, चाहे कितनी भी बड़ी घटना घट जाये परन्तु शक नहीं करना है। कुछ संशय है तो बात करो परन्तु शक नहीं करो। अपने घर पर एक पर्चा चिपका दो, जिसपर लिखा हो कि हमारे घर में शक की कोई गुंजाइस नहीं है।

भरोसा – रिश्तों में भरोसा करना सीखो। यदि कोई भरोसा करने लायक नहीं भी हो तो भी उस पर सच्चा भरोसा करो क्योंकि भरोसा करने से भरोसा बढ़ता है। परिवार में इस गुण को बढाओ। कोई झूठ भी बोल रहा है तो भी उसपर भरोसा करो। आप पायेंगे कि कुछ ही दिनों में वह सदस्य घर में झूठ बोलना छोड़ देगा और सच्चे भरोसे लायक बन जायेगा। भरोसे को बढ़ाते रहो, जितना भरोसे को बढ़ाओगे उतना आपका रिश्ता मजबूत होगा।

कॉपी करना बंद करें - हम एक दूसरे के व्यवहार की कॉपी करते हैं। सामने वाला अच्छा व्यवहार कर रहा है तो हमारा भी व्यवहार अच्छा

होता है। यदि सामने वाला खराब व्यवहार कर रहा है तो हम भी खराब व्यवहार करते हैं। हमारा स्वयं का व्यवहार कैसा है। अपने अच्छे व्यवहार को बनाये रखें। सामने वाला खराब व्यवहार कर रहा है, इसका अर्थ है कि उसके संस्कार खराब हैं परन्तु आप भी उसके संस्कारों के वसीभूत हो जाते हैं। उसने खराब व्यवहार किया तो आप भी खराब व्यवहार करना शुरू कर देते हैं। आपके संस्कार कैसे हैं, अच्छे या खराब। आपके संस्कार बहुत अच्छे हैं। आप अपने संस्कार अनुसार व्यवहार करो।

सभी के अलग संस्कार होते हैं –संसार में दो व्यक्तियों के विचार आपस में नहीं मिल सकते हैं। हम हमेशा सोचते हैं कि वह मेरी मतानुसार कार्य क्यों नहीं कर रहा है? उसको इस तरह से बात नहीं करनी चाहिये। उसका बात करने का तरीका अलग है, उसकी ये आदत गलत है। हो सकता है कि उन्हें भी हमारी कुछ बातें अच्छी नहीं लगती हों या हमारी कुछ आदतें खराब लगती हों। जब दो लोगों के विचार आपस में नहीं मिलते हैं तो टकराव पैदा होता है। यदि हम थोडी समझ से काम लें और इस बात को समझे कि दो व्यक्तियों के संस्कार पूरी तरह से नहीं मिल सकते हैं इसलिए हमें एक दूसरे का सम्मान करते हुये अपने संस्कारों को मधुर बनाये रखना है।

रिश्तों में अच्छाई देखें – रिश्तों में अच्छाई देखने की आदत डालें। अधिकांश लोग आपसी कमजोरियां देखते हैं। दूसरों की कमी नहीं अच्छाई देखो। रिश्तों के महत्त्व को समझो। जानने कि कोशिश करो, इनके बिना घर पर क्या प्रभाव पड़ेगा क्योंकि अक्सर रिश्तों की पहचान अपनों से दूर होने के पश्चात होती है। आपके मात-पिता ने आपके लिये क्या-क्या किया है? उसका ध्यान रखो। आपके बच्चे आपके लिये क्यों महत्त्वपूर्ण हैं? आपके मित्र आपके लिये क्यों महत्त्वपूर्ण हैं? दोस्तों में क्या-क्या अच्छाइयाँ हैं ?

मेरी जिम्मेदारी – स्वयं जिम्मेदारियां उठाइये। मुझे रिश्तों को मधुर बनाना है। मुझे घर में पुल (Flyover) का काम करना है। जिसके कारण सारे रिश्ते जुडे रहें। चार बर्तन इकट्ठे रहते हैं तो खनखने की आवाज आती ही है इसलिये छोटी बातों को ध्यान में नहीं रखो और रिश्तों को मधुर बनाये रखने में अपना योगदान देते रहो। किसी ने आपके साथ खराब व्यवहार किया है, तो भी उसके साथ अच्छा व्यवहार करो अक्सर हम एक दूसरे की बात को नीचा दिखाने की कोशिश करते हैं। घर में जो छोटा बनके रहता है वही बड़ा होता है। घर में कभी भी बड़ा बनने की कोशिश ना करें बल्कि अच्छा बनने की कोशिश करें। आपस में झगड़ा हो जाता है तो एक दूसरे से बोलना बंद कर देते हैं। सोचते रहते हैं कि पहले वह बोलेगा तो फिर मैं बोलूंगा। वह छोटा है इसलिये उसे पहले बात करनी चाहिये या वह बड़ा है, पहले उसे बोलना चाहिये। इस छोटी सोच को त्याग कर, सोचो कि पहले मुझे ही बोलना है क्योंकि मेरी जिम्मेदारी है कि मैं अपने घर के रिश्तों को बनाये रखूं। आप अपनी जिम्मेदारी निभाना शुरू करते हैं तो घर के दूसरे सदस्य भी आपको देखकर परिवर्तित होने लगते हैं और रिश्तों को अच्छा बनाये रखने के लिये घर के सभी सदस्य पूरी कोशिश करते हैं। इस तरह हमारे कड़वे रिश्ते, मधुर रिश्तों में परिवर्तित हो जाते हैं।

मधुर रिश्तों के लिये संकल्प –

अपना ध्यान बाहरी बातों से हटाकर...... भृकुटि स्थान पर केन्द्रित करें...... भृकुटि में स्थित प्रकाश बिन्दु से तरंगें चारों तरफ फैल रही हैं .... ब्रह्मांड से रंग-बिरंगी शक्तिशाली किरणें मुझ पर पड रही हैं .... जिससे मैं, स्वयं को शक्तिशाली महसूस कर रहा हूँ .... संकल्प करो कि मेरा परिवार बहुत अच्छा है .... हमारे रिश्ते बहुत मधुर हैं .... सभी एक दूसरे के साथ प्रेम से रहते हैं .... मुझसे तरंगें निकल मेरे परिवार पर पड़ रही हैं........... जिससे मेरे घर से सारी नकारात्मकता समाप्त हो रही है .... पूरे घर का वातावरण शांत और सकारात्मक बन गया है........ घर के सभी सदस्य खुशी से झूम रहे हैं............

बच्चों की परवरिश

(Parenting of The Children)

संतान के चरित्र का निर्माण और जीवन का निर्माण जननी के गर्भ से ही प्रारम्भ हो जाता है। गर्भ में बच्चा सब कुछ महसूस करता है जो उसकी माता महसूस करती है। बच्चे तक माता की भावनाऐं पहुँचती हैं। यदि माता खुश है तो खुशी की ऊर्जा संतान को मिलती है। माता दुःखी है तो खराब ऊर्जा संतान तक पहुँचती है इसलिए गर्भावस्था में माता को सचेत रहने की आवश्यकता है। माँ जिस घर और वातावरण में रहती है उस वातावरण का प्रभाव संतान पर भी पड़ता है। घर में सकारात्मक और अच्छा वातावरण है तो बच्चे के मस्तिष्क पर सकारात्मक प्रभाव पड़ता है। यदि घर में लड़ाई- झगड़े का माहौल है तो बच्चे के मस्तिष्क पर प्रतिकूल प्रभाव पड़ता है इसलिए गर्भावस्था में माता को क्रोध, चिन्ता, परेशानी, लड़ाई-झगड़ा, भय इत्यादि सभी विकारों से स्वयं को मुक्त रखना अति आवश्यक है। परिवार के सदस्यों को भी घर में शांत, प्रेमयुक्त, भयमुक्त वातावरण के निर्माण में सहयोग देना चाहिए। अभिभावक (Parents) बच्चों में श्रेष्ठ संस्कारों का निर्माण करना चाहते हैं तो सर्वप्रथम स्वयं श्रेष्ठ संस्कारी बनना होगा। अभिभावकों के जैसे संस्कार होंगे और जैसा सोचेंगे वैसी ही ऊर्जा आसपास मौजूद रहेगी। जिसका प्रभाव गर्भ में पल रही संतान पर पड़ता है।

प्राचीन भारतवर्ष की कहानी है। अर्जुन अपनी पत्नि को रात्रि में चक्रव्यूह को तोड़ना बता रहा था। अर्जुन ने सात द्वारों को तोड़ना बता दिया था। जब आठवें द्वार के बारे में बताना शुरू किया तो उसकी पत्नि को नींद आ गई और वह आगे का वर्णन नहीं सुन सकी।

कुछ वर्षों पश्चात महाभारत युद्ध में चक्रव्यूह की रचना की गई। चक्रव्यूह को अर्जुन के पुत्र अभिमन्यु ने सात द्वारों तक तोड़ दिया था परन्तु वह आठवां द्वार नहीं तोड़ सका क्योंकि अभिमन्यु ने मां के गर्भ में ही सात द्वारों को तोड़ना सीखा था परन्तु आठवें द्वार के बारे में नहीं सुन पाया क्योंकि उस समय उसकी माता सो गई थी।

गर्भावस्था के संस्कारों का प्रभाव जीवनभर रहता है।

अभिभावकों को संतानों की परवरिश से पूर्व स्वयं की देखभाल करनी होगी। आपके पास धन है तो संतान को धन स्वतः ही प्राप्त हो जाएगा। इसी प्रकार यदि आप श्रेष्ठ संस्कारी और सभ्य हैं तो बच्चों में वो गुण स्वतः ही विकसित होंगे।

बच्चा विद्यालय की या दोस्तों के साथ घटी प्रत्येक अच्छी या खराब घटना अभिभावकों को बताता है तो बच्चों को कभी डांटना नहीं चाहिए नहीं तो बच्चा आगे से बातें बताना बंद कर देता है। जिसके कारण अभिभावकों को उसके मन-मस्तिष्क में चल रही बातों का पता नही लग पाता है।

बच्चा कुछ बताता है तो उसकी प्रत्येक हरकत की सूचना आपको मिल रही है इस तरह बच्चे के खराब संस्कारों को आप अच्छे संस्कार में परिवर्तित कर सकते हैं। अक्सर बच्चा अभिभावकों को कोई खराब बातें बताता है तो अभिभावक उसे डाँटते हैं जिसके कारण बच्चे बातें बताना बंद कर देते हैं परन्तु इसका अर्थ यह नहीं है कि बच्चे ने खराब आदतें छोड़ दी हैं परन्तु अब हमको उसकी आदतों की जानकारी नहीं मिल पाती है। इस प्रकार बच्चा खराब संगति में पड़कर जीवन बर्बाद कर सकता है।

यदि बच्चा मित्रों के साथ घटी कोई भी खराब घटना बताता है तो उस समय बच्चे से कुछ भी नहीं कहें और बाद में पूरी बात को

परखकर, समझकर और अच्छा हल ढूंढ़कर बच्चे को समझाएें कि उस खराब आदत के क्या-क्या दुष्परिणाम हो सकते हैं। इस प्रकार बच्चा अवश्य उस खराब आदत को त्याग देगा।

प्रत्येक अभिभावक को कुछ बातें हमेशा याद रखनी चाहिए:-

1. **प्रथम बात**- जब भी बच्चों को डांटते हैं तो उनका ध्यान क्रोध पर अधिक होता है न कि समझाने पर। इसका अर्थ हुआ कि बच्चा हमसे क्रोध सीख रहा है न कि अच्छी समझ।

2. **दूसरी बात**- जब भी बच्चों को डांटते हैं तो क्रोध के कारण मस्तिष्क के चारों तरफ नकारात्मक ऊर्जा (Negative Energy) का आभामंडल बना जाता है अर्थात हम बच्चों को नकारात्मक ऊर्जा प्रदान कर रहे हैं जिसका प्रभाव भी नकारात्मक होगा।

3. **तीसरी बात**- जब बच्चों को डांटते हैं तो उसकी आंतरिक ऊर्जा व आत्मशक्ति (Internal Energy) कम हो जाती है। माना बच्चे की आंतरिक ऊर्जा (Internal Energy) 80% थी परन्तु जब उसे डांटना शुरू किया तो उसकी आत्मशक्ति गिरकर 20% हो गई। डांटने के बाद हम बच्चे को समझाना शुरू करते हैं, समझाने के बाद उसकी आत्मशक्ति 20% से बढ़कर 50% हो जाती है। हम यह भूल जाते हैं कि उसकी आत्मशक्ति अभी भी पहले से अर्थात 80% से कम है। यदि हम बच्चे को बिना डांटे समझाते हैं तो उसकी आंतरिक ऊर्जा 80% से बढ़कर 100% हो सकती है।

यदि आप अपनी संतान को महान बनाना चाहते हैं तो उसे महान ही समझे। उसके साथ श्रेष्ठ व महान व्यवहार करें। भविष्य में आपकी संतान महान ही बनेगी।

एक दिन थॉमस ऐल्वा एडीसन स्कूल से एक पत्र लाया जो उसके अध्यापक ने दिया था। थॉमस ने पत्र अपनी मां को दे दिया और पूछा, मां इसमें क्या लिखा है? मां ने कहा बेटे इसमें आपके अध्यापक ने लिखा है कि आपकी बुद्धिमता अतितीव्र है, हमारा विद्यालय आपके बच्चे की बुद्धिमता के समक्ष छोटा पड़ गया है। आप इसे घर पर ही शिक्षा दें, यह एक दिन महान बनेगा। यह कहकर मां ने पत्र को सुरक्षित स्थान पर रख दिया। थॉमस एडीसन को मां पर पूरा भरोसा था।

थॉमस एडीसन बल्ब की खोज़ करके, संसार के महान वैज्ञानिकों में स्थान बना चुका था। एक दिन थॉमस घर की पुरानी वस्तुओं को देख रहा था। थॉमस को वही पत्र मिला, जब थॉमस ने यह पत्र पढ़ा तो इसमें लिखा था कि आपका पुत्र दिमागी रूप से कमजोर है, हम इसे स्कूल में नहीं पढ़ा सकते हैं इसलिए कृप्या इसे घर पर ही पढ़ाऐं। इस पत्र को पढ़ते ही थॉमस की आंखों में आंसू आ गए और उन्होंने कहा कि मां के विश्वास ने ही आज मुझे दुनिया का महान वैज्ञानिक बना दिया।

महाभारत एपिसोड़ से श्री कृष्ण द्वारा पूछे गये तीन प्रश्न-

अभिभावक (Parents) सदैव अपनी संतान के लिए सुख, खुशी और समृद्धि चाहते हैं इसलिए उनके भविष्य की चिन्ता करते रहते हैं। हमेशा संतानों के भविष्य का रास्ता स्वयं निश्चित करने की कोशिश करते रहते हैं। जिस मार्ग पर पिता स्वयं चला है। जिस मार्ग के कंकड-पत्थर स्वयं देखे हैं। मार्ग की छायां, धूप को स्वयं जाना है। उसी मार्ग पर उसकी संतान भी चले, यही इच्छा रहती है प्रत्येक पिता की। निसंदेह यह उत्तम भावना है लेकिन तीन प्रश्नों पर विचार करना हम भूल ही जाते हैं:-

प्रथम प्रश्न- क्या समय के साथ प्रत्येक रास्ते बदल नहीं जाते? क्या समय सदा ही नई चुनौतियों को लेकर नहीं आता है? तो फिर बीते हुए समय के अनुभव नई पीढ़ी को किस प्रकार लाभ दे सकते हैं।
दूसरा प्रश्न- क्या प्रत्येक संतान अपने माता-पिता की छवि होता है? हाँ संतानों को संस्कार तो अवश्य ही माता-पिता देते हैं लेकिन सभी की क्षमता अलग होती है। जिस मार्ग पर पिता को सफलता मिली है, विश्वास है कि उसी मार्ग पर संतानों को भी सफलता मिलेगी और सुख प्राप्त होगा।

तीसरा प्रश्न- क्या जीवन के संघर्ष और चुनौतियाँ लाभकारी नहीं होती? क्या प्रत्येक नया प्रश्न नये उत्तर का द्वार नहीं खोलता? तो फिर संतानों को नए-नए प्रश्नों, संघर्षों से दूर रखना, ये उनके लिए लाभकारी होगा या हानिकारक।

अर्थात जिस प्रकार संतानों के भविष्य के निर्माण के बदले उनके चरित्र का निर्माण करना श्रेष्ठ है वैसे ही संतानों के जीवन का मार्ग निश्चित करने के बदले उन्हें नए संघर्षों के साथ जूझने के लिए मनोबल व ज्ञान देना अधिक लाभकारी नहीं होगा।

तीनों प्रश्नों पर विचार करने की आवश्यकता है। इन प्रश्नों में आपकी संतान का भविष्य छिपा है। यदि अपनी संतान का उज्ज्वल भविष्य चाहते हैं तो संतान को उच्च विचार देने होंगे और प्रत्येक समस्या से जूझने के लिए उचित ज्ञान देना होगा। अच्छे विचारों से श्रेष्ठ संस्कार बनते हैं। यदि संतान संस्कारी होगी तो उसके भविष्य के विषय में चिन्ता करने की आवश्यकता नहीं है। बच्चों को उनके जीवन का मार्ग चुनने का अधिकार स्वयं है। माता-पिता को उनके मार्ग में सहायक बनना चाहिए।

अभिभावक **(Parents)** परवरिश में अक्सर कौन सी भूलें करते हैं और उन्हें कैसे सुधारा जा सकता है**?**

अभिभावक अपनी संतानों की परवरिश बेहतर ढंग से करने की कोशिश करते हैं। फिर भी जाने-अनजाने में परवरिश में कुछ भूल हो जाती हैं। इसमें अभिभावकों का दोष नहीं है क्योंकि कोई भी व्यक्ति अभिभावक बनने का प्रशिक्षण (Training) नहीं लेता है। जो भी व्यक्ति जॉब करते हैं उन्हें उस कार्य के लिए विशेष ट्रेनिंग व पढ़ाई कराई जाती है। अफसोरा संसार में श्रेष्ठ अभिभावक बनने का प्रशिक्षण (Training) नहीं दिया जाता है इसलिए अभिभावकों से भूल होना स्वभाविक है। काश! माता-पिता बनने से पहले प्रशिक्षण दिया जाता ताकि सभी भविष्य में अच्छे अभिभावक बन सकते तो हम अकल्पनीय समाज की रचना कर पाते। अभिभावकों को संतानों के भविष्य के लिए निम्न बातों पर ध्यान देना चाहिए-

(1) **प्रतिभा (Talent) को परखें**- बच्चे बहुत शरारती होते हैं विभिन्न प्रकार की शैतानी करते रहते हैं इन्हीं शरारतों में इनकी प्रतिभा छिपी होती है परन्तु अभिभावक बच्चों को शैतानी के लिए डांटते रहते हैं लेकिन उनकी प्रतिभा को जानने की कोशिश नहीं करते हैं। अभिभावकों को उनकी प्रत्येक शरारत

को ध्यान से परख़ना चाहिए और उनमें छिपे टेलेंट को समझने की कोशिश करनी चाहिए।

घर या स्कूल में बच्चा किस क्षेत्र में अधिक रुचि ले रहा है, अभिभावक व अध्यापकों को मिलकर बच्चों की रूचि का ध्यान रखना चाहिए।

(2) **बार-बार नहीं डांटे**- अभिभावक बच्चों को हर छोटी बात के लिए डांटते रहते हैं। जिसके कारण बच्चों में डर पैदा होता है और दूरियाँ बढ़नी शुरू हो जाती हैं। बच्चे मात-पिता से विचार-विमर्श नहीं कर पाते हैं। अभिभावकों को समझने की जरूरत है कि बच्चे शरारत तो करते ही हैं। यह बच्चों का जन्म सिद्ध अधिकार भी है। यदि हम बच्चों की शरारत को जबरदस्ती दबाने की कोशिश करेंगे तो हम उनके सर्वांगीन विकास में बाधक बन रहे हैं।

(3) **अधिक प्रशंसा न करे**- कुछ अभिभावक बच्चों की बहुत अधिक प्रशंसा करते हैं जिसकी वजह से वे परिस्थितियों से बचने की कोशिश करते रहते हैं। स्कूल में प्रतिस्पर्धा है परन्तु बच्चे की तैयारी अच्छी नहीं है तो वह प्रतिस्पर्धा से बचने की कोशिश करता है ताकि उसका टेलेंट कम नहीं दिखे। इस कारण उसे स्कूल जाने से बचने के लिए कोई बहाना बनाना पड़ता है इसलिए अभिभावकों को बच्चों की अधिक प्रशंसा भी नहीं करनी चाहिए। उनकी कोशिशों और नाकामी को भी स्वीकार करें और उन्हें भी स्वीकार करना सिखाऐं।

(4) **अधिक बुराई करना**-कुछ अभिभावक छोटी-छोटी बातों पर संतानों की बुराई करते रहते हैं जिससे उनके अंदर हीन भावना पैदा हो जाती है और मात-पिता से दूरियाँ भी बनने लगती है इसलिए बच्चों की बुराई ना करके उन्हें समझाऐं।

(5) **अधिक दवाब बनाना**- अभिभावक प्रायः बच्चों पर अच्छे परिणाम के लिए, सफलता के लिए, अच्छी जॉब के लिए बहुत अधिक दवाब बनाते हैं व भावनात्मक प्रहार करते हैं, जैसे कि हमने आपके अध्ययन (Course) के लिए जीवन की पूरी कमाई खर्च कर दी है। आपको बहुत अच्छा रजल्ट लाना ही है। आपको ये विषय नहीं दूसरा विषय पढ़ना है। यह जाने या अनजाने में बच्चों के साथ एक तरह का व्यापार ही है। जिसकी कीमत बच्चों को बहुत मानसिक पीड़ा सहकर चुकानी पड़ती

है। बच्चे मात-पिता की ख्वाइस पूरी करने की कोशिश करते हैं परन्तु नाकाम होने पर बहुत परेशान हो जाते। अंदर ही अंदर घुटने लगते हैं और अपने जीवन को कोसने लगते हैं व बहुत तनाव में रहते हैं। असहनीय मानसिक पीड़ा के शिकार होते हैं। जिसके कारण कोई-कोई बच्चा तो खुदखुशी भी कर लेता है।

कुछ आवश्यक ध्यान रखने योग्य बातें:-

(1) बच्चों की काबिलियत से अधिक उम्मीद नहीं रखनी चाहिए।
(2) बच्चों का विश्वास करना चाहिए ।
(3) बच्चों से पर्याप्त बातचीत व विचार विमर्श करना चाहिए ।
(4) बच्चों की समयानुसार प्रशंसा करनी चाहिए ।
(5) बच्चों को सजा के तौर पर शर्मिंदा नहीं करना चाहिए।
(6) बच्चों की भावनाओं का ध्यान रखना चाहिए।
(7) बच्चों में डर पैदा नहीं करना चाहिए।
(8) बच्चों को प्रेरित करते रहना चाहिए।

सभी अपने बच्चों को अच्छा समाज देना चाहते हैं। आओ अपने समाज को अच्छे बच्चे दें।

प्रश्न-1. मेरा बच्चा कहना नहीं मानता है। स्कूल से आते ही वह जूतों को इधर-उधर फैंक देता है। मैंने उसको कई बार डांटा परन्तु उस पर कोई फर्क नहीं पडता है। मैं क्या करूँ?

उत्तर- प्रत्येक अभिभावक चाहता है कि उनकी संतान उनका कहना माने इसके लिए अभिभावक बच्चों को डांटते हैं, चिल्लाते हैं परन्तु कोई सकारात्मक नतीज़ा नहीं मिलता है। डॉक्टर गिरीश पटेल जी जो मुंबई के रहने वाले हैं। उनको यही प्रश्न एक माता ने किया। डॉक्टर गिरीश ने कहा कि आपके समझाने का तरीका गलत है। आपको थोडी मेहनत करनी पडेगी। जब बच्चा घर आता है तो आप उसके जूते उतार कर उचित स्थान पर रखें। ऐसा आप 51 दिन तक करें। उस माता ने ऐसा ही किया। 51 दिनों के बाद जब वह माता डॉ. से मिली तो कहती है कि लडका बिल्कुल ही बदल गया है। अब तो घर पर मेहमान भी आते हैं तो वह बोलता है कि जूते बाहर उतारो।

प्रश्न – 2. हम बच्चों के भविष्य का निर्माण कैसे कर सकते हैं?
उत्तर - बच्चों का भविष्य निर्माण से पहले उनके चरित्र का निर्माण करें। अक्सर अभिभावक बच्चों के सुनहरे भविष्य के प्रयत्न में उनके चरित्र और संस्कार का निर्माण करना भूल ही जाते हैं। अवश्य भूल जाते हैं, तभी तो आज दुनिया में इतने वृद्धाश्रम हैं इसलिए बच्चों के भविष्य निर्माण की अपेक्षा, उनका चरित्र निर्माण करना चाहिए। जिन बच्चों को सर्वश्रेष्ठ संस्कार दिए जाते हैं, वे माँ-बाप अपने बच्चों के नाम से जाने जाते हैं।

आत्मनिर्भरता (SELF DEPENDENT)

ये भ्रम मिटा दो कि अन्य व्यक्ति आपकी सहायता कर सकता है या आपका जीवन बदल सकता है। दूसरा केवल मार्गदर्शन कर सकता है कि मार्ग में कंकड-पत्थर हैं तो क्या करना चाहिये या मार्ग में शेर मिल गया तो कैसे रक्षा करनी है परन्तु रास्ता अकेले आपको ही तय करना है। हो सकता है कि शेर की जगह भेड़िया मिल जाए। भेड़िये से रक्षा कैसे करनी है? आपको कोई नहीं बतायेगा और कोई मदद के लिए नहीं आएगा क्योंकि उस समय, मार्ग में आप अकेले ही होंगे। मार्ग के खतरों से खुद सुरक्षा करनी है। आप दुनिया में अकेले आये थे और अकेले ही जाओगे इसलिए आत्मनिर्भर बनो। यदि आत्मनिर्भर बनोगे तो मार्ग में शेर, चीता, भेड़िया या हाथी आये आप सभी का निड़रता और बहादुरी से सामना कर सकते हो।

आत्मनिर्भरता का अर्थ है, दूसरों पर निर्भर नहीं रहना बल्कि स्वयं पर निर्भर रहना। यहाँ जीविका की बात नहीं हो रही है, बात है संघर्ष की, बात है प्रेरणा (Motivation) की। यदि आप प्रेरित (Motivated) होने के लिए अन्य पर निर्भर रहोगे तो आप जीवन की गहराई में नहीं पहुँच सकते हैं। आप मोटिवेशन के लिए दुनिया की कोई भी प्रेरणादायक पुस्तक का अध्ययन कर लीजिये या दुनिया का कोई भी व्यक्ति आप को प्रेरित करे, आप कुछ समय के लिए ही प्रेरित हो सकते हैं परन्तु कुछ समय पश्चात आप पहले की भांति ही हो जाओगे फिर आपको शक्ति की आवश्यकता पड़ेगी जो शक्ति आंतरिक प्रेरणा से मिलती थी।

बच्चों को प्रारम्भ में ब्रश व स्नान करना सिखाते हैं। आरम्भ में बच्चे को थोडी परेशानी होती है परन्तु समयानुसार आदत पड़ जाती है। बड़े होन पर उसे ब्रश व स्नान के लिए कहना नहीं पड़ता है। वह प्रतिदिन स्वयं ब्रश करता है व स्वयं स्नान करता है क्योंकि शरीर की सुरक्षा के लिए अनिवार्य है।

प्रेरणा (Motivation) भी कुछ इसी तरह है। आप महिने में एक दिन स्नान करके कहें कि स्नान करने में बहुत आनन्द आता है, सभी को स्नान करने का लुत्फ उठाना चाहिए, कोई फायदा नहीं क्योंकि स्नान प्रतिदिन करना चाहिए। इसी तरह महिने में आप एक दिन प्रेरणा पाकर बाकी दिन कुछ नहीं करो तो कोई फायदा नहीं है क्योंकि आप कुछ अद्‌भुत करना चाहते हैं तो रोजाना प्रेरित होना अति आवश्यक है। स्वयं को प्रोत्साहित करके आगे बढ़ो और खुद को शाबाशी देते चलो। गिर गये तो उठो, दूसरा आपको उठाने नहीं आयेगा। दूसरों के भरोसे मत बैठो। दूसरों के भरोसे रहोगे तो जीवन में बैठे रह जाओगे। स्वयं को इतना प्रशिक्षित करो कि समय आने पर, आप स्वयं को प्रोत्साहित कर सको और स्वयं उठ सको।

स्वयं को प्रोत्साहित व प्रेरित करने के उपाय:-

1. सुर्योदय से पूर्व उठें– सुर्योदय से पूर्व उठने से ताजगी आती है। सुबह जागकर स्वयं को संकल्पों द्वारा ब्रह्मांड की शक्तियों से भरें:-

मैं आत्मनिर्भर हूँ .... 21 बार
विजय मेरा जन्मसिद्ध अधिकार है .... 21 बार
मैं शक्तिशाली हूँ .... 21 बार
मैं बहुत भाग्यशाली हूँ .... 21 बार
मेरा सम्पूर्ण जीवन सुख, खुशी
और आनंदमय हो गया है .... 21 बार

इस तरह स्वयं को शक्तियों से भरो, थोडे समय के लिए पार्क या खुले मैदान में घूमें और हल्का व्यायाम करें। इससे आप शारीरिक व मानसिक रूप से शक्तिशाली बनोगे।

2. **पुस्तकों का अध्ययन** – जैसा आप जीवन ढालना चाहते हैं, वैसी ही पुस्तकों से मित्रता करें। पुस्तकें मनुष्य की सर्वोत्तम मित्र होती हैं। मनुष्य जैसी पुस्तकों का अध्ययन करता है वैसा बन जाता है या जैसा

बनना चाहता है, वैसी ही पुस्तकों का अध्ययन करना चाहिए। प्रेरणादायक (Motivational) पुस्तकें हमें प्रोत्साहित करती रहती हैं। इसलिए प्रेरणादायक पुस्तकों का अध्ययन अवश्य करें। कुछ समय पश्चात आप पायेंगे कि पुस्तकों ने आपके जीवन को परिवर्तित करने में महत्त्वपूर्ण भूमिका निभाई है।

सभी महान, सफल व प्रसिद्ध व्यक्तियों के जीवन में पुस्तकों का महत्त्वपूर्ण योगदान रहा है।

3. **प्रेरक (Motivated) लोगों से मित्रता** –स्वयं का निरीक्षण करो कि आपका अधिक समय कहाँ बीत रहा है। आप कैसे मित्रों के साथ रहते हैं और उनके साथ समय का सदुपयोग कैसे करते हैं?

एक प्रेरक मित्र, भोला ने अपने करीबी मित्र, प्रवीन से पूछा कि आप जॉब के पश्चात क्या करते हो? प्रवीन ने बताया कि मैं यहाँ के मित्रों के साथ ही रहता हूँ। शाम को सभी घूमने जाते हैं व रात में गप्पें लड़ाने के बाद सो जाते हैं। भोला ने कहा कि तुम जीवन में कुछ अद्‌भुत करना चाहते हो परन्तु मित्रों से भिन्न ऐसा क्या कर रहे हो जो आपको मित्रो से अलग बनाये जिससे कि आप जीवन में कुछ अद्‌भुत कर सको।

इसलिए जैसा बनना चाहते हैं वैसे ही लोगों से मित्रता करें। यदि आप व्यवसायी (Businessman) बनना चाहते हैं तो उन लोगों से मित्रता करो जिनकी बिजनेस में रूचि है। यदि आप खिलाड़ी बनना चाहते हैं तो खिलाड़ियों के साथ अधिक समय बिताओ। मोटिवेटिड लोगों से मित्रता करो जो आपको हमेशा बढ़ने के लिए प्रोत्साहित करें न कि आपकी टांग खींचे क्योंकि दुनिया का नियम है कोई भी मनुष्य कुछ अलग करता है तो आरम्भ में सभी मित्र टांग खींचते हैं व मजाक उड़ाते हैं।

११.

महान दिनचर्या

(Great Routine)

साधारण दिनचर्या वाले भी साधारण होते हैं। उनकी दिनचर्या का निश्चित समय नहीं होता है। जीवन में क्या करना है, नहीं पता होता है, इन्हें? गप्पों में आनन्द लिया, भोजन किया और सो गए। इनका हाल उस किसान की तरह है जो जमीन पर बीज बिखेरने के बाद थोडी भी मेहनत नहीं करता है। खाद डालना, खरपतवार निकालना ये सब कुछ करना ही नहीं चाहता है, क्या कुछ समय बाद उसे फसल पकी हुई मिलेगी? उसकी फसल नष्ट हो जायेगी। उसे सिवाये पछताने के कुछ नहीं मिलेगा। किसान अच्छी फसल चाहता है तो पहले खेत को हल से जोतना होगा। फसल को पानी देना होगा और समय पर खरपतवार निकालते रहना होगा, तभी अच्छी फसल मिल सकती है।

सुनहरे भविष्य के लिये, वर्तमान सुनहरा बनाना होगा। जो फसल आप वर्तमान में बोयेंगे वो ही भविष्य में काटेंगे इसलिए अपनी दिनचर्या महान बनाओ अर्थात श्रेष्ठ बनाओ। हो सकता है कि संसार के कुछ लोगों ने नियमित दिनचर्या के बिना बड़ी-बढ़ी सफलताऐं प्राप्त की हों परन्तु वे जीवन में संतुलन नहीं बना पाये। जीवन में उन्हें यह मलाल जरूर रहा होगा कि केवल बड़ी सफलतायें प्राप्त करना ही जीवन का उद्देश्य नहीं है।

जीवन का उद्देश्य है, जीवन को सम्पूर्णता से जीना। जीवन का उद्देश्य है, बच्चों के साथ अपना बचपन जीना। जीवन का उद्देश्य है, परिवार के साथ प्रत्येक खुशी मनाना। जीवन का उद्देश्य है, दोस्तों को स्वयं के रूप में अच्छा दोस्त देना। जीवन का उद्देश्य है, दूसरों की खुशी में बहुत खुश हो जाना। जीवन का उद्देश्य है, दूसरों के दुखों में उनका साथ देना, न कि स्वयं भी दुःखी हो जाना, यदि आप भी दुःखी हो गए तो दुःखी व्यक्ति की सहायता कैसे कर सकते हो? जिस तरह से बीमार व्यक्ति की सहायता के लिए आपका स्वस्थ होना अति आवश्यक है। उसी तरह परेशान, दुःखी लोगों की सहायता तभी कर सकते हैं जब हम स्वयं खुश हैं।

जीवन का वास्तविक उद्देश्य है कि अंतिम वक्त,
आप कहें वाह जिंदगी तुझे जीके मजा आ गया।

श्रेष्ठ जीवन के लिए, श्रेष्ठ दिनचर्या बनाना अनिवार्य है।

ध्यान (Meditation) – सवेरे अमृतवेला (4-5 बजे) उठें। आप कहेंगे कि मैं नहीं उठ सकता हूँ, मेरे लिए मुश्किल है। स्वयं सोचना यदि आप ये साधारण काम नहीं कर सकते हैं तो असाधारण कार्य कैसे करोगे क्योंकि महान बनने के लिए तो आपको असाधारण कार्य करने होंगे। खुद को असाधारण तरीके से ढालना होगा। यदि आपने महान लक्ष्य बनाया है तो सवेरे शीघ्र उठने में कोई परेशानी नहीं होगी, स्वयं लक्ष्य आपको जगायेगा। आपका अवचेतन मन आपको जगायेगा और आप पूर्ण उत्साह के साथ जागेंगे और उत्साह को लगातार कायम रखेंगे। अमृतवेला उठकर ध्यान करें। ध्यान से शक्ति मिलती है इसलिए स्वयं को शक्तियों से भरना आवश्यक है।

सीधा होकर, शांत बैठ जाइये। सांसारिक बातों से ध्यान हटाकर भृकुटि स्थान में स्थित चमकते हुए अति सूक्ष्म बिन्दू पर ध्यान केन्द्रित करें... यह प्रकाश बिन्द्रू मेरे पूरे शरीर में प्रकाश फैला रहा है..... ब्रह्मांड (अपने ईष्ट को भी याद कर सकते हैं) से रंग-बिरंगी प्रकाश किरणें मुझ में समा रही हैं........ ब्रह्मांड से सुख, खुशी व आनन्द की सुनहरे रंग कि किरणें मुझ में समा रही हैं....... मेरा मस्तिष्क पूरी तरह से शांत हो गया है........ मैं खुशी और आनन्द से भरपूर हो गया हूँ .... मेरा अंग-अंग सुख, खुशी और आनन्द से भरपूर हो रहा है........ सुख, खुशी व आनन्द की वॉयब्रेशन्स मुझसे निकल वातावरण में चारों तरफ फैल रही हैं...... जिससे मेरा घर का वातावरण बहुत शुद्ध और पवित्र बन गया है.... ब्रह्मांड से शक्तियों की किरणें मुझमें समा रही हैं ..... मेरा अंग-अंग शक्तिशाली बन रहा है........ मैं स्वयं को बहुत शक्तिशाली अनुभव कर रहा हूँ ..... शक्तियों की किरणें भृकुटि में स्थित प्रकाश बिन्दू से निकल मेरे परिवार के सदस्यों पर पड रही हैं ...... जिससे उनके सारे रोग, अशांति समाप्त हो रहे हैं......... और वे शक्तिशाली बन रहे हैं.....

भृकुटि से निकल प्रकाश बिन्द्रू आसमान में जा रहा है..... अपने मन और बुद्धि से देखें (Visualise) कि चमकता हुआ प्रकाश बिन्द्रू .... सूर्य, चांद व तारों को पार करते हुए ....ऊपर आसमान में जा रहा है ...... ऊपर चमकता हुआ सुनहरे लाल रंग का प्रकाश दिखाई दे रहा है........ यहां पर सभी की इच्छाओं की पूर्ती करने वाली शक्ति प्रकाश स्वरूप में विराजमान है...... जिससे रंग-बिरंगी किरणें (Rays) चारों तरफ फैल रही हैं...... मैं भी मन और बुद्धि से प्रकाश बिन्द्रू के रूप में यहां पहुंच गया हूं...... इस प्रकाश बिन्द्रू से सुख, खुशी, आनन्द, प्रेम, स्नेह और शक्तियों की वर्षा हो रही है....... और भी बहुत मनुष्य प्रकाश स्वरूप में यहां अपनी इच्छाओं की पूर्ती के लिये आये हैं..... यह शक्ति सभी की इच्छाओं को पूरा कर रही है....... मैं भी इस शक्ति को अपनी इच्छा बता रहा हूँ........ यह शक्ति वरदान दे रही है ..... कह रही है तथास्तो (अर्थात जैसा आपने कहा वैसा ही होगा) .... आप बस परीश्रम करते रहो .... मैं बहुत प्रसन्न हो रहा हूँ ....

शक्तियों की किरणें मुझमें में समा रही हैं........ प्रकाश बिन्दू नीचे आ रहा है .... सूरज, चांद , तारों को पार करते हुए ......प्रकाश बिन्दु भृकुटि स्थान पर विराजमान हो गया है....... प्रकाश बिन्दू से सुख, खुशी, आनन्द, प्रेम, स्नेह व शक्तियों की किरणें मेरे मस्तिष्क में समा रही हैं .... जिससे मस्तिष्क बहुत ही शक्तिशाली महसूस कर रहा है ..... मेरे मस्तिष्क से सुख, खुशी, आनन्द, प्रेम, स्नेह व शक्तियों की किरणें सम्पूर्ण शरीर में समा रही हैं...... जिससे मेरे शरीर का रोम-रोम सुख, खुशी, आनन्द, प्रेम, स्नेह व शक्तियों से भरपूर हो गया है .... मैं बहुत ही शक्तिशाली अनुभव कर रहा हूँ ....

मेरे शरीर से सुख, खुशी, आनन्द, प्रेम, स्नेह व शक्तियों की किरणें निकल पूरे घर और ब्रह्मांड में समा रहा हैं..... जिससे मेरा घर सुख, खुशी, आनन्द, प्रेम, स्नेह व शक्तियों से भर गया है..... मेरे परिवार का प्रत्येक सदस्य सुख, खुशी, आनन्द, प्रेम, स्नेह व शक्तियों से भरपूर महसूस कर रहा है...... मेरे लक्ष्य की वॉयब्रेशन्स सम्पूर्ण ब्रह्मांड में फैल रही हैं .... ब्रह्मांड मेरे लक्ष्य पूर्ती के लिए तैयारी कर रहा है.... मैं भी अब अपने लक्ष्य को पाने की तैयारी करता हूँ ....

नौकरी - 21 वीं शताब्दी में अधिकांश लोग जॉब करते हैं। अधिकतर शिकायत करते रहते हैं और कहते हैं कि यह जॉब अच्छी नहीं है, कोई दूसरी करनी चाहिए और जॉब बदलने के बाद कहते हैं कि पहली जॉब ही अच्छी थी। आपको जॉब बदलने की जरूरत नहीं है, स्वयं को बदलने की जरूरत है। यदि अपना नज़रिया बदल दिया तो लोगों का नज़रिया भी आपके प्रति बदल जाएगा। अपनी जॉब व साथियों को पसन्द करो और शांत मन से सोचो कि मुझे जॉब में बहुत मजा आ रहा है। मेरी सभी से मित्रता हो गई है। मैं सभी के साथ अच्छा व्यवहार करता हूँ व सभी मेरे साथ अच्छा व्यवहार करते हैं। कोई आपके साथ खराब व्यवहार करता है तो भी आप क्रोध नहीं करें और उसके साथ अच्छा ही व्यवहार करें क्योंकि महानता आपको प्राप्त करनी है, दूसरों को नहीं। आप अन्यों की भांति व्यवहार करोगे तो आप भी उन्हीं की तरह बनकर रह जाओगे। यदि आप लोगों से हटकर कुछ बनना चाहते हैं तो आपको अपना व्यवहार भी लोगों से हटकर बनाना होगा। बहते पानी के विपरीत दिशा में तैरने के लिए थोडी मेहनत तो करनी होगी।

प्रेरक (Motivational) पुस्तकों का अध्ययन - जैसा जीवन चाहते हैं वैसी ही पुस्तकों से मित्रता करें। पुस्तकें मनुष्य की सबसे अच्छी मित्र होती हैं। मनुष्य जैसी पुस्तकों का अध्ययन करता है, वैसा बन जाता है या जैसा बनना चाहता है वैसी पुस्तकों का अध्ययन करना चाहिए। कुछ समय पश्चात आप पायेंगे कि पुस्तकों ने आपके जीवन में महत्त्वपूर्ण भूमिका निभाई है।

सफल व प्रसिद्ध व्यक्तियों के जीवन में पुस्तकों ने महत्त्वपूर्ण भूमिका निभाई है। किसी असाधारण मनुष्य के बारे में जानना है तो उसे पूछो कि वह किस तरह की पुस्तकों का अध्ययन करता है। पुस्तकें हमारे अंदर छिपे ज्ञान व शक्तियों को जानने में मदद करती हैं। 24 घंटें में थोडा समय अच्छी पुस्तकों के साथ गुजारें। इससे आपका ज्ञान व जानकारी बढेगी।

सात्विक भोजन/ पानी – हमें सात्विक भोजन को शुभ भावनाओं व सकारात्मक ऊर्जा देकर ग्रहण करना चाहिए। सात्विक भोजन अर्थात पेड, पौधे, फल व सब्जियों से युक्त भोजन। भोजन परिवार के साथ मिलकर करना चाहिये। जब भी पानी पियें तो शुभ भावनाओं के साथ पियें। शुभ भावनाओं के साथ पिया गया पानी हमारे शरीर के लिए टॉनिक का काम करता है। यह पानी शक्तिशाली होता है इसलिए दिन में जितनी भी बार पानी पियें तो शुभ भावना से पियें।

दिव्य परिवार - सप्ताह में एक दिन परिवार के साथ घर की प्रगति के विषय में सोचें। एक दूसरे के बारे में पूछें। घर को और श्रेष्ठ कैसे बनाया जा सकता है? घर में क्या-क्या सुधार की आवश्यकता है? सभी का जीवन कैसा चल रहा है?

समस्याओं को कैसे सुलझाना है? परिवार के सदस्यों में संस्कार कैसे बढाये जा सकते हैं? परिवार में बडे व छोटों को पूरा सम्मान देना चाहिये। एक दूसरे से मन-मुटाव है तो बातचीत द्वारा दूर करें। यदि पूरा परिवार साथ नहीं रहता है तो महिने में एक दिन पूरे परिवार को मिलना चाहिये। इस तरह आपका परिवार दिव्य परिवार बन जायेगा।

1. दिव्य परिवार में आदेश नहीं, समझ होती है।
2. दिव्य परिवार मे प्रार्थना नहीं, प्यार होता है।
3. दिव्य परिवार में दुख नहीं, सुख होता है।
4. दिव्य परिवार में भय नहीं, भरोसा होता है।
5. दिव्य परिवार में शोषण नहीं, मधुर सम्बंध होता है।
6. दिव्य परिवार में झगडा नहीं, प्रेम होता है।

मनन-चिंतन – रोजाना मनन-चिंतन करना चाहिये। मनन चिंतन ज्ञान को निखारता है। मंथन से जो ज्ञान का उदय होता है वह ज्ञान जीवन को परिवर्तित करने में सहायक होता है। अध्याय एक में मनन-चिंतन का विस्तार से वर्णन किया गया है।

स्वयं से कुछ महत्त्वपूर्ण प्रश्न

1. जांच करो कि मैं व्यर्थ बातों में समय तो नहीं गंवाता हूँ।
2. क्या मैं स्वयं का निर्माण कर रहा हूँ?
3. मैं बिगडी को बनाने वाला हूँ या बनी को बिगाडने वाला हूँ।
4. मेरी बुद्धि की लाइन क्लीयर है।
5. मेरी संगति कैसी है, अच्छी या खराब?
6. मैं संशय या शक करने वाला तो नहीं हूँ।
7. मैं व्यर्थ तो नहीं सोचता रहता हूँ।
8. मेरे जीवन का लक्ष्य क्या है? मेरा एक वर्ष का लक्ष्य क्या है?
9. क्या मैं पुस्तक में बताए गए तरीकों का विश्वासी बना हूँ?
10. मैं संसार के लिए क्या कर रहा हूँ?
11. क्या मैं दूसरों का उपयोग अपने स्वार्थ के लिये करता हूँ या दूसरे मेरा उपयोग अपने स्वार्थ के लिए करते हैं?

अच्छी आदतें

1. प्रतिदिन कम से कम एक व्यक्ति के चेहरे पर मुस्कान लाने का प्रयत्न करें। सभी को खुशी का प्रसाद बांटे।

2. व्यर्थ सोच व व्यर्थ बातों में अपनी शक्ति व्यर्थ ना गंवाए।
3. अतीत को स्मरण न करें व भविष्य की चिंता छोड़ दें तभी वर्तमान को श्रेष्ठ बना सकते हो।
4. अनुभव कीजिए कि जीवन एक पाठशाला है और आप यहाँ सीखने के लिए आये हैं, जो समस्याएं आती हैं वे पाठ्यक्रम का हिस्सा हैं।
5. दूसरों से अपनी तुलना ना करें, आप विशेष हो।
6. क्षमाशील बनें, दूसरों को क्षमा करें व स्वयं को भी क्षमा करें।
7. समस्या स्वरूप नहीं समाधान स्वरूप बनें।
8. स्वप्रशंसा की इच्छा कभी ना करें बल्कि दूसरों की प्रशंसा करें।

प्रश्न-1. मुझे ध्यान (Meditation) के वक्त सभी सकारात्मक शब्द याद नहीं रहते हैं, कोई उपाय बतायें?

उत्तर – जो भी शब्द/वाक्य मैंने ध्यान के लिए लिखें हैं, जरूरी नहीं है कि आप उन्हें रटें। स्वयं भी सकारात्मक शब्दों/वाक्यों का प्रयोग कर सकते हैं इसलिए आपको शब्दों/वाक्यों को याद रखने की आवश्यकता नहीं है। आपको समझने की जरूरत है।

प्रश्न – 2. मेरी तरक्की (Promotion) नहीं हो रही है, इसलिए मैं जॉब से खुश नहीं हूँ?

उत्तर – क्या आपकी खुशी तरक्की (Promotion) पर आधारित है? यदि आपको तरक्की मिल भी गई तो आप अगली तरक्की के लिए दुःखी हो जायेंगे इसलिए मस्तिष्क से ये विचार निकाल दो कि जब तरक्की मिलेगी तो खुश रहूंगा बल्कि सोचो कि खुश रहूँगा तो तरक्की मिलेगी। सुकर्म करते रहो भविष्य की चिंता नहीं करो और वर्तमान पर ध्यान केन्द्रित करो।

प्रश्न – 3. मुझे कौन सी पुस्तकों का अध्ययन करना चाहियें?

उत्तर –प्रेरक पुस्तक व जिन पुस्तकों से जीवन निर्माण का संदेश मिलता हो, आप उन पुस्तकों का अध्ययन कर सकते हैं। अपने मन-पसंद की पुस्तकें पढ़ सकते हैं।

इस पुस्तक के अध्ययन के साथ, महान बातों को जीवन में अपनाने से आपकी स्थति सूर्य समान मजबूत हो जायेगी। आपकी उपस्थिति मात्र से परेशानियाँ शुभ अवसरों में बदल जाएगी। राजयोग को जीवन में अपनाने से आपका आभामंडल (Energy of Aura), आपकी वृति व आसपास का वातावरण इतना शक्तिशाली हो जाएगा कि आपकी उपस्थिति मात्र से कार्य सिद्ध होने लगेंगे।

सूर्य कुछ नहीं करता है। उसकी उपस्थिति मात्र से
सारे कार्य होने लगते हैं।

चन्द्रमा की उपस्थिति मात्र से
सागर में ज्वार-भाटा आने लगता है।
मनुष्य के शरीर में हलचल होने लगती है।।

इस पुस्तक के माध्यम से आप भी सूर्य समान शक्तिशाली बन सकते हो। स्वयं को महान व उत्तम संस्कारी बनाओ तो जहाँ भी आप रहेंगे वहाँ परिवर्तन आरम्भ हो जाएगा। आपको कुछ नहीं करना है केवल अपने शक्तिशाली स्वरूप में टिके रहना है। लोगों के कड़े संस्कार परिवर्तित होने लगेंगे। लोग दुश्मनी भूलने लगेंगे। दुख, सुख में व अशांति, शांति में परिवर्तित होने लगेगी।

बिल्ली के आते ही चूहे भागने लगते हैं।
आँधी जहाँ से गुजरती है वहाँ की धूल उड़ने लगती है।।

हौंसलों की उड़ान

प्रत्येक कार्य को तीन अवस्थाओं से गुजरना होता है।
उपहास, विरोध और स्वीकृति ।।

- स्वामी विवेकानंद

जो मनुष्य समय से आगे की सोच रखता है।
लोग निश्चय ही उसे गलत समझते हैं।।

भाग्य का सूरज तो अंधकार में ही उदय होता है।
फिर तुम जीवन के अंधियारों से क्यों घबराते हो।।

सही मायने में बुद्धिपूर्ण विचार सहस्त्रों दिमागों में आते रहते हैं, लेकिन उनको अपना बनाने के लिए उनपर गहराई से तब तक विचार करना चाहिए जब तक वे हमारी अनुभूति में जड़ न जमा लें।
- गोथे

विचार तो सभी के मन में उत्पन्न होते हैं परन्तु उन विचारों पर अमल बहुत कम लोग करते हैं। यदि आप विचारों पर अमल करना चाहते हैं तो आपको विचारों को गहराई से समझकर अपनी अनुभूति बनाना होगा। जब विचार गहन अनुभूति बन जाते हैं तो उन्हें साकार करना आसान हो जाता है। यदि आप हौंसलो की उड़ान भरना चाहते हैं तो आपको उच्च विचारों को महत्त्व देना होगा क्योंकि जो हम सोचेंगे वही कर्म करेंगे जो कर्म करेंगे वही हम बनेंगे।

हौंसलो की उड़ान

कौन है तू, कौन है तू, क्या तेरा मकसद?
छोटी सी मजबूरी से घबराया है तू।
क्या यही है तरे जीवन का सत्य?
उठ और पहचान अपने को सूर्यपुत्र।
इस सूर्य का तेज है, तुझमें।
और तू, जीवन की उलझन में, उलझा पड़ा है।
क्या है तेरे जीवन का मकसद? तू याद कर।
डर मत किसी से, जरूरत है तो फरियाद कर
हर समस्या मिट जाएगी,
मुश्किल से मुश्किल मंजिल भी तुझे मिल जाएगी।
संसार के सारे सितारों की, एक ही जुबान है
ये हौंसलो की उड़ान है, ये हौंसलो की उड़ान है।
रख दे एक पग, तू मंजिल की राह में
तेरे पग रखते ही, एक पग मंजिल की दूरी कम हो जाएगी।
गिरने से तू क्यों घबराता है,
सुन मेरी कहानी मैं तुझे सुनाता हूँ।
बार-बार गिरने पर फिर से मैं उठ जाता हूँ,
जानना चाहते हो, ऐंसी कौन सी सोच होगी
क्योंकि मुझे विश्वास है, अंतिम विजय मेरी होगी।
जब मंजिल तुझे मिल जाए
चढ़कर मंजिल पर तुझको कराना ये भान है
ये हौंसलो की उड़ान है, ये हौंसलो की उड़ान है।
ये हौंसलो की उड़ान है, ये हौंसलो की उड़ान है।

जीवन योजना (LIFE PLAN)

1. आपके गुण

(1) ....

(2) ....

(1) ....

(2) ....

2. क्या आप महान हैं?

हाँ ☐ नहीं ☐

3. आपका महान लक्ष्य क्या है?

....

4. अपना जीवन कैसा बनाना चाहते हैं?

(1) ....

(2) ....

(3) ....

(4) ....

5. आप संसार में कौन सी प्रतिभा के लिये पैदा हुए हैं?

(1) ....

(2) ....